欧洲学术丛书

孙周兴 冯俊 主编
赵千帆 执行主编

从叔本华到尼采：
陈铨德国哲学文集

From Schopenhauer to
Nietzsche: Collected Works of
German Philosophy by Chen
Quan

陈 铨 著
孙周兴 编

同济大学出版社·上海
TONGJI UNIVERSITY PRESS·SHANGHAI

图书在版编目（CIP）数据

从叔本华到尼采：陈铨德国哲学文集 / 陈铨著；
孙周兴编 . —上海：同济大学出版社，2023.12
（欧洲学术丛书）
ISBN 978-7-5765-0585-6

Ⅰ.①从… Ⅱ.①陈… ②孙… Ⅲ.①哲学—德国—
文集 Ⅳ.① B516-53

中国国家版本馆 CIP 数据核字（2023）第 001870 号

"十四五"国家重点出版物出版规划项目

欧洲学术丛书

从叔本华到尼采：陈铨德国哲学文集

陈铨　著　孙周兴　编

丛书策划　熊磊丽　张　翠
责任编辑　尚来彬
责任校对　徐春莲
装帧设计　张　微

出版发行　同济大学出版社 www.tongjipress.com.cn
　　　　　（地址：上海市四平路 1239 号　　邮编：200092　　电话：021-65985622）
经　　销　全国各地新华书店
印　　刷　上海颛辉印刷厂有限公司
开　　本　710mm×960mm　1/16
印　　张　18.5
字　　数　370 000
版　　次　2023 年 12 月第 1 版
印　　次　2023 年 12 月第 1 次印刷
书　　号　ISBN 978-7-5765-0585-6
定　　价　98.00 元

编委会

主　　编　孙周兴　冯　俊

执行主编　赵千帆

编　　委（按姓氏笔画为序）

叶　隽　冯　俊　刘日明　孙周兴　杨　光　吴建广　吴树博　余明锋
张尧均　张振华　陆兴华　郑春荣　居　飞　赵　劲　赵千帆　赵旭东
柯小刚　徐卫翔　韩　潮　谢志斌

学术支持　同济大学欧洲思想文化研究院

总　序

欧洲曾经是一个整体单位。中古基督教的欧洲曾以教会和拉丁文为基础形成相对统一的文明形态。文艺复兴前后，欧洲分出众多以民族语言为基础的现代民族国家。这些民族国家有大有小，有强有弱，也有早有晚（德国算是其中的一个特别迟发的国家了），风风雨雨几个世纪间，完成了工业化—现代化过程。而到 20 世纪的后半叶，欧洲重新开始了政治经济上的一体化进程，1993 年 11 月 1 日，"欧盟"正式成立。至少在名义上，又一个统一的欧洲诞生了——是谓天下大势，分久必合，合久必分么？

马克思当年曾预判：要搞社会主义或者共产主义，至少得整个欧洲一起搞——可惜后来的革命实践走了样。一个统一的欧洲显然也是哲人马克思的理想。而今天的欧盟似乎正在一步步实现马克思他老人家的社会理想。虽然欧盟起步不久，内部存在种种差异、矛盾和问题，甚至有冲突和分裂的危险，但一个崇尚民主自由的欧洲，一个重视民生福利的欧洲，一个趋向稳重节制姿态的欧洲，在今天的世界上是有特别重要的地位和价值的。

马克思之后，欧洲文化进入到一个全面自我反省的阶段。哲人尼采发起的现代性文化批判尤其振聋发聩，但他依旧怀有对"好欧洲人"的希冀。而 20 世纪上半叶相继发生的两次世界大战，更是彻底粉碎了近代以来欧洲知识人的启蒙理性美梦和欧洲中心主义立场，从此以后，"世界历史"进入一个全新的阶段。但另一方面，我们也不得不看到，欧洲的哲学—科学—技术—工业—商业体系，至今仍旧是在全球范围内占统治地位的知识形态、文化形式、制度设计、生产和生活方式。这就是说，今天世界现实的主体和主线依然是欧洲—西方式的。现代性批判的任务仍然是未完成的，而且在今天已成为一个全球性的课题。

欧洲已经是"世界历史性"的欧洲。有鉴于此，我们当年创办了"同济大学欧洲思想文化研究院"。也正因此，我们今天要继续编辑出版"欧洲学术丛书"，愿以同舟共济的精神，推进我国的欧洲文化研究事业。

孙周兴

2017 年 8 月 25 日写于海口

2023 年 4 月 27 日改写于杭州

目　录

尼采的思想

尼采的政治思想

尼采心目中的女性

尼采的道德观念

尼采的无神论

尼采与近代历史教育

编者后记

叔本华生平及其学说 [1]

序

我第一次认识叔本华，是在二十年前的时候。那时我还在清华中学，有一天得着机会读王静庵先生一篇评论《红楼梦》的文章。静庵先生根据叔本华的哲学，对《红楼梦》发表了一些崭新的见解。我读了爱不忍释，立刻写了一篇几千字的文章，登在《清华周刊》上，记载当时的感想。以后几年，我对于西洋小说发生兴趣，当时我最得意的小说家是英国的哈代，我把他的全集读完，觉得他文章美丽，对人生了解透彻，远在任何小说家之上。我常常通夜不眠，在宿舍里点起洋烛读他的作品。有时万籁俱寂，我整个的心灵，都沉浸在哈代小说的人物世界中间，把自我都忘却了；然而哈代的思想，又明显地受过叔本华哲学的影响。

1928年，当我提笔写我的第二部长篇小说《天问》的时候，技术方面，我采取哈代；思想方面，间接也传播叔本华的主张。单是《天问》的题名，就带有不少悲观主义的色彩。至于对婚姻问题的见解，也根据叔本华的意思。

到美国以后，习西洋哲学史，开始阅读叔本华的书籍。他思想清楚，说理透彻，尤其是他的文章，简洁漂亮，使我心悦诚服。后来到德国，进克尔大学从克洛那教授习德国哲学，听他关于尼采的演讲，中间讲到尼采和叔本华的关系，使我对于叔本华哲学的了解更进一步。

以后几年，我的思想就渐渐远离了叔本华。回国六年，尝尽了生

1　重庆独立出版社，1940 年版。——编者注

活的甘苦，经过了许多人格的磨炼，我对人生的观察，同叔本华相去愈远，然而对这一位最初影响我思想文艺的西洋哲学家，还不胜徘徊。每当极无聊赖时，把他的书打开，还可以减少我许多的愁闷。

叔本华为人，有好些极令人佩服的地方，同时也有好些缺点。但是这些缺点，也正是他鲜明个性的表现，没有它们，也就不成其为叔本华了。假如我们真正喜欢一个人，我们不应当只喜欢他的优点，同时也应当喜欢他的缺点，特别是叔本华的缺点，常常都是那样特别，那样新奇，那样富于刺激性。他真是天地间一位奇人，他的生涯是天地间一段奇迹，他的文章也是往古来今一些奇语。

这一本简单的叔本华传记，是根据几部有名的德文、英文传记写成的。我不是为专门习哲学的同行和学生，乃是为一般普通的读者写的。我采取了原书主要的事实，删去了作者主观的解释、同情的辩护和艰深的讨论。我要介绍的是叔本华本人，不是替叔本华作传的学者，这儿我也用不着开书单来骇人了。

本来还想写一本关于叔本华哲学的书，但值国难期间，手边可参考的书籍不够，只好等到以后。在本书第一章，我略略谈到叔本华的思想，为的是引起读者一点兴趣。假如说这就算介绍叔本华的哲学，那又未免对不起叔本华了。

1940 年 4 月 3 日昆明国立西南联合大学教授宿舍

1 叔本华与现代

云际客帆高挂

烟外酒旗低亚

多少六朝兴废事

尽入渔樵闲话

1860 年 9 月 21 日，在德国佛兰克佛[1]城一间小屋子里，七十二岁的老哲学家叔本华，躺在沙发上阖目长逝的时候，也就是他哲学名誉达到巅峰的时期。世界各国的人士都来拜访他；全欧报章杂志上不断登载他的名字；他的信徒们三番五次替他画像，像画好了，当神圣一般地供在屋中崇拜。他自从 1807 年十九岁抛弃了商业，离开但泽，到科塔求学，他就对于哲学下定了最大的决心。以后花了十年的功夫，日夜不间断地寻求真理，真理求得了，可是世界上的人却不了解他。他最仇恨的大学教授们故意不理他；他到柏林大学去演讲，没有学生听；他写好著作，再三要求，书店老板不肯替他出版。他没有朋友，没有爱人，没有家庭，甚至社会没有人接纳他。这样长期的压迫，几乎使他发狂，但是他并不灰心，更不因此减少他的自信力。一直到 1851 年，他已经六十一岁，时代转变了，世界才开始认识这位被埋没的天才，然而暮霭苍凉，山头落日，终于不能久待了。

从叔本华的死，一直到现在，经过了八十年。在这八十年中间，世界上经过了多少人事的变迁，哲学思想界又产生了无数的人物。叔本华的哲学，也随着时代到处发生伟大的影响。我们站在现代的立场，来重新考察叔本华哲学对于世界的贡献，心中不由得首先要发问：叔

1　现通译为：法兰克福。——编者注

本华的人格、文章、思想，对于我们现在的世界，是否还有意义？

先从他为人说起，我们不能不承认叔本华有许多的缺点。如他奇怪的性格，尖酸刻薄的态度，对人类社会的仇恨，对同行的偏见辱骂，都不容易得到多数人的同情。但是在另外一方面，他求真的渴望，奋斗的精神，独立的气概，又深深引起我们的惊讶佩服。他早就知道自己的哲学天赋，他也曾坦白承认自己对于人类世界的使命。凭他早年对人生丰富的观察经验，他未尝不知道，有天才的人，如果要想在社会上成功，外表上一定要取一种和蔼谦恭的态度，会一些不愿意会的人，说一些不愿说的话，做一些不愿意做的事。明明知道别人是愚蠢，也勉强说他聪明；明明知道别人是错误，也故意说他有价值。这样敷敷衍衍，随俗沉浮，自然可以讨得大众喜欢，求名求利，都可以达到目的。但是这一种乡愿的行为，是叔本华生平所最痛恨的。哲学家根本不是政客，求真理不是猎取功名。叔本华虽然好名，但是他所好的是实至名归的名，不是欺骗逢迎得来的名。他虽然一生受尽了社会的压迫，但并不因此改变他丝毫的主张；他对人处世的态度，始终如一。这种光明磊落的人格，在当今功利主义风行一时的世界，实在是太少见了。

叔本华的文章，在德国哲学史上，开了一个新纪元。通常一位德国学者，不喜欢写通俗文字。他们一部书出来，往往除了几个同行能够了解外，大部分的人，都认为书写得莫名其妙。他们只求内容的深沉，不管文字的清楚。这一种传统的风气，一直到现在，还没有什么改变。康德、黑格尔的难懂，我们都知道了，近代的胡塞尔、海德格尔又何尝容易？固然，复杂的理论，需要艰深的文字；肤浅的学问，也许要说明白的语言。然而，一位学者表现的技术，也有重大的关系。叔本华对古典文学，早年就有准备，他学近代语言的本事，也特别惊人。他痛恨不清楚的观念，无条理的文章。人类说话，本来是要别人了解的，假如别人不了解，你说话不是无意识吗？因为叔本华有充分驾驭德国文字的能力，有清楚的脑筋，所以他要别人懂，别人就会懂。同时，他的哲理并不因此变为肤浅，文章也并不因此降低它的品位。这种深入浅出的本事，是世界上千万的学者所没有的，尤其是现代中国的学术界，不是写一些晦涩古奥的文章让别人看不懂而自以为深沉，就是用粗野无味的俗话让别人不能忍受而自以为通俗。叔本华的书籍，对于我们，真是对症的良药。

至于叔本华的思想，对于现代的意义就更重大了。叔本华哲学中最基本的观念，就是"意志"。意志是宇宙人生的泉源，是推动一切的力量。康德的哲学是"理性哲学"，黑格尔的哲学是"精神哲学"，而叔本华的哲学是"意志哲学"，三种哲学的系统，对欧洲近代思想，都有伟大的影响。

叔本华用"意志"这一个名词，不仅指显现的意志，也指潜伏的意志；不仅指人类的意志，连禽兽植物、整个自然界一切的活动，都包括在里面。他自己解释："意志是一切内心和不知觉的身体机能的原动力，构造的本身，除了意志，没有旁的东西。在每一个禽兽里边，真正的元素就是活动的意志。在一切自然力量里边，活泼的冲动和意志，完全相同。一切的例证，只要我们在那儿发现什么自然行动或者原始力量，我们就必须认为意志是最基本的元素。意志在一株橡树里表现自己，和在千百万株里表现自己，一样的完全。"

这种普遍的、无处不有、无微不至的意志，照叔本华的看法，并不是什么上帝的安排、理性的表现及任何一种最高尚的目标。意志完全是盲目的，没有目标，没有理性，我们不知它从何处来，也不知道它往何处去。它强烈地支配一切，没有任何力量，能够拒绝它、停止它、消灭它。

同意志相关而来的，叔本华第二个最重要的贡献，就是理智不能占人生最重要的位置。许多哲学家都认为，人类和禽兽不同的地方就是：禽兽的行动完全靠本能，人类一切的感觉却能够经过他思想的过程，变成有系统的知识。所以人类是万物之灵，人之所以为人，就因他是唯一有理智的动物。这种用理智来提高人类的尊严并因此认为理智占人生最重要的位置的解说，叔本华认为根本不能成立。理智不过是普遍意志盲目进行的时候所制造的一种工具。人类的理智和人类其他的本能，甚至和禽兽的本能，根本没有分别，因为它们和理智同是帮助意志活动的工具。禽兽各个都有攻守的器官，高级的动物也有相当的智力，来维持它们的生命。人类的理智比较发达，也正因为他攻守的器官、幼年的抚养、生产的速度，赶不上其他的动物，所以他不能不多用一点理智，来帮助他意志的活动。

　　意志应当占人生最重要的位置，理智不过是意志的工具。意志是形而上的，理智是形而下的；意志是物的本身，理智是物的现象；意志是基本的原质，理智是生物的外形。这一个发现，叔本华认为非常重要，是哲学界一个空前的革命，是欧洲思想史上的一个新纪元。

　　进一步解释叔本华的意思，我们可以这样说：一切的知识都要包含一个主体，一个物体，然而物体是基本的元素。因为没有物体，主体就没有思想的根据，而物体的来源就是意志的表现。我们分析自身的经验，我们发现意志和它各方面的表现最重要。我们奋斗、欲望、希望、恐惧、爱好、仇恨，凡是影响我们快乐、悲哀、生存的元素，无一不是意志的表现，所以意志是最不可少的原因。同样，在其他生物之中，感觉的基础就是欲望和意志，渴望生命，渴望善存，渴望传种；看这些欲望能否达到，就产生快乐和愤怒、恐惧和仇恨、恋爱和自私。人类是这样，变形虫也是这样。人类和其他生物不同的地方，就看他们智力的高下，人类的理智虽然较其他生物高，但是理智并不是支配他一切行动的力量。意志是基本，理智是工具。假如我们考察禽兽各种样类，我们发现它们可以排成一定的次序，愈下降，智力愈不完全，然而它们的意志无论在任何种类，都是一样。变形虫的意志和人类的意志一样完全。意志是整个的，是生物的本身，它的功用只是欲望或者非欲望。再进一步来说，意志是永远不疲倦的，理智到相当的时候，就不能不休息。而且理智最容易受年龄的影响，年龄愈高，力量愈弱，甚至于变成呆笨或疯狂。所以身体是意志功用的一部分，理智更是身体功用的一部分。理智是奴，意志是主；理智顺从，意志命令；意志可以蒙蔽理智。理智是脑，意志是心；理智有时间性，意志没有时间性。

理智的力量竟然这样薄弱，意志竟然占人生最主要的位置。叔本华对于哲学第三个贡献，就是他的悲观主义。意志凭着它伟大的力量，支配宇宙人生，然而意志本身的活动是盲目的、无意义的。整个人生宇宙，不断机械地活动，没有一定的目标。没有目标，就没有希望，没有安慰，这已经是世界痛苦的泉源。而且一切意志都是求生存，生存不能没有意志，意志一刻不活动，痛苦一刻不能解除，这样一来，生存—意志—痛苦，成了打不破的连环。假如我们能够消灭意志，自然可以消灭痛苦，然而同时我们又不能消灭生存。所以整个的世界，是一个痛苦的世界，根本不应当存在。哈姆雷特在极烦闷的时候，发出根本存在的问题。在叔本华看来，不应当存在，同时也没有办法，因为无法消灭意志。叔本华极端反对自杀，因为自杀也不能解决问题。盲目的意志已经安排好了一幕人生的傀儡戏，同样的力量要强迫他们演完。用自杀来逃脱人生，不是懦夫，而是反常。并且一个自杀的人，他所想逃避的不是生存的意志，而是目前不快乐的状况。在他死后，生存的意志，仍然要继续存在，也许还要取一种更不痛快的形式。

宇宙人生是无意义的，意志是盲目的，生存是痛苦的，自杀是没有用的，这就是叔本华彻底的悲观主义。叔本华要我们看清宇宙人生本来的面目，明了一切自然现象的道理，然后鼓起勇气，选定适当的态度生活。我们不要骗人的宗教神话，我们不要没有根据的道德信条，我们要的是人生智慧。这当然是大智大勇的生活态度。后来尼采受了叔本华哲学的影响，主张要有清楚的观察人生的勇气，要有希腊悲剧的精神。所以，叔本华的悲观主义，绝不是失望、颓废、无聊的悲观主义，它是一种哲学的悲观主义，或者可以说是一种智慧的悲观主义。

根据悲观主义，叔本华对哲学第四个贡献，就是伦理教训。生存的意志是人生最大的罪恶，一个人的行为是否道德，完全看他能否压制生存的意志。假如一个人只求自己生存，牺牲别人／压迫别人来达到自己生存意志的目的，他就是不道德的。假如一个人能够明了生存的意志是普遍的，别人生存里，也有自己的生存；个人的生存，不过是一幻象；不能把自己的价值看得不高，牺牲自己，扶助他人，这个人就很有道德。世界上最大的凶犯，都是最自尊的人。一切的罪恶，都是由于轻视别人的权利，谋求自己的好处，损伤别人来求得自己生存意志的发展。最粗鲁的形式，是杀人放火，但即使是最文明的形式，只要有同样根据，其罪恶也不过是程度上的差异。真正道德的行为，只有明白清楚认识现象世界的罪恶，决心把它减少到最低的程度。唯一的方法，就是克己。世界上只有克己的人，才是有道德的人。

即如谈到爱国主义，叔本华认为，一个真正爱国且肯牺牲一切的人，他一定把自己的生存看轻，从个人存在的意志里，解放了自己。他知道，个人不过是暂时的现象，国家才是永久的真实。他自己和国家不能分开独立，应当混合统一。只有这样的了解，才能够消灭自私自利的心肠。假如将爱国的观念置于一切人类的关系上面，一个人自然可以成为理想道德的人物。

叔本华说："一个善人和一个恶人，所有的感觉性情，完全两样。一个恶人，无论什么地方，都觉得自己和一切外物之间有一道严峻的鸿沟；世界是一个绝对的'非我'，他同世界的关系，是一种根本敌对的关系。他性情的主要元素就是仇恨、猜疑、嫉妒、恶意。一个善人，生活在和他自己生命同类的世界，一切外物在他并不是'非我'，而是'我的重现'。因此，他感觉自己和一切都有连带的关系，对每人的祸福都发生直接的兴趣，他有信心地估计别人对他也会有一样的同情。他内心有深沉的安谧，他恬淡确信的性情，使每个见他的人都心生快乐。"

人我界限的消除，是一切道德行为的基础。然而道德行为推倒极端，就成为遁世主义。叔本华说："当一个人停止自己和别人自尊自利的分别，看待别人的悲哀感觉就像自身的悲哀时，这样一个人自然会在一切生存中认识他自己，把一切生物无尽的忧愁当作他自己的忧愁，这样，他把全世界的悲哀都放在他自己身上。他明了全体，承认一切奋斗的无用；他的认识，成全了他意志的解脱。意志离开人生，人类达到自动的拒绝、放弃、否定生存的意志。这种对世界、对生存意志的厌恶，就是从道德情操到遁世主义的过程。"

遁世主义是对人生求永远的解脱，然而这一种境界，事实上非常困难，甚至可以说不能达到。叔本华自己没有办法，他曾经说："我宣传神圣的义务，但是我自己并不是神圣。"临死以前，他对他的朋友格文勒[1]说，他本希望能够达到涅槃，但是始终不过是一种空想。至于讲到暂时的解脱，叔本华对思想界第五种贡献，就是他的艺术论。

一个遁世主义者，想完全否定意志而得到永远的解脱；一名天才，在艺术创造和静观的过程中间，也可以完全否定意志，得到暂时的解脱。艺术的创造和静观，需要对于"永久观念"的明白认识，这一种永久观念，站在现象世界和理想世界中间，就是柏拉图哲学中所指的"普遍形式"或者"普遍原理"，不是一般所指的印象观念。在美的静观的时候，静观的对象成了它同类的观念，静观的个人成了纯粹智力的机构。静观者的人格，在这一个顷刻，消灭无形，沉浸在对象中间，与对象合而为一。宇宙的谜团揭开了，静观者自身再不受幻象的迷惑了，没有任何阻碍使他不能认识其他一切生存中间的自我。

没有认识宇宙人生本来面目的本事，技术再精湛，学问再广博，也只能算才能，不能算天才。因为："天才就是客观。世界事物越能够

1　即 Wilhelm Gwinner。——编者注

从静观中清楚客观地展开本来面目这种根本的、最丰富的了解形式，世界事物越能够暂时真正地同意志对于这些事物发生的利益关系成反比例的对抗。摆脱意志的认识，是必须的条件，是一切审美的元素。为什么一个普通画家，虽然卖尽了气力，风景却仍然画得这样差呢？因为他在风景中没有看见更多的美。为什么他没有看见更多的美呢？因为他的认识和他的意志分离得不够开。认识和意志越能摆脱得开，它也越纯洁，因此也越客观，越准确，就像最好的果子，没有生长在那儿的土味。一切拙劣工作的人都是这样，因为他们的认识太顽固地受意志的束缚，行动受意志的支配，完全作意志的奴隶。因此工作拙劣的人，只能达到个人的目的，他们产生低劣的图画、没有精神的诗歌、肤浅可笑甚至于虚伪的哲学。他们一切的行动都是个人的，因此他们只抓住壳，没有抓住心，他们幻想自己已经比得上或者超越他们的模范了。"

天才能够借艺术摆脱意志的束缚，他工作的价值因此也就不能拿实用的标准来判断。"正因为天才能够抛开意志的支配，从事智力自由的活动，他的作品不能帮助实用的目标，不管是音乐、哲学、图画，或者诗歌。一种天才的工作，绝不是一件实用的事情。没有实用是天才工作的特性，这是它高贵的特权。其他人类的工作，是为生命的维持与便利而存在，唯有天才是为自己本身而存在。他是生命的花，在我们欣赏他的时候，我们的心膨胀了。所以我们很少看见美丽和实用联合。美丽崇高的树木，不结果子；结果子的树木，是丑陋弯曲的小树。园中双层的玫瑰，没有果实；只有细小无香的野玫瑰，才有果实。最美丽的房屋，不是最有用的房屋；一座庙宇，不是一个家庭。一个有难得天赋智力的人，勉强去从事一个最平常人就能够胜任的有用职业，就像一个宝贵彩画的花瓶，拿来用作烹调的炊具。拿有用的人来和天才相比，就像拿砖头来比金刚石。"

天才是不快乐的，因为他是不自然的。他时时刻刻都想摆脱意志的束缚，去取得纯粹智力活动的自由；智力越看得清楚，它越明了自身处境的悲哀。但是在抛弃意志支配的时候，他却能享受最高尚的快乐。叔本华说："我们最快乐的时候就是我们在审美的时候，摆脱意志剧烈的冲动。一个人的生活多么丰富，假如他永远克服自己的意志；不仅在欣赏美的难得顷刻，简直完全消散，还有最后一点维持身体微弱的星火，也同它一块儿灭绝。这样一个人，在经历许多沉痛战争以后，战胜了他自己的本性，只留下一个完全智力的生存，一面宇宙光明的镜子。没有任何事体有力量来扰乱他、激怒他，因为他已经解除意志千条的线索，这些线索用欲望、恐惧、嫉妒、愤怒等各种形式把我们捆在世界，把我们牵在这儿、那儿，忍受不断的痛苦。他现在可以回头观看，镇静地微笑，这个世界的幻术曾经能够扰乱他的心志。现在这些幻术不关痛痒地站在他面前，就像下完了棋的棋子，或者像抛开了的面具，只在狂欢的时候，曾经嘲笑扰乱过我们。人生和人物在他面前经过，就像一个疾驰的幽灵，一个半醒的朝梦。真实射出微光，它再也不能够欺骗；就像这样一个梦，他们最后也消逝了。"

以上我们就叔本华的人格、文章和他思想上的贡献，考究推论，发现他对于我们现代的世界，还有重大的意义。时代是转变的，真理是不磨灭的。八十年前的先知先觉，现在还是我们的导师。

2 幼年

似一缕游丝

因风吹去

叔本华于 1788 年 2 月 21 日生于德国的但泽城（今波兰格丹斯

克）。他的先世是荷兰人，多年前移居但泽。叔本华一家，本来就是望族。他曾祖就已经有钱有势，俄皇大彼得同皇后迦塞茵到但泽游览的时候，他的家成了招待所，叔本华的祖父，再把事业扩充，又挣了许多钱，家庭的声势，因此更大。晚年他退居在离城不远的地方，建起了一座高大华丽的房屋。叔本华祖母的先世，也是有名的人家。但是她曾经生过一个傻孩子，到晚年连她自己也变傻了。

这一种变态的生理，也许有遗传的可能。后来叔本华和他的父亲，都有一种忧郁的疾病。

叔本华的父亲，是他祖父最小的儿子，生于 1747 年。他很早就有机会到外国游历，获得了许多生活的知识、经验。他在英国、法国住了多年，对英国的印象特别好。后来，他常常鼓励叔本华读《伦敦时报》，他认为在里边可以得到一切的知识。叔本华显然受了他父亲喜欢外国思想的遗传和影响，因为叔本华一生老是尊重外国哲学家，譬如，谈到同康德哲学的关系，他总觉得福禄特尔[1]、洛克、休谟，比莱布尼慈[2]、费希忒[3]、薛陵[4]、黑格尔更重要。他一生也每天读《伦敦时报》，却从来不读德国报纸，假如后来不是因为德国报纸登载关于他的新闻，他也许永远不会过目。

虽然叔本华的父亲很喜欢英国，但他并没有在那儿永远安家。他还是回到但泽经营商业，得了许多的遗产。

到三十八岁，叔本华的父亲才打算结婚。那个时候，叔本华的母亲才十八岁，是一个但泽众议会议员的长女，聪明、美丽，浅棕色的头发，清明碧蓝色的眼睛。在少年的时候，叔本华的母亲的确很漂亮。中年以后，她长得很胖，加上腰部畸形地发达，损坏了不少的美丽。但是一直到晚年，她坐在马车里边，还不难看，尤其是谈锋甚利，到

---

1 现通译为：伏尔泰。——编者注

2 现通译为：莱布尼茨。——编者注

3 现通译为：费希特。——编者注

4 现通译为：谢林。——编者注

处受人欢迎。她非常活跃，喜欢社交。有人说她骄傲，其实不然。不过她对生人的确很含蓄，自己很明白自己精神和身体的长处。她的教育并不完全，但是幸亏有长她二十岁丈夫的帮助，加上她自己天赋异禀，她的知识迅速地增进。单是他们的家庭，就已经有了一个很好的教育环境：陈设精美，墙上挂了许多有名的木刻，屋中放着美丽的雕像，图书馆充满了世界第一流的作品。

他们的蜜月在乡间度过。但是结婚不久，叔本华的父亲，忽然狂热地想要旅行。他的年轻太太也兴高采烈。于是两人就离开但泽。他们先游览柏林、汉洛瓦[1]，后来到比利时、法国、英国。叔本华的父亲本来想让他的孩子在英国出生、成长，以后好做英国国民，可是因为他太太健康的缘故，不能不抛弃已定的计划。

他们回但泽不久，我们的悲观哲学家叔本华就出生了。关于叔本华的降生，有一个笑话。叔本华的父亲天资甚高，相貌长得可并不漂亮。身体矮拙，阔大的脸上罩着一双突出的眼睛，鼻子粗短朝上，一张宽大的嘴，从小耳朵就是聋的。所以当他走进柜台告诉大家是一个男孩子，管账的先生知道经理听不见，故意对大家开玩笑道："假如他自夸丰满的前额像他父亲，他就是一个很漂亮的孩子了。"他的预言大部分实现了，因为叔本华除了他那对灵活的蓝眼睛之外，他的面孔形状完全是他父亲的化身。

他在玛丽教堂受洗礼，取名叫作亚尔特叔·本华。用这个名字的理由，是因为亚尔特这个名字无论在欧洲哪一个国的语言中都没有改变。对一个商人自然有许多的方便，在那个时候，叔本华的父亲早已经决定，要叔本华做一名商人了。

1793 年，普鲁士的军队，开进但泽，决定了这个地方将来的命运，叔本华的父亲带着他的妻子和五岁的小孩，逃到瑞典，从那儿转到汉

---

1 现通译为：汉诺威。——编者注

堡，因为那时候汉堡还保持自由独立。他不妥协的爱国精神，损失了他财产的十分之一，但是他不顾一切，坚持他的主张。后来叔本华求真的热情、诚实发表意见的勇气，同他父亲的行为性格，有共同的地方。

在汉堡受好些本地有名家庭的欢迎，他们的生活因此过得异常舒适。可是没有多久，叔本华的父亲又渴望旅行，他的太太性情开朗，外国语说得流利，是旅行时一个良好的伴侣。所以居住在汉堡的时候，他们常常出外旅行。他们夫妇俩本来不甚相合的性情，往往借活动娱乐来减少一切的摩擦。

叔本华老是随着他父母旅行。这样特别的教育，他父亲认为很重要。他要他儿子有世界的知识，亲眼看见一切，判断一切，才可以免除偏见。叔本华后来常常对于这样的机会表示感谢，因为对于他的性格、生活、哲学，都有极大的影响。虽然游牧式的生活使他不能受到系统的教育，在另外一个方面，他却养成精明的智力，而且得着机会，接近当时思想界有名的人物。如斯特尔夫人、克罗浦希托克、纳尔孙、韩密顿夫人，在叔本华还是小孩的时候，就瞻仰过他们的风采了。

叔本华九岁的时候，他的父母游历经过法国，顺便把他交给一个商业上的朋友。叔本华在法国，同这一个法国人的儿子共同读了两年书。叔本华父亲的意思，是要他的孩子彻底学会法文，叔本华回忆在法国这两年，是儿童时期最美满的生活。

回到德国，他进学校了。他受的教育，完全适合预备将来从事商业的需要。古代语言文学，完全不管。后来不久，他表明了想研究哲学的倾向，请求父亲允许他接受普通中学教育，他父亲严词拒绝，一定要他做商人，原定的计划绝对不能改变。后来时间久一点，他父亲发现，叔本华的志愿不是一时的瞎想，对于他的请求，开始严加注意。同时，学校先生对叔本华特别地赏识，他证明叔本华有学哲学的天赋。叔本华的父亲差不多都要答应了，只是"文人多穷苦"这一个观念，令他始终不愿意随便抛弃对他独子苦心的筹划。他决定用最后的方法来打消叔本华学哲学的念头。他提出两个计划，让叔本华自己选择：一个是进中学，一个是同父母去旅行，经过法国、英国、瑞士。假如他愿意旅行，以后就不要再想受大学教育，回汉堡必须学习经商。

这个条件，对于一个十五岁的孩子，诱惑力实在是太大了。叔本华果然不出他父亲所料，决定旅行，对于他所最感兴趣的哲学，掉头不顾。他们两年多的旅行，经过比利时、法国、瑞士、德国、英国。他的父母到英国北部去旅行的时候，叔本华留在南方温百塘[1]并进入学校。这个学校是传教士办的，教师们对于宗教固执的信仰，使叔本华精神上受到很大的刺激。这就是他后来对于英国人顽固的习惯仇恨的基础，他不断地在作品中嘲笑、谩骂。不过，同时他也获得英国语言文字正确的知识，大部分时间都花在上面；课外消遣，只有体育运动和吹笛子。

在瑞士，叔本华欣赏亚尔布斯山[2]的庄严伟大。当他父母要离开瑞士的时候，叔本华特别请求留在那儿，继续享受美丽的风景。他对蒙北浪[3]山顶尤其倾心。晚年每谈到这座山峰，不胜悲戚向往。在他的主要哲学著作《意志和观念的世界》[4]，他还回忆这个不可磨灭的印象。

绝顶天才悲哀性情的表现，在这座白云围绕头顶的山峰，有了它的象征。但是间或，也许在黎明的时候，雾的面纱揭开了，山头反映着红色。朝晖，从云上天高，俯瞰城市，这种景象，感动每个灵魂的最深处。所以最悲哀的天才，有时也表现，特别欢欣的性情，这从他智力绝对客观的境界涌出，只有在他才可能，围绕他高贵的前额，好像徘徊一道灵光：

1　现通译为：温布尔顿。——编者注

2　现通译为：阿尔卑斯山。——编者注

3　现通译为：白朗峰。——编者注

4　现通译为：《作为意志和表象的世界》。——编者注悲中有乐，乐中有悲。

1804 年秋天，叔本华回到但泽，在玛丽教堂中行了基督教的坚信礼。他没有违背他的诺言，第二年春天，投身商界，他自然不喜欢这种工作。他说，他自己是全体中间最差的职员，但是他极力忍受，他尊敬他的父亲，他必须服从他父亲的教训。然而，他在空闲时候，仍然阅读了许多书籍。

几个月以后，叔本华的父亲忽然去世了，他从屋顶小房的窗户跳进运河。有人讲，叔本华的父亲因为经济损失而自杀，这个我们不敢确定。不过，在死以前几个月，他常常有过分的忧愁，神经好像已经错乱，稍有一点儿不顺意，便立刻大怒。这一些偶然凑合的情形，叔本华的敌人时常利用来攻击他、嘲笑他。

不管怎么样，叔本华对于他父亲，一生尊敬。因为这一个关系，对于商人职业他表示称羡。他说："商业是唯一诚实阶级的人，他们公开承认，赚钱是他们的目的；旁人追求同样的结果，可是虚伪地藏在理想职业的假面具后边。"

3　求学时期

风乍起
吹皱一池春水

在十七岁的年龄，叔本华一生最崇拜的父亲死了。他心灵上的悲哀，因为同他母亲的冲突，更加剧烈。他们一家人性情不合，在他父亲健在时，不断地旅行，过游牧生活，还不十分明显；在他父亲死后，母亲同儿子的关系，越是密切，彼此也越受不了。

叔本华的母亲性情活泼，抱乐观主义，喜欢寻求快乐，同叔本华根本相反。叔本华虽然是哲学家，但对别人特异的性格不容易谅解。凡是同他不一样的人，讥诮痛骂，无所不至。再而他母亲的性格，也是同样的偏激。叔本华喜欢寂寞，对人生感觉黯淡，不可救药的悲观，他母亲也永远不能明白。叔本华最讨厌社交谈话，他母亲偏嗜好社交谈话。叔本华一听见就要发狂，他母亲看见他那个样子，也要发狂。

叔本华悲悼父亲死亡，为着纪念父亲感情，尊重父亲意志，他仍然从事商业。但是，他对于这种没有灵魂的活动，一天天兴趣减少，精神苦闷。他想一生就是这样沉埋束缚，感觉无限的抑郁悲哀。

他的母亲，既不喜欢儿子的伴侣，更不喜欢汉堡的商人的社会，决定搬到魏玛。她到魏玛刚刚两个星期，就逢着耶纳¹之战，魏玛被军队占领了。这种时候，自然不适宜于社交，但是她过人的精力、交际的天才，克服了一切的困难。在很短的时间，她的客厅成了社交的中心，许多第一流人物是她来往的朋友。最著名的当然是歌德，此外，还有奚勒格尔²两弟兄，格锐蒙、斐尔劳、魏兰、迈尔，以及其他同样有名的文人学者。在宫廷里面，这一位风流寡妇也是很受欢迎的客人。

1806 年 10 月间，耶纳的炮声，惊醒了魏玛的人们，接着就是军队的掳掠，叔本华母亲的社交生活，暂时也受了影响。她写了一封信给他的儿子，这封信里面，我们还可以看见叔本华的性情："我可以告诉你一些事情，使你的头发都要立起来，但是我还是忍着，因为我知道你无论在什么情形之下，都喜欢默想人生的凄惨。"这句话可以说明，叔本华天性就是那么悲观，并不如反对他的人那样想象，叔本华的悲观主义，完全是一个骄傲失望的人，自然的结果。

在这个时候，叔本华仍然尊重他父亲的教训，继续从事商业。然

1　现通译为：耶拿。——编者注

2　现通译为：史勒格尔。——编者注

而他精神上的压迫日益增加。他痛苦的情形传到他母亲的耳里，这一回，他母亲对他却表示深深的同情，她同一些魏玛的朋友商量，他们都认为，现在改行还不算太晚，她立刻写信告诉叔本华。这样出乎意料的好消息，使叔本华感动得流泪，他立刻抛弃商业，跑到科塔，在那儿听斐尔劳指导，开始研究学问。除了普通功课以外，他请私人教师补习希腊文、拉丁文。他的进步异常之快，教授们都预料，他会成为一名古典文学的学者。同时，他的德语作文中思想词句的成熟，也处处令人惊异。

叔本华极端赞成学古代文字——希腊文和拉丁文，他认为这是一切教育的根基。他说："大部分近代作家拙劣疏忽的风格，表明他们从来没有写过拉丁文。不要以为你近代的智慧可以代替一切，你不像希腊、罗马人那样生来就自由，你不是自然没有毁坏的孩子。特别你是野蛮中世纪的后裔，你继承了那时一切可笑的事情，一切僧侣可耻的权力，一切半残酷半可笑的武士风气。没有古代文学的修养，你的文学会退化成无趣味的迂腐。你们的作家对于拉丁文没有经验，要降落成闲谈的理发匠。嘿，真是丢人！你是为裁缝和皮匠写文章吗？我差不多想你真是，才好大批地倾销。那么让我说，你是平常的人。你的灵魂里边，应当多一点荣誉，你的袋子里，应当少一点金钱，让那些没有受过教育的人，感觉它们的劣等，不要让他们拿金钱来蛊惑你。用德文翻译的希腊拉丁作家来做代替品，就好像用菊苣来代替咖啡一样：并且你还不能靠它的准确。"

叔本华在科塔特别地成功，这当然使他高兴，使他对人生产生了新的兴趣。沉郁的心境没有了，他用最大的力量来从事学问研究。并且他不断热心于学术，对于人类，似乎也没有从前那样仇恨了。他加入贵族社会，穿衣十分考究，采取最新的样式，他花了那么多的钱，连他喜欢花钱的母亲也劝他节省。

但是六个月以后，他科塔的生活忽然告一段落。有一位叔本华本来不认识的教授叔尔泽，在一个公开的演说中，对于教授阶级说了一些很不客气的话。叔本华相信，这位教授对德国学生不够恭敬，气愤之下，他也做了一些讥诮的演说。虽然叔本华的演说是在私人团体，但终于传到这一位教授的耳里。他受不了叔本华的讥诮，立誓要和他为难。他居然让叔本华的私人教授停止补习功课。在这种情形之下，为保持个人荣誉起见，叔本华认为非离开科塔不可。所以在1807年的秋天，叔本华就到魏玛去了。

到魏玛以后，叔本华的母亲要他到旁的地方去进学校，叔本华不愿意。因为他喜欢魏玛，愿意留在那儿，继续他预备的工作。但是他母亲始终不愿意同他在一块儿，对他明白表示，叫他另外找房子住。她写了一封信给叔本华，说："我曾经常常告诉你，很难同你在一块儿生活，我越多知道你，我越感觉困难的增加。只要不同你在一块儿生活，我什么都可以牺牲。你的怪脾气，你的怨言，你不高兴的样儿，你对于愚蠢世界、人类痛苦的悲伤，带给我不快乐的晚上、不舒服的梦境。"

因为这一个关系，叔本华就到巴索住那儿租一间房子。巴索比叔本华大两岁，专门研究古代文学，后来成了有名的语言学者。靠他的帮助，叔本华对古代文学更有造诣。他语言的天分使他补习的学问迅速进步。昼日夜晚，他都在研究希腊文、拉丁文、数学、历史，不让任何事情分散他的注意。这样整整两年的工夫，叔本华完全埋在书本里面，除了1808年到厄尔福[1]城区看拿破仑开会，观看巴黎一个有名剧团上演顶好的法国悲剧而外，差不多没有什么旁的旅行经验。他对古代希腊精神的探讨，对他后来艺术哲学有深切的帮助。

1809年，叔本华二十一岁，他决定先到葛廷恩[2]大学，进医学院。他用功的习惯丝毫没有变更。第一年他听历史、物理、植物学的演讲，此外还私自读了许多相关的东西。然后他转入哲学院，专门研究柏拉

1　现通译为：埃尔福特。——编者注
2　现通译为：哥廷根。——编者注

图、康德，又继续研究亚里士多德，斯宾诺莎。哲学课程以外，他还听天文学、气象学、生理学、法律学。他固然喜欢听好教授的演说，但是对差教授的演说，他却深恶痛绝。在他的笔记本里，他说："一个伟大人物死了的言辞，比一个傻瓜的演说，要多无数不能比较的价值。"

把这一些笔记整理起来，是叔本华在大学时期固定的习惯。他把听过的演讲都记下来，同时把自己的批评讨论也附在里面。他和他的教授意见常不相同，他不客气地指出他们的错误。这一些笔记，表现他多方面惊人的知识，每一样学问都弄得彻底清楚，没有半点肤浅浮夸的气息。他对于自然科学也有很深的基础，他的哲学大半受了这方面的影响，他的著作充满了各门科学的实例。这当然因为他心胸阔达，不像旁的好些哲学家，一切论据完全建筑在逻辑和心理学上面。他幼年的旅行，曾经开了他的眼界，他了解人生，了解人类各方面的兴趣。他的哲学，不仅研究事物的条理，同时还要探讨人生的秘密。他自己说："这就是为什么，我能够有权威很光荣地讨论一切。人类不能够单独研究，一定要同世界关联，连带研究——小宇宙同大宇宙联合起来——像我那样。"

通常我们谈到一名德国学生，总想到一名喝啤酒、开玩笑、随便一点小事情就决斗的少年。叔本华却完全没有普通德国学生的习气。他最反对决斗，他曾经写了一篇文章，刻薄地讥讽这一个习惯。他倒不是说决斗不道德，只说决斗不聪明。他沉痛的态度，只有明了当时德国大学生生活的人，才能够彻底了解。这篇讲决斗的文章，晚年方印行，不过，当时他自己确实不干这一种傻事。

在离开葛廷恩以前，叔本华已经认清楚他自己将来的研究方向是在哲学。虽然哲学不是顶快乐、顶出风头的学问，但是他借此可以发展他特别的天才。在一封信里，他说："哲学是一条山路，一个危险的途程，它领你到布满了乱石荆棘的地方。越爬得高，道路也越寂寞，越荒凉。但是走这条路的人，必须不知道恐惧；他必须把一切抛在后面；最后他还要在冰上，斩开他自己的途程。他的道路往往会把他带到悬崖峭壁，那儿他可以俯视下面青翠的深谷。他要头晕，他忍不住要倾跌，但是他必须挣扎，把自己拖回来。他的报酬也快有了。世界不久就会偃卧在寥远的下面。人间的紊乱，不能够贯穿那样的高峰。爬山的人，站在清明的空气里，能够看见太阳，同时下面完全被黑夜笼罩。"

1811 年，叔本华离开葛廷恩到柏林大学，在那儿他仍然专心致志地钻研各门学问。那年冬天，他听费希忒的哲学演讲和其他许多课程。他也听希莱玛黑[1]和渥尔夫，同时还继续他自然科学的研究。我们读他的笔记，知道他做学问是怎样开心。最特别的，是关于哲学方面的研究。他的意见比从前更加独立。他自己的哲学系统也一天天地鲜明。他的思想和他的教授们不同，他解释为什么不一样。他用坦白讥讽甚至于粗野的语言来攻击他们。但是叔本华的文章，总是那样清楚、简单、准确。一般德国哲学家的作品晦涩艰深，叔本华的著作却是比较容易明白。

叔本华进柏林大学的原因，本来是受了费希忒名声的号召。从费希忒的演讲，他想获得哲学的精华，但是他感觉莫大的失望。费希忒神秘的巧辩，傲慢的态度，尤其引起叔本华的憎恶，因为叔本华自己素来就喜欢明白清楚，适合逻辑。费希忒的人格，叔本华也不喜欢，他常常仿效一个矮小红发的哲学家，用空虚的情感来欺骗他的听众。但是叔本华虽然不佩服费希忒，却仍然继续听他的演讲，他一心一意地找他的错处，来同他争辩。他的笔记充满了尖酸刻薄的批评。费希忒一次演讲题名为"知识学的原理"，叔本华在旁边却写"知识学的空虚"，因为这两个字在德文里，音同义不同，叔本华借此来同费希忒开玩笑。有时他埋怨费希忒讲得不清楚，有时费希忒讲得很清楚，他又嫌他太啰嗦，把浅显的事情翻来覆去地说，听的人因此感觉无味，不

1　现通译为：施莱尔马赫。——编者注

能继续注意。有一次，费希忒说了一句话，叔本华认为说者完全不懂得心理学，简直不配当哲学家。费希忒说天才和疯狂是两种绝对不同的情形。天才像上帝，疯狂是野兽。叔本华写了很长一段批评，后来叔本华关于天才的理论，在这儿已经有了全部的雏形。

叔本华说："我不承认疯狂像野兽，也不承认健康的理智站在疯狂与天才中间，反过来说，我相信，天才和疯狂虽然很不相同，却是比天才与理智、疯狂与禽兽的关系更密切。在另一方面，天才的生活，表示他们常常激发起来像疯子一般。我敢确定地说，一个健康明白的人，严格地受他身体、思想感觉条件的限制，受空间、时间确定观念的支配；它们把他紧紧包藏，像一件合身衣服那样适宜地遮掩着他。他不能超过它们，没有经验的条件，他不能抽象地想他自己和旁的事物；但是在这些限制之下，他是很舒服的。天才却靠一种超越的、不可解的力量，能够看穿经验条件的限制。继续我的比喻，我们可以说，天才本身太大，衣服不能包住他，他从来没有被它完全包住。譬如说李尔王，他是接近禽兽呢，还是接近天才呢？在另外一方面，天才常常很疯狂，因为他有抽象看事物的力量，他对于经验世界不太熟悉，他像疯子一般，把观念搅乱，同时他却抽象地认识事物。就像莎士比亚的李尔王，是疯狂和天才联合的代表；歌德的塔梭，是天才和疯狂的联合的代表。"

有许多批评家说，叔本华对费希忒的批评，是他自己矜骄的证明，我们可不能完全这样说。在哲学上，费希忒的确承袭许多康德遗留下来的错误，同时照叔本华的眼光看来，费希忒简直超出了康德的范围，哲学不再是搜寻的逻辑，乃是朦胧的玄学。有一条关于知识学原理的旁注，表明叔本华对费希忒有时也很公平："虽然是疯狂，但是里边也有方法。"他说："有时候因为费希忒含混的词句，教室变得这样漆黑，费希忒可以舒服地骂人。"

希莱玛黑是第二位引起叔本华兴趣的名人，但是叔本华对他仍然感到失望。在第一个演讲，两人就分家。希莱玛黑说："哲学和宗教，同有对于上帝的知识。"叔本华批评道："哲学必须先有上帝的观念。但是事实上恰好相反。哲学必须先要照它自然地发展，客观地取得或者拒绝上帝的观念。"希莱玛黑主张："哲学和宗教，不能单独存在；没有宗教意识的人，不能成为一个哲学家。在另外一方面，信仰宗教的人，必须研究哲学的基础。"叔本华说："没有一个信仰宗教的人，能够达到哲学那样的深远，他根本不需要哲学。没有一个真正哲学思想的人，是宗教的；他有路线领导；他的途程是危险的，但是，是不受拘束的。"叔本华认为希莱玛黑"是一个戴假面具的人"。两人的性格根本不同，没有法子可以接受任何的补益。希莱玛黑的面貌，叔本华看见就不喜欢。

所以这两位当时的名人，费希忒和希莱玛黑，叔本华都没有个人的接触。

4 歌德

斜阳又晚

正落絮飞花

将春欲去

目送水天远

在这几年中间，一世怪杰拿破仑统率的铁蹄，踏遍了全欧，接着又开始他势力的崩溃。1812 年的冬天，1813 年的开场，整个欧洲每个人都在梦想推翻拿破仑的统治。我们的哲学家叔本华，仍然静坐书斋，殚精竭虑，从事他的哲学研究，一点儿不受时局的影响。

德国全国上下都发狂了。1808 年，费希忒在法国军队占领柏林的时候，毅然发表他对于德国国民的演说。他大无畏的精神，没有人不钦佩，但是叔本华评判费希忒的时候，头脑冷静，没有半个字讲到他爱国的热情。同时局面越是严重，特别在"鹿存之战"[1]以后，叔本华越发不能不相信，柏林不是他考取博士的地方。他的办法很简单，逃到另外一个地方去，继续写他的论文。

他麻木不仁的态度，同德国最伟大的诗人歌德，没有什么分别。本来世界上的人，各有各的使命，因此也各有各的责任。在国家危急的时候，不必人人都要抛弃自己的工作，去摇旗呐喊。叔本华早就发现，自己的天赋是在哲学。对于哲学，他相信将来有很大的贡献。对于政治运动不热心，并不能就说他根本不爱德国。他生平最欣赏德国文字的美丽，他看见一般德国作家不会运用这种文字，急得他发狂，他痛惜德国人不肯尊重他们唯一的宝藏。在别的方面，他不愿意做一个德国人，对于德国人的生活态度，他严厉无情地批评嘲笑，但是，这正可以证明，他对本国人是怎样的关心。

叔本华生平厌恶扰乱。战争逼近柏林的时候，他逃到萨克桑丽省[2]。当时的情形，非常混乱，他费了十二天工夫，才到坠斯顿[3]，他的运气又不好，碰到了军队，因为他懂法文，便被留住，做了一段时间的翻译。经过了千辛万苦，他到了魏玛，可是没有多久就离开了。他不满意他母亲的行为，攻击她对不起他的父亲。我们不知道事实上是真是假。叔本华亲密的朋友格文勒，就是后来替他写传记的人，认为是错误的。但是叔本华相信是真，这使他们母子间的感情更加冷淡。他跑到图润恩森林[4]中的儒多尔希塔[5]，去写他的论文。

---

1 现通译为：吕岑（Lützen）会战。——编者注

2 现通译为：萨克森州。——编者注

3 现通译为：德累斯顿。——编者注

4 现通译为：图林根森林。——编者注

5 现通译为：鲁道斯塔。——编者注

在儒多尔希塔，叔本华聚精会神地思考，取得许多宝贵的成绩。但是思想不是容易的事情，中间不知道经过了多少艰难困苦。叔本华说："假若我发现一个微弱的观念，在我面前，看起来好像一幅朦胧的图画，我立刻就渴望抓住它。我抛开一切，去追逐我的观念，经过各方面去攻击它，一直到我把它弄清楚，把它完全驾驭住了之后，才把它保存在纸上。有时候它逃掉了，我只好等机会再发现它。我最好的观念，大概都是经过许多失败的追逐才捉住的观念。但是假如我被扰乱，特别是一个禽兽的叫声，贯穿我的思想，就好像刽子手的斧头，斩断我的身首一般，我就感觉疼痛。"

对于声音过度灵敏的感觉，曾经引起叔本华一生许多的痛苦。他自己却认为，这正是他智力过人的证明；对于声音感觉不灵敏的人，也就是智力迟钝的人。

叔本华早年的笔记随感，充满了无数重要的观念，到后来他在哲学系统里，再引申发挥。大部分的观念都从自身入手，从个人的经验到普通的原理。他常常自己对自己谈话，自己问自己的问题，自己研究自己的个性，因此我们能够知道他知识、思想发展的详细状况，他说："我一切蕴藏着的思想，却从某种肯定的印象发起，我总是就这一个客观的起点，把它们写下来，毫不想到它们最后的趋势。它们像许多辐射线，从一个圆点起始，通通都走向一个中心点——基本思想；它们从各式各样的地方、各式各样的观念，来达到它。一个观念，引起我们的兴趣，我愿意它本身去决定它，我才把它写下来。"

论文费了很大的气力。他享受森林中安静的环境，寂寞适合他的性情，只要没有声音扰乱，他就神怡心畅。但是有时候，不仅有禽兽的叫声，而且有婴孩的哭声，叔本华一听见就头疼了。他说："很公平同时很难受的事情，就是在我们一生中，每天都要听见这样多小孩哭，因为我们自己曾经哭过几年。"在一些通信中，叔本华的性情倒不这样奇怪，而且有许多可爱的地方。自然风物的美丽，对他抑郁的精神，似乎又有相当的影响。

叔本华的第一部著作完成了。他送到耶纳大学[1]，得了哲学博士的头衔。他的题目《论因果律的四种根源》[2]，讨论世界万物的因果关系。叔本华主张，因果观念不是建筑在一个单独的公理，或者一个简单和必需的真理上面，它应当建筑在四种根源，或者一个复杂的，从四方面观察出来的真理上面。这四种根源，包含一切的对象，是我们所有观念的总和。四种根源：第一是"现象"，或者感官的对象，第二是"理智"，第三是在时间、空间支配下的"存在"，第四是人类的"意志"。叔本华把每一个根源都加以分析研究，表明在每种根源的关系上面，因果律的情形就不相同。因为这个缘故，一个命题的根源，不是简单的，而是复杂的。

这一篇文章，题目虽然深奥，行文却很清楚，特别值得我们注意的，就是他在这个时候，已经提出"意志"的观念，而且还发表了好些关于他伦理和艺术的理论。我们可以说，叔本华全部哲学系统，在这儿已经奠下基础了。

到魏玛，他送他母亲一本著作。他母亲不但不感兴趣，反而用话语来讥诮他。叔本华说："等你的著作，连堆破东西的屋子都不藏一本的时候，它还会有人读。"他母亲却说，叔本华的书根本不能销行。他们两人的话针锋相对，到后来都应验了。叔本华的论文，大部分存着没有人读；他母亲的著作，却风行一时。叔本华最生气的，就是别人总问他，是不是有名的约翰纳·叔本华夫人的儿子。但是，长时间以后，他母亲的名誉，渐渐湮没了，著作没有人读，现代的人差不多不知道曾经有这样一个人。叔本华从前是约翰纳的儿子，现在，约翰纳是叔本华的母亲。

他们两母子天生不能在一块儿，在魏玛这个冬天，叔本华越是觉

---

1 现通译为：耶拿大学。——编者注
2 现通译为：《充足理由律的四重根》。——编者注

得他母亲不能忍受，同时他母亲也越见不得他。叔本华看见他母亲那样喜欢花钱，心里异常着急，因为他知道自己没有找钱的本事，也不愿意自己找钱，他怕钱花光了，将来不能过舒适的日子，安心做哲学研究。因为这个缘故，两人常时争闹，彼此间的情感坏到不可救药的地步。到第二年春天，他们分手的时候，彼此心中都充满了怨恨。许多人攻击叔本华不孝，生平除了自己怪性情以外，绝对不能容忍别人的怪性情，但其实他母亲也有许多错处。她自己意志坚强，儿子的性情，她不能宽恕；儿子的天才，她不能欣赏。歌德和其他的人，都知道尊重叔本华，他母亲却处处看不起他。这样，母亲对儿子没有同情，儿子对母亲没有了解，两人间的关系，当然是越来越糟，在极痛苦的时候，叔本华对他母亲说："你同我是两个人！"

这一个冬天，叔本华虽然因为母亲的关系，内心受了许多的痛苦，可是在另外一方面，他也得着许多报酬。在他母亲的客厅中间，叔本华认识了不少的名人。第一个就是歌德，叔本华非常敬爱他。只要客厅中有了歌德漂亮的尊贵的身影，叔本华的眼睛、耳朵里，就没有别人。以前在魏玛，他们至少在耶纳会过面，有一个故事可以证明。那时有一个集会，几个女孩正在开叔本华的玩笑，因为这一位年轻的哲学博士，一个人退到窗棂，样子很严肃，深沉地思想，其余的人围着一张茶桌。歌德走进来，问大家有什么好笑，大家都指叔本华，歌德责备道："不要取笑这位少年，到时候他会比我们都厉害。"

叔本华的博士论文，引起歌德的兴趣。虽然叔本华的主要思想和歌德不同，歌德并不因此就看轻它的价值。在这个时候，歌德正在研究科学问题，他相信，自己对于色彩有很大的发现。当时的科学家都不相信他，他仍然认为自己没有错误。他对艾克芒[1]得意地说："对于我诗人的成就，我一点也不骄傲。和我同时生存的，尽有伟大的诗人，

1　现通译为：爱克曼。——编者注

在我之前，曾经生存过更伟大的诗人，在我以后还要继续出现。但是，在我的世纪，我是唯一的人，懂得艰难色彩科学的真理——这一点我可有不少的骄傲。"歌德看见叔本华独立的精神，把自己的理论详细告诉他。叔本华被邀到家里，清静地谈一晚上的话。叔本华现在才清楚认识这一位伟大诗人绝顶的天赋。他说："歌德重新教育了我。"但叔本华虽然佩服歌德，歌德虽然尊敬叔本华，然而要使歌德接受叔本华的哲学系统，却是不可能的事。叔本华自己也太骄傲，总疑心歌德没有彻底研究他后来的作品。

歌德请叔本华研究他色彩学的理论，叔本华很高兴歌德这样看重他。不久，他自己对于这一门学问，也产生浓厚的兴趣。歌德把仪器和方法都交给他，让他好随时试验。叔本华专心致志地工作，愿意帮助歌德完善他的发明。但是不久他就不再追随歌德的思路，而是自己设法独立研究。对于歌德的理论与异常反对，他也不管。结果他写了一本小册子《论视觉与颜色》。歌德当然不满意，可是叔本华对于这一个题目，还仍有兴趣。歌德承认叔本华"有一个伟大的头脑"，可是不赞成他悲观的态度。分别的时候，歌德在叔本华的纪念册上面，写了这样两句：

假如你要喜欢人生，
你必须给世界价值。

歌德乐观的态度和叔本华不同，但是歌德对于叔本华的个性，的确看得很清楚。在另外一方面，叔本华却说歌德是"一个自尊自大的人"。他严肃地批评歌德的宫廷的生活，他认为歌德把他最好的时间和精力，消耗在无意义的面子上边。他相信假如歌德肯过比较寂寞、内省的生活，他的思想一定更深沉、广大。他们两人度过了许多快乐的夜晚，讨论伦理学、美学的问题。叔本华对于歌德的主张，根本不赞同，他们的谈话，大体是友善离异的终结。

除歌德而外，迈尔对于叔本华也有很大的影响。他介绍给叔本华有关印度的学问，以后叔本华的思想著作，到处都可以发现佛学的影响。叔本华是第一个将佛家思想引进西洋哲学的哲学家。

在魏玛还有一个女人，对于这一个恨女人的哲学家，曾经有过很大的影响。这就是当时宫廷戏院第一位有名的女演员——卡诺苓·叶格曼[1]。她的美丽、声音、表演，成了现在德国戏剧艺术、传统的理想标准。她这样受观众的欢迎，就是歌德和她意见不合的时候，都不能不让着她而辞去戏园经理的职务。那个时候，大家都知道，她是魏玛公爵的情妇，公爵送她海根村的产业。公爵死后，她搬到那儿去住。叔本华简直发狂地爱她。有一次，叔本华对他母亲说："就算我在大路上，看见这个女人劈石头，我也要同她结婚。"叔本华对这位女演员的狂热，颇有点特别，因为他通常不喜欢那样相貌的女人。他认为最"危险"的，是身材颀长、皮肤棕色的女人。叶格曼却是矮小白皙。但是她超群绝类的美丽，使叔本华也不能不变更他平昔[2]的主张。

这种种情形，教叔本华不能够安心在魏玛用功。交际太多，他不能深沉思想他的哲学；女伶的诱惑，他更非[3]赶快逃掉，不然就要毁坏他一生。他从前到过坠斯顿，印象极好，现在他决定到那一个地方。1814年的春天，他永远离别了他的母亲，走进新的环境。

在这个时候，叔本华已经亲切尝试了人生，彻底了解人与人之间的关系，他在笔记上写道："只有成熟经验以后，我们才认识，人类的性格不可改变，没有请求，没有理论能够转移它。在相反的一方面，每一个人类，都随着他自己的思路、自己的能力、准确的自然规律，随便你怎样努力去影响，他也停留不变。当我们清楚地认识这一点，我们就可

1　即 Coroline Jagemann。——编者注

2　即往日、往常之意。——编者注

3　原文如此。——编者注

以停止我们的努力，去变更别人，想把他们照着我们自己的意思来改造：我们学会容忍我们不能够缺少的人，疏远同我们不一致的人。我的灵魂，请你永远注意这一点，你自己要放聪明，人类是主观的，不是客观的，彻底地主观。这就是为什么可怜的愚蠢人常常在人生中成功，在他们自身，他们丝毫没有什么；他们整个的存在，是相对的，是为别人的；他们常常都是工具，都是诱饵，绝不是目的。我也不承认，这条规律有完全的例外。少数的人在他们生活中间，的确有客观的时候，但是我怀疑他们是否能够达到更伟大的高度。所以不要把你自己除外，考察你自己的喜爱、你自己的友谊；看看你客观的言论，是否大部分是你主观的掩饰；试一试你是否能够欣赏和你不同的人的好才智，这是你应当的责任。因为你完全是这样主观，你学习了解你自己的弱点。因为你知道，你只喜欢一个对你友爱的人，要他继续这样，除非你对他表示友爱，那么你就友爱好了。从这个假装的友谊，一个真正的友谊，会渐渐成熟。你需要欺骗你自己的弱点和主观。"

5 寂寞的天才

平林漠漠烟如织

寒山一带伤心碧

暝色入高楼

有人楼上愁

大凡有天才的人，因为世界不容易明白他，他的内心常常都感到无限的寂寞。他在极愤激的时候，恨不得离开社会，然而他心灵深处，仍然渴望社会的同情。

在魏玛的时候，叔本华已经发现，人的性格是不可以改变的，他不能改变别人，别人也不能改变他。人同人间的关系，就是这样隔阂，这样不谅解。他觉得魏玛社交生活无聊，决心逃到坠斯顿，然而到了坠斯顿，他内心和外界的冲突，仍然不能给他多少安宁。

他说："当我起初走进一个新的生活状况的时候，我老是不满意，容易生气，因为我曾经靠理智的帮助，考察他一切的态度；同时真正的现在，充满了新的对象，比平常更强烈地刺激我，然而又不满足我要求的实现新状况所答应我的一切。现在过于紧张的生活，是容易受刺激的人许多痛苦的源泉。那些受理智领导、有平衡性格的人，比较容易获得快乐。虽然他们很少达到踌躇满意、忽然光明灿烂的心境，因为他们根据印象生活，和现在同时站立在模糊的颜色中间。他们需要在真实中间找出来的印象；然而天生有生动想象力的人，靠他的本能，已经可以充分发现，因此他们比较容易离得开社会。"

虽然这样说，叔本华并没有离开社会。他在坠斯顿的时候，还是同人往来，结交了好些朋友，不过他不承认朋友交得多就代表自己有价值，实际上的情形，恰好相反。他刻薄地批评道："没有一件事情，表现人类更无知识，比如计算一个人的朋友，来证明他应有的价值：好像朋友们不像狗一样，任何人扔一根骨头给他们，不再注意他们，他们也可以爱他。不管他们是不是最坏的恶狗，只要一个人知道怎样亲抚他们，他就有最多的朋友。在相反的方面，有智识价值的人，只能够有很少的朋友，特别有天赋的人，更是这样。他们清明的眼睛，不久就发现一切的缺点，除了必须而外，没有任何事物能够强迫他掩饰。有天赋的人也能够受多数人的敬爱，除非神圣赐给他们永久快乐的性情，一个装点一切的凝视；或者他们渐渐地知道，照人类本来的性质，去对付他们。这就是说：照傻子的愚蠢，去对付傻子。"

快乐的性情和装点一切的凝视，叔本华当然没有。他不能不在另外一方面，去找寻他的安慰。他用全力去求知识，求知识的热情，占据了他整个的心灵，他尝尽了其中的甘苦。他说："我的生涯，是一杯又甜又苦的饮料，我全部的生存，就是关于世界和我自身与世界关系的知识，不断地搜集。结果是抑郁、悲哀；但是这一种见识的获得，真理的贯穿，是极端快乐的事情，辛苦中掺杂着甜蜜。"

在离开魏玛的时候，他在笔记上写道："除非一个人达到同他自己完全和谐的境地，否则，他怎么能够满足呢？只要还有两种声音在他内心讲话，无论什么事情，可以讨这一种喜欢，就会使那一种不满意，因此老是有一种声音在埋怨。但是会有一个人同他自己完全一致吗？不，这个思想本身不就是一个矛盾吗？"几个月以后，他又写道："哲学家要一个人达到完全一致的愿望，是不可能，而且本身就是矛盾。因为只要是人，内心不调和，就是他的命运。他只能够彻底成为一件事物，但是他有成为任何别的事物不可磨灭的可能。假如他决心做一件事物，其他一切的本能都会不断地呼喊，要求出现在真实中间。他一定要继续地压迫它们，摧残它们，假如他想只成为那件事物。他可以选择思想，他不能选择行动，但是行动的力量不能够忽然消灭。只要他过一天思想家的生活，他就必须要时时刻刻去消灭活动的人，永远和自己斗争，就像同一个怪物斗争一样，你刚刚把它的头砍掉了，马上又长出一个头来。假如他选择作神圣的存在，他必须要不断地破坏他肉体上的存在，他不能一下就办到；他肉体的自己，会同他一样长久地生存。假如他决定过快乐舒服的日子，他一定要同自己争斗，同自己一种渴望纯洁神圣的存在争斗，因为他没有失掉成为这样的可能，时时刻刻，他都必须去根绝它。任何事情都是如此，人生永远是一个战场。一个人，是许多矛盾的可能。那么调和统一，怎么样能够办得到呢？人类的存在，不是完全神圣的，也不是完全罪恶的；或者宁肯说，没有完全神圣或者完全罪恶这样的事情。因为他们都是人；都是不安静的存在；都是人生战场中的战士。"

他还说："人的确应该尊重失败是他最痛苦的能力，让这种能力常常胜利。让他快乐地承受相反倾向引起的痛苦，这样他才可以发展个性。因为人生的战争，不能够没有痛苦，不能够没有流血；人必须在每样情形之下忍受痛苦，因为他是被征服者，同时也是征服者。"

叔本华早就知道他自己是天才，而且很诚恳地承认。他认为一个天才，有他对于世界特别的使命、特别的责任，我们不能拿通常人应当做的事情来要求他。他的结论是："一个有天赋的人，仅仅生存、工作，已经就为全人类牺牲自己了；所以他没有再为特别个人牺牲自己的义务。因为这个关系，他可以不管，许多别人不能不尽的责任。他仍然比其他一切的人，多受些痛苦，多得些成功。"

世界上有许多人相信，天才是不自觉的，甚至说，因为他不自觉，所以他是天才，这种看法，叔本华从根本上反对。一个人不会不知道自己的能力，正如他自己不会不知道自己的高矮一样。叔本华认为可笑，一个人有伟大的才力，同时自己能够不感觉它。不过在另外一方面，叔本华认为，天才更应该有高尚的德性，有了高尚的德行，就算没有天才，也是最可钦佩的人。

叔本华说："虽然缺乏一切知识上的利益，文化上的修养，一个高尚的个性，仍然可以勇敢地向前站住，不缺乏什么。在另一方面，最伟人的天才，假如有道德缺陷的污点，也会激起别人的反对。就像火炬在烈日下没有光辉，智力、天才、美丽都要被良善的心肠胜过。无论在任何地方，德行在某种程度出现，它不仅弥补这些才能的缺陷，我们甚至于自愧地感觉，没有发现这些才能。假如这种特别高尚的灵魂，联合最狭隘的智力、最奇怪的丑陋，它们也会被一种更高等的美丽变化消灭；从它们本身具有一种智慧说话，把其他一切都打击成为哑巴。道德的良善是一种超越的才智，不是任何完美都可以相提并论的。拿这个来比较，机智天才算什么？倍根[1]算什么？"

1　现通译为：培根。——编者注

从上面一段话看起来，叔本华倒不一定完全骄傲他自己的天才，不过他自己明白，他同别人不一样。他常常感觉内心的寂寞，他讨厌人类，他相信他生在一个道德知识方面都讨厌的人类世界，他自己必须要隔开他们，免得被他们玷污。他需要闲暇来工作、思考。他经济独立，不用每天为口腹做奴隶，使他有这个闲暇，可以用全副的心力来寻求真理。所以，他自己对自己说："不要忘记，你是一个哲学家，自然叫你从事这样，不要你做旁的事情。不要走别人的路，因为你若愿意做一个俗人，也不可能；你只会做半个俗人，整个失败。要保持高尚的心志，要使更高的自觉生动，痛苦和失败是很必要的，就像一只船，需要压舱的重量一般，没有它，船就会成为风的玩具，容易颠覆。痛苦是天才力量的条件。假如能够在真实的世界里得到满足，感觉舒服，实现愿望，莎士比亚、歌德还会写文章，柏拉图还会哲学思想，康德还会批判纯粹理性吗？"

到坠斯顿以后，叔本华第一件工作，就是替歌德完成关于色彩理论的小册子。之后他就热心地努力完成他自己哲学的系统。1849年，回忆这个时候的工作，他说："1814到1818年在坠斯顿所写的，表示我思想发展的过程。从这些思想里边，我整个的哲学展开了，像从朝雾里边展开一幅美丽的风景。在1814年，我二十七岁的时候，我的哲学系统[1]，所有的原理，都已经建设了。"

至于他智力方面在这几年中的状况，他还有详细的描写："一种工作在我思想里形成，一种联合伦理学和形而上学的哲学，一直到现在，大家都把它错误地分开，就像把一个人的灵魂和身体分开一样。这种工作逐渐地有了体质，就像小孩在子宫里边。我不知道哪样先起，哪样后来。我只一步一步地发现，就是说，我把它们写下来，不管全部的统一。因为我知道，一切都从一个开头出来。这样发生了一个有

---

1 原文为：我哲学系统。——编者注

机的整体，只有这样一个，才能够生存，我在这儿坐着，很少明白它的发展，就像一个母亲，很少明白她子宫里边小孩的进步。我发现它，像一个母亲那样说：'我侥幸得着有小孩的希望。'我的内心从外界汲取营养，给我工作一种雏形，但是我不知道，怎样、为什么、这件事情、发生在我而不在别人身上，别人也有同样的营养。唯愿'机会'——这个世界的最高统治者，再赐我几年的生命和安宁。我爱我的工作，就像母亲爱小孩。小孩生了，有兴趣要求迟延些时候。但是假如我在这个铁的世界中早死了，那么我希望这些没有成熟的研究，照原样贡献世界；也许会有某种同类的精神发生，他会知道怎样接合这些残篇，恢复它们最初的状况。"

叔本华对于美术，天生就有极浓厚的兴趣。在坠斯顿，他常常进许多有名的展览室。他在一幅画前面，可以坐几个钟头。他说："你对待一件艺术品，必须像对待一个伟大人物一样，站在他面前，耐心等待他俯允对你讲话。"除看画以外，叔本华晚上多半喜欢进戏园，他对于戏剧，不单喜欢，而且能够深刻地批评。他说："谁不进戏园，就像谁穿上衣服不在镜子里面照照自己。戏剧的艺术，只能够在顷刻间感动人，因此，没有旁的艺术快乐比戏剧快乐更可珍贵。别样的艺术，成功有存在性，总有点什么可以陈列出来，戏剧却是很少。"

坠斯顿四围美丽的风景，对于叔本华也有同样巨大的影响。他爱好自然，从自然欣赏中，他得到灵感和帮助。一直到死，叔本华走路都很快，很有力量。在少年的时候，他在额尔北河[1] 边步行，间或记下忽然间的思想，坠斯顿多少人都见惯了。这不由我们回想起康德每天一定时间的散步。但是叔本华却并不喜欢坠斯顿的人，他认为："北方的萨克桑人，呆而不笨；南方的萨克桑人，笨而不呆。"

还有一个大养花室，叔本华也常去流连。有时候他看花看得高兴，

1　现通译为：易北河。——编者注

不觉手舞足蹈，简直让旁人以为他是一个疯子。有一次他在花前散步，研究各种花不同的颜色形状，他想这些颜色形状是从什么地方来的。他想得这样有意思，不觉自言自语："这些树木奇怪的形状，给我什么启示呢？这些花叶中内部表现出的主观存在、意志，又是什么呢？"他说得很大声，加上他的手势，引起守花人的注意，觉得这一个很奇怪。等叔本华离开养花室的时候，守花人走拢来问他是谁。叔本华答道："对了，假如你能够告诉我，我是谁，我一定感谢你。"守花的人惊异得说不出话来，认为叔本华一定是一个疯子。还有一天，他在橘子园里散步，忽然得着了一个好久没有追求着的思想，他飞跑回家，心里说不出地快乐。他衣服上掉了一些花瓣，回家的时候，房东太太一面替他把花瓣拈下来，一面说："先生，你开花了。"叔本华答道："当然，我开花了，假如树木不开花，它们怎么会结果呢？"

他的研究一天天地进步，他的结论也一天天地肯定。他的悲观主义，更影响他的身心；他的神经，越来越不安静。只要邮差给他带一封信，他心中就恐怕有什么大不幸的事情发生。他常说："相信恐惧比相信信仰更安全。"在战争爆发的时候，他最怕被强迫去打仗，容易生气，容易起疑心。他六岁的时候，有一次一个人在家里，他疑心父母不要他，把他扔掉了，放声痛哭。现在只要晚间有一点小声音，他就惊起，赶快抓住装好子弹的武器，武器自然常时准备着，放在手边。他绝不相信理发匠，绝不把头颈交给他的剃刀。只要听见了传染病的谣言，他便吓得赶快跑开。在公共场所宴饮的时候，他随身老带着一个皮制的杯子，以免被传染；他的烟头、烟斗，用了以后，总是小心地锁起，怕别人接触。关于他自己财产的账目，他绝不相信一个德国人；他的用款，是用英文写的；他的企业，是用希腊文或者拉丁文写的。他宝贵的东西，放在最奇怪的地方，他死以后，遗嘱上虽然指明地方，执行的人还很难找到。有些东西，上面写假名字来蒙骗窃贼。票据藏在旧信中间，金子藏在墨水瓶下面。这种特别的恐惧小心，当然引起他精神上许多剧烈的痛苦。

叔本华对人类怀疑讨厌，假如不是他悲观主义的来源，至少也是他悲观主义的结果。但是高尚人格的厌世，和坏人的恶意，绝对是两件事情，叔本华分别得非常清楚："一个雅典提蒙[1]的厌世，和一个坏人的恶意，实不相同。厌世是从客观认识愚蠢产生，它不涉及个人，虽然个人也许给他第一次的推动，它关系全人类，每一个个人，不过是一个例子。它是一种高尚的愤怒，只从一个较好的性格出来，反抗出乎意料的凶恶。在另外一个方面，恶意与仇恨是主观的，并不从认识产生，它是从意志产生，别人不断阻遏他的意志，因此他仇恨一切，不过只是独立地而且唯一地从主观的立场。他爱少数某种关系利益联合起来的人，这些人也并不比其他的人好。厌世同恶意的关系，正如遁世的人和自杀的人一样，前者抛弃生存的意志，后者恐惧胜过了对生命的感情。恶意同自杀只在某种情形之下发生；厌世和退隐，包含生命的全体。前者好像平常的水手，凭习惯知道航行某一个海面，但是在旁的地方，他就毫无办法了；后者好像一个巧妙的航行者，用他的罗盘针和时计，能够遍游全世界。假如某种情形消灭，恶意和自杀就会绝迹；厌世和退隐却稳定地站住，没有任何时间性的事物能够转移。"

叔本华虽然悲观厌世，但是他却极端反对自杀。盲目的意志已经安排了人生傀儡登场，同样的力量要求保持他们，一直到自然的结果。逃脱人生，不是懦夫，但是反常。一个自杀的人，只愿意逃脱从前不快乐的状况，他并没有反对生存的意志。因此在他死后，生存的意志还可以继续，甚至于取一种更不痛快的形式。这好像一种似是而非的议论；但是叔本华的许多主张都是如此，他自己反而因此得意。他说："假如在世界里，真理能够不是似是而非的议论，德操不受痛苦，每样好事情一

1　现通译为：雅典的泰门。——编者注

定可以得到大家的友善，那么这个世界，就是一个美丽的世界了。"

在坠斯顿，叔本华也结识了一些文艺上的朋友。当时有名的浪漫诗人梯克[1]，就住在坠斯顿，他的家庭是文艺的中心。梯克极善于诵读戏剧，尤其是他桌上谈话，号召力不小。叔本华常常到他这儿来，但是叔本华对于梯克亲密的朋友奚勒格尔严厉的批评，使他同梯克因此不能接近。同他最要好的朋友，是艺术批评家广特[2]，广特对叔本华的友谊，一生都没有改变。可是叔本华刻薄的讥讽，连他最要好的朋友也不能饶恕。广特同他许多地方意见都相同，两人会谈，彼此都得着许多的快乐，但是，叔本华对他朋友的意见并不十分尊重。广特曾经对叔本华这样说："假如我有一个好观念，你常常问我，我在哪儿读来的，好像我所有的思想，都是从破烂书箱里捡来的一样。"

在这种情形之下，叔本华完成了他的哲学系统。他的主要著作《意志和观念的世界》，包含他全部的哲学，代表他知识生涯的最高点。后来的著作虽然漂亮，始终不过是这一部著作的补注解释。1818年春天，他把稿子寄到莱布慈城[3]白努克豪斯[4]印书馆，居然接受承印，给他一块钱一篇的报酬。这部著作问世时，叔本华写道："谁曾经做了不朽的工作，一定不介意读者的欢迎和批评的议论，就像一个头脑清醒的人，在疯人院里边，不理会疯子的谴责一样。"

他送了歌德一本，1819年他在意大利的时候，歌德对叔本华妹妹表示，承认叔本华是天才。叔本华的妹妹给他写信，报告当时详细的情形："歌德很高兴接到你的书，他立刻把全部著作分为两部分，开始阅读。一小时以后，他送我一张封好的纸条说，他很感谢你，他想全书一定好，因为他常常有好运气，打开书总遇着最出色的地方；他希望不

1　现通译为：蒂克。——编者注

2　即 Johann Gottlob Quandt。——编者注

3　现通译为：莱比锡。——编者注

4　即 Brockhaus，出版社名。——编者注

久，就可以写信并更充分地告诉你他真正的意见。几天以后，阿蒂丽告诉我，歌德正在用心读你的书，她从前还没有看见过歌德读书这样用心。歌德告诉阿蒂丽，他有一年的快乐储蓄，因为他要从头到尾读完你的书，他想他需要这样久的时间。他告诉我，这是他很大的快乐，虽然关于色彩理论，你和他的意见不同，但对他仍然这样亲爱。他特别喜欢你的用词清楚，虽然你的文字同别人不一样，读者必须习惯照你的意思来定事物的名称。这个利益一旦得着以后，他就能够舒服容易地阅读；只是这部书庞大的体积，不给他安宁，所以他自己劝自己，这部书共有两卷。我希望不久可以单独会见他，他也许说一些更满意的事情。无论如何，你是唯一的著作家，歌德这样正经地读。"

歌德对叔本华著作的印象虽然这样好，叔本华始终还是坚持说歌德没有十分用心读他的书。印刷局的经理，叔本华后来也同他闹得不开心。他认为，叔本华给他写信的态度，不像一位哲学家，活像一个马车夫。

所以我们的哲学家，哲学是大进步了，不朽的著作也完成了，他古怪的脾气，仍然没有丝毫的改变。

6 意大利

怅望浮生急景
凄凉宝瑟余音
楚客多情偏怨别
碧山远水登临

主要著作完成以后，还没有等到最后一次校对，叔本华立刻就去意大利旅行。

意大利是欧洲著名的美丽的地方，不知道多少天文学者、艺术家，都曾经到过意大利，享受天然的风物。那儿天气总是那样晴朗，万物勃发，欣欣有生气。同北欧阴沉压迫的气象，全不相同。假如叔本华的悲观主义，是北欧气候自然的结果，那么他这一次在意大利两年的旅行，似乎应当发生一种相当的改变。然而，叔本华始终还是叔本华，他对人生的观察，并没有受环境的任何影响。

他经过亚尔布斯山，心中骄傲得意，感觉自己对人类有了绝大的贡献。他现在只静候社会对于他著作的感想。他的博士论文曾经引起好些人的注意，得着不少的好评；现在他想，这样一部伟大的著作，一定可以得着更好的名誉。虽然他嘴里说，不介意读者的欢迎和批评家的议论，但是从各方面证明，叔本华爱好名誉，比许多哲学家都厉害。

他先游览意大利北方重要的城市，参观艺术陈列馆，进戏院，学意大利文——对于这种文字，他早已相当熟练。他喜欢罗森利的音乐，时常去听他的歌舞剧。对于意大利的作家，我们很奇怪的是，这一位讨厌女子、痛恨爱情的哲学家，反而会喜欢意大利歌咏爱情的诗人裴迦克[1]，叔本华说："意大利所有的作家中，我特别赏识我很心爱的裴迦克。全世界的诗人，没有一个能够比得上他感情的深厚热烈，他的表示直接走进人的心坎。我发现他词句自然流畅，比但丁考究的甚至虚伪的语言谨慎、适宜得多。一个充分的证明，就是比较但丁和裴迦克的散文，假如我们把裴迦克美丽的书中包含丰富的思想和真理，拿来同但丁阴沉的烦琐哲学放在一块儿，一切就明显了。"但丁教训式的态度，不合叔本华的嗜好，他认为整个地狱的描写是残酷的颂扬，《神曲》最后一章是没有荣誉和良心的表现。其他的作者，亚锐阿斯托[2]和

1　现通译为：彼特拉克。——编者注

2　现通译为：阿里奥斯托。——编者注

波卡却 [1]，叔本华也不能欣赏，他常常疑惑波卡却何以能够享有全欧洲的盛名，他不过讲述一些无耻的故事。亚尔菲锐和塔梭他喜欢，但是只认为是第二流作者。

叔本华绝不承认他两年的意大利旅行是快乐的。他说，别人旅行是寻求快乐，他旅行是搜集哲学资料。但是，他每次回想这段生活的经历，还是很兴奋。到了晚年，只要谈到温丽斯 [2]，他的声音就有一点战栗。1818 年 11 月 19 日，他在波罗格纳 [3] 写了一段笔记，至少表示他内心的满意。他说："就是因为一切的快乐都是否定的，因此，每当我们在一种很好生活情形中，我们完全没知觉，让每件事物一而再轻轻地过去，一直到这种状况消亡，只有损失让我们亲切感觉到逝去的快乐重新带来心中的慰安，只有在这个时候，我们才发觉我们没有经意享受，追悔增强我们生活的空虚。"

他流连最久的地方是温丽斯。那个时候，英国的浪漫诗人摆仑 [4] 也在那儿，但是摆仑和叔本华两人始终没有会面。叔本华对于摆仑的天赋非常佩服，当时这位浪漫诗人的著作风行全欧，他的人格更受到多数人崇拜。歌德就很器重摆仑，甚至于把摆仑写进他的诗剧《浮士德》。雪莱和勒巴狄 [5]，叔本华也没有机会见面。不过叔本华在温丽斯，确乎获得许多新奇的印象。他刚到温丽斯，就写了这样一段："在旅行的时候，各种新奇的事物，都蜂拥而来，精神上的食粮，供给得这样快，简直没有时间消化。我们懊悔迅速变化的印象不能够在心中永久停留。然而实际上，这事情和读书一般。好多次我们没有懊悔不能够保存我们读书千分之一的记忆！不过我们见过和读过的，在忘记以前，已经留下了一个印象。这样，它供给精神上的营养，同时

1　现通译为：薄伽丘。——编者注

2　现通译为：威尼斯。——编者注

3　现通译为：波隆亚。——编者注

4　现通译为：拜伦。——编者注

5　现通译为：莱奥帕尔迪。——编者注

在记忆中保留的资料，只能把头脑胀大，永远不亲切，因为没有吸收进去。在旅行的时候，我们在各种形式方面去看人生，这个引起极浓厚的兴趣。但是在这样做的时候，我们只有见人生的外表，不会比平常旁人能见到的、普遍明白的，增加好多。我们绝看不见人类内部的生活，它的心和中心点，那儿真正的行动发生，性格自然表现。"

在那莆斯[1]，叔本华和一些少年的英国人来往。他一生喜欢英国人，他认为英国人差不多是世界上最伟大的民族，他相信只有一些偏见阻遏他们。叔本华的英文讲得漂亮准确，有时英国人把他当作同乡，这种错误，常常使他高兴。同时他所观察的一切，都利用来帮助阐明推广他哲学的理论。有一位温丽斯少年艺术家亚叶斯，在一个展览会上展览了一张关于古代希腊英雄忧力塞斯[2]的图画，叔本华十分欣赏，因为同他的理论——眼泪是从自怜来的，不谋而合。这张画描写这位希腊英雄接到他自己不幸的消息，伤心痛哭。叔本华得意地说："这是自怜的最高的表现。"

在这个时期，叔本华的身体精神，都达到了最成熟的境界。他自己相信，一个人的天赋，就像一个女人的美丽，只能从二十岁最多到三十五岁，才能保持。他说："一个人的智力，二十岁和三十岁的初年，就像树木的五月；只有在这个季候，它们发芽，后来的进展，就是结果。"他的面貌也惹人注意。他的大头、大额和清明蓝色的眼睛，射出奕奕的光辉，引起许多生人的惊异。他坐着的时候有点儿像德国大音乐家伯拖奋[3]，两人的头都方而且大，叔本华的头似乎还要更大一点儿。两个眼睛中间的距离，特别宽大，他不能戴普通眼镜。他身高中等，身材方正，筋肉发达，肩头宽广，可是颈项太短。美丽的卷发纷

1　现通译为：那不勒斯。——编者注

2　现通译为：尤利西斯。——编者注

3　现通译为：贝多芬。——编者注

披在肩上、额前，整齐的嘴唇上掩盖美好的胡须。他的鼻子高直，双手短小。他自己分别智力的和道德的两种相貌，前一种在眼睛和前额，后一种在嘴和颌，他自己属于前一种。他穿衣服力求整洁漂亮，他的马车也要贵族神气，他穿一件燕尾服，白领白鞋。衣服有自己一定的样式，不管时俗的变迁，他走在街上的时候，倒是他的精神，不是他的衣服，引起别人的注意。

有几个德国青年艺术家、几个诗人和新闻记者，差不多每天都在罗马一个咖啡店会面。叔本华也常常到那儿，但是他刻薄聪明的言论，往往使在座的人感觉不舒服，希望他走开。有一天他当众宣布，德国民族是世界上最愚蠢的民族，但是同时又比其他的民族高强得多，因为他们已经达到不要宗教的高度，在座的德国人听了都不高兴。有几个大喊："把这个家伙轰出去！""让我们扔他出去！""让他滚出去！"从那一天起，叔本华再不到那一个咖啡店去了，可是他对德国民族的偏见还是不变。有一次他说："德国父母之邦，并没有把我抚育成为一个爱国的志士。"他常常对本国人和外国人说，他羞做一个德国人，因为他们是这样愚蠢的民族。有一个法国人答应道："假如我这样想我的民族，我至少也要闭我的嘴。"

叔本华并没有过圣人的生活，他也并不假装纯洁。他讨厌女人，但是女人对于他也有相当吸引力。他认为男女的爱情，是意志最明显的表示，但是他自己并不轻狂。他和摆仑有同样的叹息："我越多见男人，我越少喜欢他们；假如我也能够这样说女人，那就什么都好了。"有许多叔本华的信徒，以为叔本华讨厌女人，一定主张禁欲来保持自己纯洁高尚的德行，这当然是错误的见解。他死以后，他论婚姻的笔记都毁坏了，他的信徒认为不适宜于印行。其实反而引起大家对叔本华许多无谓的责备。

他正在意大利欣赏风景艺术，忽然接着惊人的消息。但泽的公司——他大部分和他母亲全部的财产，都投资在里边——现在快要破产了。他听见这个新闻，立刻奔回德国。像这样财产的损失，是叔本华生平最怕的事情。他自己最不适宜于找饭吃，他的工作需要不间断的闲暇。继承遗产并且经济独立是他生活中最大的幸福。他曾经写过："我不认为留心处理得到的遗产，是什么不应当的事情。因为一起就有这样多的钱，一个没有家庭的人，可以舒服地真正独立生活，是一种无穷的利益；这是解除人生穷困忧愁的特权，这样才可以从人类自然命运、普遍奴隶生活中求解放。只有这样好运气的人，才从一出生就是一个真正自由的人：因为只有这样，他才是他时间能力的主宰。每天早上，他可以说，这一天是我的。因为这一个理由，一千与十万收入的不同比一千与一文没有收入的不同，要少一些。遗产最有价值的时候，就是遇着一个有高尚智力的人，他可以从事同找饭吃不一样的工作。他是双重的幸福，他能够为他的天才生存；但是他可以用百倍的数目，来偿还别人的欠账，因为他能产生旁人不能产生的影响，他产生对社会有好处的东西。在另外一方面，假如一个人不够资格帮助别人，这样一个承受遗产的人，是可鄙弃的，他只是一个懒惰的人。这种机会，应当替天才保留，因为只有天才，才能够在艺术、文学、哲学，表示他深刻的观察。因为这个缘故，这样的人迫切需要没有打扰的自省。寂寞他欢迎，闲暇是他最大的幸福。假如一个人命定要给全人类，他智力的印象，他只知道一种快乐、一种悲哀：他能够完成他的工作，或者它受阻遏，不能完成。"

一个把财产看得这样重要的人，忽然接着全部财产有损失危险的消息，在他精神上是怎样一个严重的打击。但是叔本华却不是命运随便就可以压迫得下去的人，他像一只猛虎那样战斗，居然把他的财产及时抢回来。但是他的母亲，不肯听从他的忠告，到公司全部倒闭的时候，他母亲和妹妹差不多一文不剩。

这些事实都证明了叔本华不是空想的哲学家，一个不懂世故人情的书呆子。他有天赋，又有常识。他父亲实际生活的能力，他完全继承。他不仅生活在理想世界，他还生活在真实的世界。他的哲学思想教训，从来不超出日常的生活。他的文章总是那样明白清楚，他的理论都依据对人生深刻的观察，历史上尽管有许多毫无生活能力的思想家，叔本华却不是那样的人。

7 失望

愁肠已断无由醉
酒未到，先成泪
残灯明灭枕头欹
谙尽孤眠滋味

叔本华的财产，虽然经过一度的危险，并没有受到多大的损失。但是这一次的打击，已经够令他胆寒。他生怕再有同样的事情发生，他心里不断地忧虑。为保障他生活安全起见，最后他决心找一个职业，最好的职业自然是教书，因为教书可以同时继续他哲学的研究。虽然他曾经说："把哲学照有势力的人的意思修改，以便取得金钱位置，在我好像是接受圣餐来充饥止渴一样。"他到底还是在 1802 年春天，到柏林去教书。

他的希望太大了。他想，凭他通俗能力的演讲和他主要著作的名誉，不久一定可以号召千万听众，在很短的时间，就可以被聘作大学教授。但是他整整花了两年的工夫，不但听众寥寥无几，而且大学教授的位置，也终究没有给他以希望。

尤其失败的就是他的主要著作，并没有受到社会多大的欢迎。他的博士论文，倒曾经有意外的成功，这一部意想可以成功的巨著，注意的只有极少数的人。杨保罗[1]曾经这样富于诗意地描写过："一种哲学的多方面的著作，充满天才和聪慧，但是有无底的深沉，像一个不见天日的挪威湖泽，被突出悬崖上原有的堡垒遮蔽，只有星光的深夜，才能反映它的深沉，在它的面上，没有鸟飞，也没有浪涌。"这当然是一段极出色的批评文字，可是当时大部分的德国人，对叔本华却没有这样深刻的赏识。

在这种情形之下，我们可以想象，叔本华不会喜欢柏林，他说："一个人生活在这儿，就像一只船在海上：奸诈欺骗，比惨白拘橛树[2]生长的地方还要坏。他们想方设法教那些不知道我们的人，怀疑我们各式各样的事情，我们连做梦都没有想到。"柏林的社会生活，同样令他不喜欢，那些哲学界的人，他尤其受不了。只有在一群上流人和贵族社会交际中，他才感觉比较舒服，但是时间久一点，连这些人他也不愿意接近。事业上的失败，使他对本来已经讨厌的人类更加讨厌。

叔本华在柏林失败，也有他重要的原因。黑格尔和希莱玛黑，当时正享盛名。他们宣传的理论，同叔本华的哲学根本相反，并且叔本华想推翻一切，建立一种新的哲学体系，拿内容来说，已经不能马上令人相信，同时他骄傲的态度，更使人觉得他狂妄。如他第一次演讲的开场，就已经充分种下他那时失败的根基。他说："康德以后不久，就产生一些诡辩家，他们用野蛮神秘的语言，使时代的思想力量疲倦，然后把它从哲学那里吓走，使大家失掉哲学研究的信仰。但是一位报仇的人出现了，他有更强大的力量，他要恢复哲学一切的名誉。"又如他直接攻击其他的哲学家："像费希忒、薛陵和黑格尔那样的人，应该取消哲学家的资格，像古时一样，牟利的人，都要扔出庙宇。"尤其不聪明的是，他故意选择同黑格尔演讲一样的时间，许多听众因为要听黑格尔，简直就没有机会再来听叔本华。

1　现通译为：让·保罗。——编者注
2　原文如此，疑无"拘"字。——编者注

叔本华对于传统宗教的攻击，使他和社会上各方面的旧势力发生激烈的冲突。他的成功，更是遥遥无期。但是，失败并不能减少叔本华的自信。他说："柏拉图曾经受过他同时代的人多少尊敬？与我同时的人，想完全不理我的工作，尽力使我自己不相信自己。侥幸他们没有成功。"

一学期一学期地过去，叔本华的教室越来越空，他自己精神变得更抑郁，言语变得更苛刻，性情变得更暴躁。柏林的空气太压迫了，他再也不能忍受。他生平最恨扰乱，最讨厌无意思的谈话。有一天回家，他惊骇地发现，他房东太太的一个相识，在他的客厅开咖啡会。他愤怒得发狂，一把抓住房东太太，把她扔出房去。房东太太左手受重伤，扬言此生不能再工作。事情到了法庭，叔本华激烈争论说，房东太太侵犯了他的权利，但是他粗暴的行动，仍然使他输了这一场官司。法庭判叔本华供养房东太太一生。偏偏遇着这一位老太太，身体强健，连虎列拉[1]都没有制服她，叔本华足足担负了二十年。

官司一完，叔本华立刻离开柏林，重游意大利。他从前的希望没有了，他对人类社会比从前更加嫉恨。到 1824 年，他才回到坠斯顿，在那儿住了一段时间。他的主要著作在德国，一般人依然不理会。他只想社会恶意嫉妒他，其实是不了解他。他忧郁愤激，不可形容。他懊悔贡献世界一部不朽的著作，世界却认为没有价值。他生气，再不写了。

但是，叔本华始终不是社会压得下去的人。他自己内心有一种生活，在极不得意的时候，他还能够自己安慰自己。他说："一个有高等天赋智力的人，除掉过一种平常人生活以外，还要过一种纯粹知识的生活，只要不扰乱这种生活的活动，他还可以不受遭遇不幸的影响。一个人因此可以把自己提高，超出运气转变之上。"这的确是叔本华真

---

1 虎列拉（Cholera）：霍乱的旧称。——编者注

正的生活态度。他的愤怒没有使他失去理智。不久他又重新努力，替人类寻求真理。

他现在正开始翻译英国哲学家休谟的著作。叔本华说："从休谟著作的每一页，我们可以学到的，比黑格尔、黑尔巴[1]、希莱玛黑的全部著作加起来，还多得多。"可惜后来叔本华翻译休谟的计划取消了，他翻译的本事是很大的。1824 年在坠斯顿，叔本华已经写了一篇序言，介绍休谟的哲学："假如我们现代灿烂的哲学发现，已经在休谟时代成功，无疑地休谟会省去反对自然宗教长篇怀疑的辩论。这种发现指：了解从观察得来，特别是对于超越神圣的观察，这个可以取消一切的反省和推论。因此我贡献这部翻译，拿来作为估量这一观点伟大性的工具。"

但是谈到休谟文章的风格，叔本华又忍不住骂人："假如休谟生在我们现在的时代，他无疑也一定会改进他的风格，抛去简单明亮，散布神秘的黑暗在他著作上边。用引起纠纷的句法，自造的名词，先迷惑他的读者，使他们感觉，他们自己越思想得多，作者一定思想得更多。"

1825 年，叔本华又回到柏林，再作公开演讲，这一次连试都没有人试。他退转来过寂寞的生活，自己读书，自己思想，不管世界。他研究了几年西班牙文，翻译了一些格锐显[2]的著作。他认识了洪博特[3]，洪博特的学问，他赏识；但为人，他不喜欢。诗人夏米梭，他也会见，夏米梭再三劝他不要把鬼画得太黑，灰色就够了。

时间奔驰消逝，叔本华的哲学，社会仍然置之不理。他已经打算离开柏林，不在大学教书，他想搬到另外一个地方，空气自由，精神舒服。不久机会到来，把他任何犹豫都解除了。1831 年，虎列拉攻击

1　现通译为：赫尔巴特。——编者注

2　即 Baltazar Gracian。——编者注

3　现通译为：洪堡。——编者注

柏林，许多人染病死去，叔本华立刻逃走。黑格尔就是得这个病死的。叔本华一生都怕传染病，在那浦斯他逃天花；在费龙纳[1] 他怀疑吃了毒药；当学生的时候，他以为他得了肺病；这一次他当然不能久留。他逃到南方佛兰克佛城，因为这个城以讲究卫生闻名，几次瘟疫，都没有遭难。但是他到佛兰克佛[2] 不久，他的精神忽然踏入一种沉闷忧郁的状态，有好几个星期，他连话都不愿意讲。医生劝他立刻改换地方，他又搬到莱茵河边的芒海蒙城[3]。住了一年，重搬回佛兰克佛，此后就没有离开那儿了。

这种长时间的压迫，在叔本华那样自命不凡、爱好名誉的人，自然是难受，他在笔记中，不免大发牢骚。他说："我所得到的冷淡与遗忘，也许可以使我怀疑我自己，怀疑我一切的努力。但是同时侥幸地，我听见名誉的喇叭宣布完全无价值的、明显恶劣的，算是上乘，算是人类智慧的最高点。这种遗忘，证明我不配我的时代，或者我的时代不配我。在这两种情形之下，我只能说：剩下的只有缄默。我曾经把真理的面纱，比我以前任何人都揭得高。但是我愿意看见这个人，他能够夸张，比我的同时代人还更可怜的一群人。在康德和我这一段时间里，根本就没有哲学，只有在大学大言不惭的庸夫俗子。谁读这些拙劣作家，白费了他所花的一切时间。我不想加入现代哲学的争辩，正如我不想加入在街上看见群众斗殴一般。人生过得快，了解得慢，因此，我不会活着看见我的名誉。我们常常听说学术共和国，但是绝没有听说天才共和国。一个巨人，隔好几个沉闷的世纪，去招呼另外一个巨人，下面的侏儒们，除了一点声音，什么都听不见。这些侏儒们不断地演滑稽戏，用巨人掉下来的东西，来装饰自己，宣布一些英雄，实际上都是同他们一样的侏儒；巨人的精神，却不受他的干扰。

1　现通译为：维罗纳。——编者注

2　现通译为：法兰克福。——编者注

3　现通译为：曼海姆。——编者注

没有比创作的意见更可珍贵，可是我们必须要在学习的职业中去寻求，他的脑子充满了传说的观念，一切创作思想，都好像危险。例外只是例外，在一个光棍世界里，一个人必须例外地生活。"

8 勉强的安静

> 雕栏玉砌应犹在
> 只是朱颜改
> 问君能有几多愁
> 恰似一江春水向东流

叔本华搬到佛兰克佛，去过他寂寞的生活。社会不了解他，他也不再求社会了解。他现在明白，他站在时代的前面，时代还没有赶上他。他仍然专心致志，为哲学而生活。

他虽然讨厌人类，但是对人类他并没有失掉同情。他的心地是仁慈的，对于贫苦的人，他很怜悯。他的财产，最善于经营，到临终的时候，差不多增加了一倍。他认为挥霍相比贪婪，才是更大的罪恶，但是他并不吝啬。许多年来，他也帮助贫苦亲戚，穷困的人找他，他从不推辞。道德的基础，是爱邻居，从这一点，他引申出许多良好的德行。

他不但对人类有同情，对于动物他也有同情。他是德国最初提倡人类有保护动物的责任的几个人中之一。他承认这一种观念是从东方得来，他很奇怪，欧洲人还派传教士到印度去劝人仁慈，其实，仁慈的习惯，印度比欧洲还更恪守。欧洲人之所以对动物完全不顾，是犹太人的错误，又遗传给基督教。他同康德一样不喜欢犹太人。他责备犹太人都是乐观主义者，他说斯宾洛莎[1]的乐观主义，是犹太的根源。他坚决反对犹太的主张，著作里边到处都有表示。叔本华在佛兰克佛，同社会接触比较少。那时佛兰克佛是一个独立自主的城市，完全的商业气氛，同一位思想家的脾胃当然不合。不过对于地方公益的事情，有时，叔本华也颇感兴趣。如1837年，市里组织了一个委员会，商量给歌德立一个纪念碑。叔本华对这件事情非常热心，提出了一个很好的计划。他的计划虽然没有被采纳，但是他的提议——把歌德降生的房子保存下来，门前立下标记，大众却同意实行了。

　　他的日常生活渐渐有了固定的形式，同康德有规则的日常生活不相上下。他的身体素来强健，他又极其讲究卫生，只要认为身体有益的习惯，他立刻培养，永不改变。他反对早起，认为用脑的人特别需要休息，九个钟头是适当的睡眠。但是他早上也并没有浪费时间在床上无意识地久躺。不管冬夏，他总是七八点起来，洗一个冷水浴，再喝咖啡，咖啡他亲手预备。他绝对禁止佣人进来，因为这个时间，任何扰乱都会伤害脑力。在这种集中的情绪状况之下，他动手写作。他起初要耗费整个早上，后来只花三个钟头，之后他再会客。因为他谈话常常忘记时间，他命令佣人，只准午刻进来，客人好见机告别。他吹半点钟的笛子，以资休息，然后特别细心地穿上燕尾服，打上白领带，到英国旅馆去午餐。虽然他天天去，但他永远不喜欢那里客人的闹嚷、盘子的声音、堂倌的谄媚。后来他变得聋一点倒减少一点痛苦。他吃得很多，他的公式是消耗和供给应当成正比例。有一天，一个生人隔着桌子注意他吃的食量。叔本华对他说道："先生，你惊骇我的食量。真的，我吃的有你三倍多，但是我的脑力也有你三倍多。"

　　吃饭的时候谈话，他认为可以帮助消化，但是没有值得谈话的人，他还是缄默不讲。有好些日子，他每餐放一个金币在碟子旁边，吃完

————————

1　现通译为：斯宾诺莎。——编者注

又放在袋子里。有人问他，他回答道："这一个金币我赠给贫穷的人，只要我听见军官们讲点正经事情，不讲女人和狗马。"他喜欢谈话，他异常会谈。出名以后，许多人故意到英国旅馆来听他谈话，瞻仰他的风采。格文勒就是这样，第一次会见他，叔本华给格文勒一个最深刻的印象。格文勒回忆道："他自己就是他自己理论明显的违背，他主张个性无效，但是他思想愈深刻，个性愈显明。我第一次听他谈话时，我还很年轻。我坐在他餐桌附近，我不知道他，我也不晓得他是谁。他在那儿讲逻辑的基本原理。我还能生动地回想，他给我一个奇怪的印象，听一个人讲甲等于甲，他的面部表情，活像他对爱人谈话一样。"

但是不管他怎样专心致志，他绝不忘记外表的事情。他最爱他那条白狗，假如他的狗想进屋来，他立刻就去开门，等狗进来以后，他再继续他抽象的哲学谈话。

午餐后他回家喝咖啡，睡一小时的午觉。起来读轻松的书籍。到傍晚的时候，无论什么天气，他都要出去散步，找寂静田野间的路走；只有不能行走的最坏天气，他才留在家。散步的时候，他走得很快，他相信亚里士多德的理论——生命在于运动。他劝人每天走两小时的路，来保持健康，特别是在脑力上工作的人。他的白狗亚提马，紧紧追随他，同它主人一样地有名。他走路的时候抽烟，把后半支扔掉，因为润湿了的烟头不卫生。有时他把手杖在地下打，嘴里喃喃自语，不看左，不看右，连认识的人都不招呼。这当然因为他近视。他不戴眼镜，眼镜戴上不舒服，除非万不得已，他不用它。假如别人让路，走到左边，他就要怒骂："这个蠢材，连走右边都不会！"这样小事情，都可以刺激他的哲学思想，成为促进他探求大小事物的理由。这种行为，使他得着不客气的名誉，他嘴里喃喃自语——使别人疑心他在骂他们。他听着这种批评，以后只要别人脱帽，不管认识不认识，他也脱帽。

他喜欢一个人散步。有一次一个军官对他说："你喜欢一个人散步，我也喜欢一个人散步，让我们一块儿走吧。"这个提议可没有把叔本华吓坏。他向往春天，柔黄花一含苞，他就采回家，放在温热水中，让它迅速开放，把花粉散布在桌面。间或他也允许他的徒弟们同他散步。其中有一个徒弟，记述他追随叔本华散步的痛苦。那时正是大热天，叔本华走得很快，嘴里在谈哲学，他的弟子生怕失掉他有价值的议论，累得几乎要死。随便一件什么外表的事情，都是叔本华谈话的题目，如他们路上撞着人的态度，叔本华可以仿效得惟妙惟肖。他痛恨笨重的马车，像一个人笨重的脑子。在夏天的时候，他有时整天步行，但是还是回家睡午觉。他已经失掉旅行的兴趣了，老年人不需要旅行，正如青年人需要旅行一般。

散步回家，在书房里读《伦敦时报》和英法文的杂志。晚上多半到音乐会，或者进戏园。后来耳聋了，他不能再看戏，只能听音乐和歌舞剧。伯拖奋是他最得意的音乐家，他听伯拖奋的音乐以后，假如还有其他音乐家的节目，他立刻离开音乐会。瓦格勒[1]是叔本华的热烈崇拜者，可是，叔本华第一次听他的音乐并不赏识，反说："瓦格勒不懂什么是音乐。"但是后来1854年12月30日，叔本华在一封信里，对瓦格勒的《李伯隆》[2]前奏曲，有很好的批评。他预言这是将来真正的艺术品。

晚上消遣以后，叔本华再到旅馆去晚餐。有时遇着他兴致好，容易接近，快乐地谈到夜深。他的晚餐比较经济，一盘冷肉，一瓶淡酒。酒容易激发他，第二杯以后，他精神焕发。他认为酒是一个人智力的测验，假如一个人能够多饮，绝不是一个傻瓜；但是啤酒他却痛恨。假如没有适当的朋伴，他便回家燃起烟斗读书。他抽一根五尺长的烟斗，因为烟经过管道凉了，抽起舒服一些。睡觉以前，他读古代韦地

1　现通译为：瓦格纳。——编者注

2　现通译为：《尼伯龙根的指环》。——编者注

克[1]的书，他相信韦地克的书"在一页里边可学习的地方，比十本康德之后哲学家的著作，还多得多"。他称这些书，是他的圣经，是他"生时的安慰，也是死时的安慰"。这些书帮助他郑重地思想。然后他上床睡觉。他的被窝很薄，不管冬夏，都是那样。他立刻睡着，睡得安稳。

他的住所极其简单，不像一个永久的家庭，倒像一个暂住的旅店。没有华丽的陈设，一直到五十五岁，他还没有自己的家具。他屋里主要的装饰品，是一尊镀金的佛像，放在康德雕像的旁边。沙发上面挂一张油画的歌德，还有康德、莎士比亚、笛卡儿、克劳帝[2]的画像，再加上无数狗的雕像。从窗前，他可以望见佛兰克佛的丛林。

叔本华的文章，充满了引用的文句，大家都承认他是一个最渊博的读者。但是实际上，他只读有关他自己研究问题的书。年轻的时候，他只读主要著作[3]，不愿意花工夫来读近代作者的著作。他反对读得太多，而且在不适当的时候，尤其是读现代无价值的东西，不读古人不朽的作品。他痛骂愚蠢的社会把精力消耗在平庸的书籍上，这些书籍大量出产，像苍蝇一般。他注重不读书的艺术，能够割舍世俗爱好的东西。他批评普通人的偏见——最新的书一定是最好的书，虽然最后说的话大概是最有价值，最后的书籍，多半是前人书籍的补充，然而大部分的书，并不能做到这个地步。他解释古典文学中何以没有坏书，因为古人不像今人，把糟粕拿到市场，精神已经飞逝。写文章来赚钱，是毁坏文学，用假名字是文人的欺诈，除了平庸与无能之外，什么都没有隐藏。出版自由，应当严厉禁止无名和假名的书籍，每个人才可以对自己讲的话负责任。攻击一个不著名的作者，同时自己又不署名，是不名誉的态度。叔本华尤其痛恨无党派互相称誉的社会。对愚蠢文人容忍，贻害无穷，因为他们根本没有资格加入作家的团体。所以这

1　现通译为：吠陀。——编者注

2　即 Matthias Claudius。——编者注

3　原文如此，疑为"古代著作"。——编者注

是大家应当尽的责任，称赏好的，攻击坏的，对异端太恭敬，是文学界最危险的事情。

叔本华作品里边，我们常常看见，不断地引证同一的作者。他读书慢、细心，标记引起他深刻印象的字句，旁边加上自己的感想。对一部著作真正的欣赏，是第二次诵读，第一次仓促翻阅，只能选录其中的精华。读书的时候，自己也在创作，根据这一个理由，书籍的选择极其重要。他个人的记忆力，帮助他保存书籍的内容；但是，他认为个人的思想需要独立，读书太多是有害的，因为继续灌输别人的思想，会阻碍自己创造性的思考疲劳精神的力量，尤其危险的，就是在思考一个题目以前，先读许多书，因为别人的方式和题材先走进你的脑子，你被强迫去注意许多你本来不愿意注意的事情。只有在思潮降落的时候，我们才能读书，把自己的思潮压制。拿起一本书，对于智力，是一件罪恶，就像愿意看图画，不愿意看自然。

叔本华一生都爱好希腊罗马的作家，特别是亚里士多德、柏拉图、辛勒卡[1]。讲别人著作的书最可怕，他痛恨第二手的知识，他要求每一个真实的学者，至少要懂拉丁文。英文是他得意的语言，从那儿他得到梵文和印度的文学；他特别感兴趣，自然是因为许多道理和他自己的主张完全相同。佛教每一点同他哲学相似的地方，都引起他深刻的注意。

就像这样安静闲适，叔本华度过他长久的时间。他赞美寂寞，他渐渐相信寂寞，然而心灵深处他还是感觉悲哀。有一次，他曾经坦白承认，他一生都感到可怕的寂寞，但是这不是他的错处。他从来没有拒绝过任何贤德的人，除了歌德和另外少数比他年长的人，他没有遇着什么值得他尊敬佩服的人。他和平常人不同的地方，处处强迫他清楚地感到，他渴望一个同伴，但是没有成功。在悲哀失望中，他才学会爱好寂寞。他说："假如我是一个国王，我的第一个命令就是——让

1　现通译为：塞涅卡。——编者注

我独自一个。"晚年他说："每一个人必须要把最好最多的力量用在自己，他这样在本身里找着更多快乐的泉源，他更幸福。在这样组织成的一个世界，一个自身已经充足的人，就像圣诞节的时候一间光明快乐的屋子，在十二月晚上冰雪中间。为了光彩、头衔、荣誉把自己内心失掉，是愚蠢的做法。这就是歌德所做的事情。我的天赋，强烈地把我拉到另外一个方向。"

叔本华知道，只有非常的人，才能过这种非常的生活。自然对平常人的命运，是白天工作，晚间休息，一点闲暇的时间，一个妻子，几个小孩，做他生死的安慰。在一种创造的要求和贡献世界的使命降临的时候，这一种平常的状态就停止了。叔本华从小就觉得自己属于世界，不属于自己。他自己既然命定为公共福利而生活，平常的闲暇和自由他就不能再享受。通常人的幸福，就是从工作变到快乐；在叔本华看来，工作和快乐，是一件事情。像他这样的人，生命必须是一场独角戏。世上的人对于他既然这样没有价值，因此他更看重同世界伟大人物的往来。他把古人的书籍比作家信，寂寞的生活比作充军，在充军的时候，读一封家信比和路上不相干的人聊天，当然更有价值。整个一生，知识上的安慰他从来没有欠缺。他同古人谈话，给他心中无限的快乐。只要他想到，他将来也要成为这样的古人，对后人有巨大的帮助，他内心就感到欣慰了。在这个最不得意的时间，他预言，等到朝日的光辉一旦射来，名誉的春天自然会装点他生涯的晚景，解除它一切的黑暗。

间或不满意的情绪爆发，他也用同样的方法去压制。他仔细计算他满意的原因，他劝他自己安静。不管遭遇如何，他始终是《意志和观念世界》的作者，他解决了生存上最大的问题，他要占据以后至少几百年世界的思想。几年不得意，对于他又有什么损害？在这种勉强的安静满足中，叔本华生活的外表一成不变，然而思想经验却日益成熟。他仍然对世界继续缄默，因为世界没有理会他博大精深的贡献。

但是叔本华已经受够了压迫，名誉也快起来了。玫瑰的花冠，快要加在他的白头发上面了。

9 转机

> 杳无踪迹谁知
>
> 除非问取黄鹂
>
> 百啭无人能解
>
> 因风吹过蔷薇

这样缄默的生活，叔本华一直过了十七年。到 1836 年，他才写成《自然中的意志》一书。在这本书里，叔本华报告他科学研究的结果，来证明他以前中心的理论。他创作这一本著作的动机，完全是偶然的。挪威皇家学会悬奖征求一篇最好的文章，研究"意志自由与哲学必要的理论"[1]。叔本华是 1839 年征文比赛的得奖者。

因为这一次成功，第二年，叔本华又报名加入丹麦皇家学会"道德责任的根据"论文比赛，这一次他却失败了。他非常失望，因为这个题目范围完全是他本行的研究，尤其令他生气的就是丹麦皇家学会，说明不接受他文章的理由：第一，他没有答复问题；第二，他答复错误；最末，还暗示一个作家对于他的同行说话太不恭敬，不能希望取得哲学家的地位。叔本华对费希忒、黑格尔下的批评字眼，当然太刻薄，但是，丹麦皇家学会也的确没有了解叔本华的文章。从此以后，

1　一般认为，挪威皇家学会提出的题目是"人类意志的自由，能从自我意识得到证明吗"，可参看叔本华：《伦理学的两个基本问题》，任立、孟庆时译，北京：商务印书馆，1996 年，第 34 页。——编者注

叔本华与丹麦皇家学会结下了不解的冤仇。1841 年，他把两篇文章集拢来出了一本书，题名：《伦理学中两个主要问题》。他在序文中提出激烈的辩论。他还极力要求"没有受丹麦皇家学会褒奖"的几个字，要用大号的字母印在题目下面。以后一生，谈到丹麦的学者，他还是忍不住表示深恶痛绝。

其实两个学会根本就没有自己的主张，它们都受政府严苛法律的支配。挪威奖赏叔本华，因为他辩护一个已经接受的题目；丹麦拒绝叔本华，因为他提出新颖的道理。关于意志自由和必要，历来的哲学家已经有许多的讨论。叔本华的文章，极端清楚有力，但是主要的题目，他并没有答复。他主要的论据是：人类的行动是必然的。康德主张人类对于自己的行动要负责任。人类一切行动固然由于个性，但是人类对于个性本来就应该负责任。叔本华不承认个性仅是时势创造的结果，乃是客观意志的化身。客观意志盲目地要求客观的存在，产生现象的世界。责任是超越时间、空间的，因此从个人转移到事物。这种解释自然是叔本华哲学系统的说明，但是主要的伦理问题，即人类为什么要对他没有办法的行为受相当的惩罚，叔本华并没有答复。

第二篇文章讨论道德责任的问题，没有前一篇那样明白漂亮，但是里面却有许多特殊的见解。首先，他反对康德伦理的学说，不赞成良心是道德的基础；其次，自己努力去建设一个新的学说。叔本华主张，人类一种行为假如不是完全没有利害关系，就不会有什么价值。经过严密的分析，叔本华说明，人类行为，根据他希望他邻人也照他这样做，就已经不纯洁了，因为他心中无形有一种计算，经过长久的时间，对自己也会有利。照叔本华的眼光看来，一种行为除非其动机由于纯洁的仁爱，否则没有任何道德的价值。在论文的末尾，他分析有价值的事业感情，说明这两种都可以从他主要的行为理论里引出。

这些论文，仍然不能引起社会注意，叔本华心中更气。但是他仍然不断地写作。他想努力完成他《意志和观念的世界》，假如不能得社会的谅解，至少可以讨他自己的喜欢。他慢慢细心地工作，他不惜用一切的力量来完成他的哲学系统。到1843年5月，他写信给白努克豪斯，就是承印他初版《意志和观念的世界》的书店老板，但是他被拒绝了。叔本华写了这样一封回信：

> 你的拒绝不但出我意外，而且令我失望。然而我必须坚决地拒绝你的建议。时代声名狼藉的衰微真是这样大。黑格尔无意识的著作，可以得到许多的版本，一个出版的人不愿冒险印行我一部毕生精力的著作吗？好吧，我的著作要留下来死后出现，等那个时代到来，我的著作每行都要受人欢迎。它不会不来的。这一部著作，包含我过去二十四年中记下的所有思想。假如你在这儿，我可以把《论性欲爱情的形而上学》一章给你看，里面推论这种感情，到它最初的根源。随便什么我都敢赌，你一定不会再迟疑的。

最后白努克豪斯变更他的决定，承印这本书，叔本华于同年6月14日，又回他一封信：

> 我可以向你保证，我坚定地相信，你承印我的著作，并没有做坏生意，简直是一笔好生意。那一天一定会到来，你会大笑你自己迟疑冒这一笔印刷费的危险，费希忒、薛陵、黑格尔的大肥皂泡最后快要爆了；大家正在寻求更实在的养料，这种养料只有在我被鄙弃的著作里才能发现，因为我是唯一听从内心命令工作的人。

1844年新版发行了，但是出乎叔本华的意料，依然引起很少的注意。像叔本华这样一部有价值的著作，这样清楚美丽而德国哲学从来没有见过的文章，不受人欢迎，当然是德国批评界没有眼光，然而，这与政治的思潮也有相当的关系。革命快爆发了，德国一般的人再没有兴趣来承受研究新的哲学系统。然而这一次政潮，对于叔本华的哲学，却有它间接重大的意义。生活改变了，思想的方向也变了。一场暴风雨之后，大自然又呈现清明的气象，从前不认识的真理，现在居然也认识了；从前不赏识的思想家，现在也赏识了。叔本华已经快要踏进胜利的宫墙，不过还得等候相当的时日。

1846 年，叔本华认识佛劳因斯特[1]，这个朋友对于叔本华的哲学生涯，将来有极重大的关系。佛劳因斯特读了叔本华《意志和观念的世界》，很赏识，要求去拜会他。叔本华高兴地答应了，特别是佛劳因斯特事先写了一封赞美叔本华哲学的信。在早上十一点钟，叔本华接见他。他进来看见我们的哲学家正躺在沙发上读书。叔本华对他异常恭敬，佛劳因斯特对叔本华的形容、态度，都产生好感。他以前所想象的叔本华，同现在看见的叔本华，并没有差异。

那时叔本华已经五十八岁，须发全白了。他的眼睛还射出少年的光辉，面部的表情，有时还像小孩子那样活泼，围绕嘴唇的线条，露出他对人类的讥讽。叔本华对佛劳因斯特，一见面就能够相信，立刻对他作亲密的会谈。他大骂哲学教授们不理他的哲学系统，阻止他得大家的承认。然而他谈到他两年以来萦绕心头的一个问题。他研究梦中行走和鬼魂出现的形而上学的意义。佛劳因斯特请他解释，他不愿意多讲，只是暗示他对这个问题的解决，是根据康德时间空间理想性质的理论。不过他愿意谈一些关于这个题目的故事，特别有一个关于他自己的故事，绘声绘色，使听的人感觉极大的快乐。

---

1 即 Julius Frauenst dt。——编者注

一天早上，我正在忙着写一封关于事实方面很重要的英文长信。等我写完第三页，我不拿沙，拿墨水来泼在上面；墨水从桌上流到地板。我按铃，仆人提一桶水进来，把地板洗擦干净，免得污点浸到里面去。在工作的时候，她对我说："昨天晚上，我梦见洗擦地板上墨水的污点。"我听见这句话，我说："这不是真的。"她说："这是真的。我醒了的时候，我还告诉睡在我旁边的仆人。"正在这个时候，凑巧那一个仆人，一个十七岁的女孩子，进来叫那一个擦洗的女孩子。我走到她面前问她："她昨天晚上梦见什么？"她答应："我不知道。"我说："是的，她醒了的时候告诉你的。"年轻的女仆答道："哦，对了，她梦见她洗擦地板上墨水的污点。"这一个我可以保证真实的故事，是值得注意的，因为这个梦，是一个无意识动作的结果，我无意用墨水，完全靠一点手滑。然而这个动作却是必然的，因此，它的结果已经在事情发生几个钟头以前，出现在另外一个人的感觉中。这儿我命题的真理——每件发生的事情必然发生——是奇特的明显。

这一个客人对这些讨论极感兴趣。他特别还想听叔本华讲他主要的著作，正在这个时候，佣人进来提醒，他不能不告别。

这次以后，他常来拜访，叔本华对他就没有从前那样热烈地欢迎。后来简直明白告诉他，他受不了这样太密的扰乱；但是一会儿他又变温和，同佛劳因斯特定好会面的时间。以后五个月，他们每星期会面，佛劳因斯特认为是他生命中最丰富、最快乐的时间。有时叔本华还准许他一块儿去散步，第一次最可纪念的，是在一个最热的夏天。

佛劳因斯特离开佛兰克佛以后，他同叔本华通信，一直到叔本华死的前一年。不过叔本华把最有价值的思想，都保留起来，只写在著作里边。在谈话和通信中，如果他表示了一点，他立刻加入笔记，预备新版印行。除开这些例外，他的通信只讲暂时的事物。佛劳因斯特让叔本华知道关于著作一切的批评讨论；叔本华答复、批评、辱骂、请求嘉奖、承认嘉奖，一切都保存着他根深蒂固的风味。同时代的人，他讲出他们的真名字，常常用极不客气的字眼来批评指摘。这些信是朋友对朋友谈天，不是对一般的读者，所以说话很不检点。

同时政治的风潮，越来越激烈可怕。叔本华是不容易因政治扰乱而动心的人，然而闹到他面前，使他不能思考的时候，他也不能不注意。1847年9月严重的暴动，第一次令他不安，他从前的恐惧又强烈地重新产生。他不能想象，一场大骚乱会发生什么结果，想到群众当权，不由得战栗。他相信君主政体有存在的必要。大公爵约翰被选为帝国的首领，国内暂时安静，但是叔本华仍然间接遭受了一些损失。叔本华的政治主张同歌德相像，两人都恨暴力的革命，因为它妨碍知识的发展，破坏文化进步。群众需要领导，让他们自己管自己的事情，只有弄得一塌糊涂。8月的暴动，又使叔本华惊心，他差不多想逃开佛兰克佛了。那个时候，他正忙着他的论文集。1849年3月2日，他写信给佛劳因斯特：

> 凭我镇静的健康和力量，我还要活着看见好些不好的年代。我一切如常，亚提马向你致意。但是我们经过一些什么事变呀！想想，9月18日，桥上有防御工事，那些暴徒，站在我屋子旁边，射击街上的军队，军队还开枪，震动我的屋子。忽然有人声和拍打我的屋门的声音；我紧闩上门，我想是统治的群众，以后接着又是一阵危险打击的声音；最后我的仆人柔声地告我："这只是一些奥国人。"我立刻开门，欢迎我亲爱的朋友；二十个穿蓝裤子的波希米亚人冲进来，从我的窗前射击群众，但是一会儿他们想在隔壁房里可以做得更好一点。一个军官从第一层视察防御工事后面的群众，我立刻送给他我双料

的大望远镜，在里边你曾经有一次看过氢气球。

最后虽然对一般状况还没有满意，意见还没有融洽，但治安强制恢复了。人民被压迫屈服，精神疲惫；这个时机最后成熟，大众需要一个悲观的哲学家。这个时候叔本华正在努力预备他的新书，预备开拓社会的眼界。同时《意志和观念的世界》，也渐渐销行，间或还有信徒到佛兰克佛来登门拜访。

这对于叔本华当然是很大的安慰，他把琐碎的事体都记下来。1850 年 9 月，他写信给佛劳因斯特："我不能找着一个承印的人……这种情形很讨厌，但是不羞耻；因为报纸上宣传罗那蒙特，预备要写她的行述，英国的印刷家立刻就贡献她大批的钱。所以我们知道我们应当做什么。我真的写信问你，能否努力在柏林替我找一个承印的人。我把目录附在信里。"

佛劳因斯特的努力成功了，叔本华十分感激。同年 9 月 30 日，他又写信给他："我最诚恳的感谢，你热心替我找了一个承印的人。这是时代的错误，这样难得找人承印这样的书。每个人都醉心政治。请你高声诵读契约的条件，我不愿意转移。我要求够少了，我六年来每日的工作，至于预备的工夫，花了我生命的三十年。"

10 晚景

马儿快快行

车儿慢慢随

倩疏林

你与我挂住斜晖

1851年，叔本华的论文集出版了。他非常喜欢，他说："我很高兴看见我最后一个儿子产生，他完成我对世界的使命。我真正感觉，似乎从二十四岁起，我肩负的一个担子，卸下了我的肩头。没有人能够想象，这是什么意思。"第一个批评，就是顺利的。叔本华说："它彻底是称赞，差不多热心，很好地放在一块儿。酒店狂吠的时代，已经过去了。"

　　他的名誉逐渐增加，他为人也日益和蔼可亲。朋友和崇拜者都来拥挤包围他，虽然他还是从前那样尖酸刻薄的脾气。他对格文勒说："一个已经度过了长期遗忘无关紧要的生活，最后他们带起铜鼓喇叭来，以为这是什么了不起的东西。"然而他内心的快乐，自己也无法掩饰。最后十年是叔本华一生中最幸福的时期。他的论文集目的虽然是帮助阐明他主要著作，然而比他主要著作，还发生更大的影响，得着出乎意外的欢迎。现在没有任何事情，萦扰他的心志了。他现在唯一的要求就是多活几年。他的身体素来健康，他想不出什么理由，不能够活一百岁。

　　第一次的好评是从英国来的。当时英国著名杂志《西寺敏评论》[1]，里边载有一篇文章，许多德国人都读这一种杂志，叔本华的新弟子林德勒博士又把它译成德文。叔本华高兴得不得了，常常谈到这篇文章。他说："最好的是开始一段，描写一幅我同德国教授们和他们卑劣手段的天然图画。"文章里选录的忠实，尤其令他惊异。他说："从《四种根源》中，选出的讥讽部分，特别令人惊羡。英国素来都鄙弃德国的形而上学，现在居然会有这样的事情。这种选录表现出大学哲学空虚的种子。"

　　论文集出版以后，叔本华决心不再写作了。但是他仍然继续收集材料，预备再版时补充修正。他生平不读德国报纸，现在他读了，因

1　即《威斯敏斯特评论》(*Westminster Review*)。——编者注

为德国报纸累次提到他的名字。他叫朋友们不管大事小事，只要提到他名字的报纸，都送给他看；所有哲学书提到他著作的，他都留心披览。名誉带来暮霭的光辉。他最恐惧的危险，就是他会变成聋子，有好些时候，他已经有点儿聋了。他愁着长期的精神工作，会把他暮年弄到康德那样的惨状。但是他安慰自己，他的身体比任何人都康健。他的信徒日益增加。他们来看他；就像看吃饱了的狗熊一样。这一个主张组织一个委员会，保管他的著作；不让有一个字改动，那一个把他的像画出来，供在一间像教堂的屋子。

他把这些琐碎的事情，都详细告诉他通信的人。比如说："今天来了两个俄国人，两个瑞典人，还有两位太太。"太太们的拜访每每使他不安，因为他是恨女人的哲学家，可是他心中仍然感觉快乐。他生平看不起女人，认为女人对于艺术科学没有客观的兴趣，现在发现女人能够欣赏他的著作，他的主张，不免有点动摇。大学教授们还是鄙弃他，现在他不介意了。他高兴普通人读他的著作，因为他的文章是为大众写的，不是为少数同党的人写的。他说："这些光棍们三十五年压迫我的生产，现在相信我已经死了，他们待我像待太古的化石一样。但是，等着，我要表示给他们看，我还没有死。"

1855 年，他油画的画像在佛兰克佛展览会引起很多人的注意。还有许多人要替他雕像。各种画像、照片、雕像，都难得适当表现出叔本华充满了精神智力的面貌。莱女士[1]创作的大理石雕像现存佛兰克佛图书馆，一般公认是最成功的作品。这尊雕像是莱女士在叔本华七十一岁时动手做的，他死后她贡献出来的，因为叔本华不愿意忍受机械的手法，面貌稍微有点儿不准确。

1856 年，叔本华写信给佛劳因斯特："我的旧使徒，我诚恳地感谢你的道贺。关于你友爱的垂询，我可以告诉你，我还很少感觉老年

1　即 Elisabeth Ney。——编者注

人的暮气。我依然像猎犬那样奔走，身体极端康健，差不多每天吹笛子。夏天我还在迈茵河[1]里泅泳，上次是在 9 月 19 日。我没有痛苦，我的眼睛和做学生时候一样好。只有我听觉不舒服，但是这种弱点是遗传的，少年的时候就麻烦我了。三十三年以前，因为病的关系，我的右耳差一点聋了，但是左耳仍然是好的；现在左耳也开始不行了。只要大家在我的左边，隔我近，说话不太低，我就不会感觉吃力，但是在戏院里，我很不痛快，就坐在正厅的前面也不成。我现在去看滑稽戏，里面有大声的谈话；不久我只能听歌舞剧了。这是一件讨厌的事情！"

1857 年，佛兰克佛开展览会，陈列了一头猩猩，叔本华觉得顶好玩儿，差不多每天去看它。他叫它"我们种族的或然祖先"，他后悔这样晚才同它会面。他尤其惊异，猩猩的表情，没有猴子的恶意，头部的确比最低级人种的形状还整齐，手势方面也和其他禽兽不一样。要求认识的意志，在这个奇怪悲哀的动物，得着了化身，他的面容活像一位先知，遥望光明的世界。

《意志和观念的世界》三版了，《伦理学中两个主要问题》再版了，每本书他都得到版税。他居然靠他的著作赚钱。他说，社会并没有等到他死才承认他。照他的计算，他还有三十年来享受他的成功。他现在也没有旁的工作，只有修饰、整理、增加。他花时间招待客人，读关于他自己的报纸。他相信，他还没有读到一半关于他自己的文章。有一次，一个朋友告诉他一篇文章，是一位女士带讥讽的描写。这一位女士来访叔本华，有一个星期，叔本华都没有和她谈话。她那时住在旅馆，希望靠同叔本华谈话的记录，来开销她旅馆的账单。

他强健的身体，引起他久活的希望。但是在 1860 年 4 月，他餐后

1　现通译为：美因河，为莱茵河支流。——编者注

快步回家，忽然心跳气喘。这一种虚弱的现象，整个夏天常常发生，因此他不得不减少走路，有时走累了，他得停止歇气，但是他仍然不愿意慢走。8 月间，他重病了，他不吃药，也不愿听医生的劝告。他生平不喜欢医药，他笑旁人是傻子，想在药房买回失掉了的健康。9 月 9 日，格文勒看见他得了肺炎。叔本华说："这是我的死期了。"可是他不久又恢复，有好几天，他离开床和朋友谈话。他感觉虚弱，不过他希望下次病来的时候，他还可以坚持。格文勒晚上同他在一块儿，记述他最后一次的拜访。叔本华坐在沙发上，埋怨他心跳得厉害，但是他的声音并没有显露任何的弱点。他正在翻阅狄斯锐利[1]的《文学奇谈》，打开谈作者毁坏了书店老板的一页，他开玩笑道："他们几乎把我弄到这个地步。"他还不相信他会死，他只愁他身体坏了，他的精神要受大学教授们毒手的摧残。他问政治方面有什么新闻。意大利的战争，开始就使他感觉兴趣，虽然他曾经愤恨《伦敦时报》，预言有这种可能，说新闻记者比他还悲观。

他们正在谈话，天色黑了，佣人拿烛进来。格文勒看他的朋友依然没有病容和衰老的现象。叔本华还说："假如我现在死，未免太可怜了，对于论文集，我还要作重要的增订。"他计划在出第三版的时候，要把论文集同《意志和观念的世界》联合起来。他谈名誉给他的快乐，拿出一封匿名信给格文勒看。那是两名奥国军校学生写来的，叔本华决心要回一封长信。他继续讲，假如他能达到涅槃，真是一种纯粹的幸福，但是他怕，死会妨碍他这种希望。无论如何，不管什么事情发生，他至少有一个纯洁的智力良心。

9 月 20 日，叔本华起身的时候，忽然感觉一阵剧烈的痉挛，绊了一跤，把前额跌伤了。白天他精神又好了一点儿，晚间也能安眠。第二天早上，他照常起来，洗冷水浴，进早餐。他的仆人照他的吩咐，

1　即 Isaac D'Israeli。——编者注

把窗户打开，让新鲜空气进来，就出房去。一会儿医生进房，发现叔本华已经死了，倚在沙发的一角。死亡来得迅速、柔和、没有痛苦。他生平就希望容易地死，他说："谁一生都独自一个，他一定比别人更明了这个寂寞的事业。"他的愿望，总算达到了。

照他的吩咐，没有什么死后的仪式，在殡仪馆里，他比平常德国人多停留些时候，因为他怕活埋。一个混合的小团体，集合在他的墓前，对他最后致敬。一名新教的牧师，行最后的葬礼，作了一段简短的演说，然后格文勒这样讲：

> 这位特别人物的棺木，引起我们特别的回想。他一世生存在我们中间，仍然是一位生人。没有一个站在这儿的人和他有血统关系：他寂寞地生，寂寞地死。然而，在这一个死人的面前，有某种事体告诉我们，他得着了他寂寞的报酬。他对永久知识热烈的渴望，在别人只有死的出现才能感觉，像梦境一样地难得，一样地容易消亡，对他是生命长途中永远的伴侣。一位真理的诚恳爱人，从少年起，他就远避浮面的现象，不管这种态度，曾使他对一切社会关系隔绝。这一个深沉的人，胸里跳着温暖的心，度过整个一生，就像一个在游戏时候生了气的小孩子一样——寂寞、误解，但是对自己真实。经过适当的成长和教育，他的天才不受这个世界压迫的阻遏。他对于这种伟大幸福，永远感激，他唯一的志愿，就是使他自己配享受它。他准备牺牲一切令别人欢心的事情，从事他高尚的使命。他眉上的桂冠，只加在他生命的晚景，但是，他对他使命像磐石样坚定的信仰，早已经在他的灵魂中根深蒂固。在长时间不应得的幽暗中间，他从不离开他寂寞高尚的生活一寸。他选定了他羞怯的爱人，长时间服待他，他自己变得灰色了。

把叔本华的遗嘱打开，发现他的继承人，是 1848 年革命后，组织来帮助普努士[1]残疾军人和孤儿寡妇的协会。他的图书馆送给格文勒，他的哲学稿本和印行著作的权利交给佛劳因斯特。每一个朋友，都留有纪念品。他的佣人，得着一笔数目丰厚的钱；他的狗亚提马也有一笔年俸，谁愿意管，谁就领这一笔钱，他的佣人第一个考虑，格文勒第二个考虑，愿不愿意要这一条狗。他不愿意要传记，因为他的著作，同他的生活是一样的。

　　然而这一位奇特的天才，人格是这样高尚，行动是这样主观；他艰苦奋斗的生涯，无处不是他著作的泉源。没有一本传记，绝不能满足我们景仰的愿望，不过读了这一本传记，不读叔本华的著作，自然更对不住他一生的辛苦。

1　现通译为：普鲁士。——编者注

叔本华与《红楼梦》[1]

二十年前，作者还在清华做中学生的时候，有一天得着机会读王静庵先生一篇文章《红楼梦评论》。在这篇文章里，静庵先生根据叔本华的哲学，对《红楼梦》发表了许多精透的见解。当时我爱不释手，叔本华和曹雪芹的悲观思想，充满了我的心灵。迄今事过境迁。我的思想在这二十年间，和叔本华、曹雪芹已相去甚远，然而静庵先生《红楼梦评论》，始终是第一篇影响我思想的文章，曹雪芹、叔本华至今还留给我少年时期丰富优美的回忆。

不但在个人方面，就拿中国的文艺界来说，二十年以来，还没有产生曹雪芹那样伟大的小说家。关于《红楼梦》评论，始终没有跳出索隐和版本批评的范围。像静庵先生那样有见识的文艺批评家，还寥若晨星，至于叔本华那样和人生发生密切关系的哲学家，在中国也没有多见。

叔本华是欧洲思想界一位奇人。他有奇怪的性情、极端的偏见。然而，他的性情和偏见是这样的有趣味，这样的富于刺激性，反而令我们喜欢。他不得不没有朋友，没有爱人，没有家庭，成年成月过着可怕的寂寞生活；社会压迫他，同行嫉妒他，然而他并不因此灰心丧气，五十年的学者生涯，始终如一，寻求真理。他唯一的安慰、唯一解除痛苦的方法，就是他在哲学上的努力。这和《红楼梦》的作者，经过人世沧桑之后，抱着凄凉的心境，埋头创作，不求闻达，如出一辙。

---

1 原载《今日评论》第 4 卷第 2 期，1940 年 7 月 14 日。

在思想方面，叔本华同曹雪芹有一个同一的源泉，就是解脱的思想，《红楼梦》以一僧一道起，以一僧一道终。作者写宝玉陷于情网，几经奋斗，才达到解脱之域，其中屡次谈禅，一到不得意时，即云出家做和尚。佛家的思想对于曹雪芹的影响是很清楚的。至于叔本华在1813年的冬天，二十五岁的时候在魏玛会见迈尔，迈尔介绍他印度哲学，从此以后，印度的哲学家特别是佛家的思想，对于叔本华就产生伟大的影响。在他的著作里，佛家色彩是极浓厚的。实际上，叔本华是西洋第一位把佛家的思想融化在他的系统里的哲学家。

叔本华最主要的著作就是《意志和观念的世界》。这一本著作，已经包含他全部的思想，其他的著作都是陪衬阐明。这一本书的题目也清楚表明叔本华哲学最重要的两方面：一方面是观念，一方面是意志。依叔本华的看法，我们不能够知道世界的"本身"，我们只能够知道世界的"现象"。人类观察世界的现象，心中产生各种观念，用我们的观念把世界的现象组织起来，给它各种的规律。所谓自然法则，所谓事物条理，都是人类心灵中的观念所造成。从前希腊的哲学，以宇宙为中心，以为人类的心灵有知道宇宙的本事，人类所定的规律就是宇宙的规律。这一种天真的看法，经过康德哲学的革命，已经不能存在了。叔本华继承康德的哲学，把所谓世界一切的事物，都归纳到人类心灵的观念。世界不是真实，乃是幻觉；我们不能知道物的本身，只能知道物的现象。真实与幻觉的界限在实际人生中很难划分，所以，庄周蝴蝶梦，柏拉图的石穴阴影，成了千古不灭的妙喻。

然而，在另外一方面，叔本华超过康德的思想，发现人类另外一种极重要的精神活动，这种精神活动是推动一切的力量，使世界人生包含另外一种意义，这就是意志。意志是人类与生俱来、至死方休的一种庞大的支配力量。每一个意志，就包含人类每一种活动。没有意志，就没有活动，也就没有人生。人生如此，世界也是如此，世界上万事万物，从无生物到有生物，从最低的生物，到高级的人类，都有同样激烈的意志。所以，世界在一方面是观念的世界，在另一方面就是意志的世界。叔本华根据观念和意志，说明世界一切的本原。

在观念的世界，一切的事物，都是人类心灵的幻觉，这已经打破人类天真的自信，使他感觉抓不着真实的悲哀。在意志的世界，人类的活动，处处受到意志的支配束缚，更使他精神上感受极大的痛苦。因为意志是盲目的，我们不知道它的来源，也不知道它的去路，它死死地抓着人生，它永远也不能满足。意志就是欲望。人类的欲望是无穷的，欲望达不到，人生即遭遇痛苦，然而，一种欲望刚达到，另外一种新的欲望就立刻发生，永远不能压制，永远不能休息。只有在漫漫长夜之后，经过长途跋涉，受尽千辛万苦，怜悯的死神才走来卸下迷途的行路者的沉重负担，他的痛苦告终，然而，一幕人生的傀儡戏，他也演完了。

在这一种无目的、无趣味、无自由、充满了痛苦的意志世界，人类到底还有什么方法，可以摆脱意志解放自己呢？

照叔本华的看法，有两种解脱的方式，一种是永远的解脱，一种是暂时的解脱。永远的解脱，在于彻底明了意志与人生的关系，使心如槁木死灰，不受意志的束缚，达到光明空洞的境界。就是佛家的涅槃，就是叔本华所赞成的遁世主义。暂时的解脱，在于艺术的欣赏与创造。在实际人生中，意志驱迫我们，使我们痛苦，我们如春蚕自缚，不能自解。然而，在艺术的创造和欣赏的过程中间，我们却能够暂时摆脱人生的一切关系，无欲以观物，使我们的心灵暂时自由解脱。

对人生求解脱，是叔本华哲学一切问题的中心，也是曹雪芹《红楼梦》一切问题的中心。

《红楼梦》第一个对人生求解脱的指示，就是辨别真实和虚假。世界不是真实，人生不过幻景，一切的喜怒悲哀，都是由于我们受意志的牵制，不能静以观物，受世界现象的迷惑。《红楼梦》全书，描写贾府的事情，同时又描写甄府来陪衬，"贾者，假也"，作者的命意在

"假作真时真亦假，无为有处有还无"一联，已经明白表示。至于甄宝玉的俗气，贾宝玉的聪明，两两相对，更阐明真假的关系。《红楼梦》的作者，要读者彻底了解人生的虚幻，知道世界的本来面目，才可以摆脱意志，得到内心的自由。

解脱的第二步，就是要消除人我。生活上一切的痛苦，都由于人我的界限。人我的关系，在逻辑上，是没有法子打破的。因为我之所以为我，是靠有人；没有人，我的存在，根本不能想象。我的存在，既然依赖别人，那么，我自己心灵上的喜怒悲哀，小部分也许由于我自己，大部分却靠别人的态度来决定。我内心既没有自由，外物自然能够支配我。而且人生的意志是无穷的，意志的满足又处处受外物的支配，外物能够满足我们的时候很少，不能够满足我们的时候很多，所以，我们生活上的痛苦也是无穷的。《红楼梦》的作者，要我们消除人我界限。而消除人我界限的方法，就是要根本消除自我。假如能够在别人中间，发现有我，在我中间，发现有人，人我分别，既然解除，内心的痛苦自无由发生。贾宝玉赋诗中有"无我原非汝"，即消除人我界限的尝试。钗黛问他假如喜欢你，你便怎么样；不喜欢你，你便怎么样，也是对于人我关系明白的注解。

解脱的第三步，要打破儒家传统的观念。儒家的思想是入世的，《红楼梦》的思想是出世的。儒家对人生是肯定的，《红楼梦》对人生是否定的。《红楼梦》作者对于儒家的思想根本反对，所以，在书中处处表示反对的意思。《红楼梦》书中，儒家思想的道地代表，就是贾政，然而贾政迂腐不近人情，谁看见也受不了。贾宝玉骂做官的人是"禄蠹"，骂"致君泽民"一类的话是混账话。儒家思想造成社会的腐败、肤浅、平庸，在《红楼梦》里都表露无遗了。

《红楼梦》的思想是在求解脱，对于生存的意志，要加以永远的消除。生存不能没有欲望，欲望不能不有痛苦，所以，生存是极大的罪恶，世界是痛苦的泉源。我们祖先的根本错误就是把人生世界生存至今，使人类陷于不能自拔之境。假如我们当后世子孙的人能够知道祖先的错误，解除生活的意志，那么我们对于祖先，就是孝子贤孙。儒家的孝子贤孙，是做官发财，光宗耀祖，《红楼梦》的孝子贤孙，是消灭生存意志，补救遗传罪恶。所以贾宝玉说："一子出家，七祖升天。"

叔本华、曹雪芹都主张人生要求解脱，然而，解脱在消灭生存意志，而不在摧残身体。照叔本华的看法，自杀不能算解脱，因为自杀是基于生活之欲没有达到，所以愤而摧残自己，然而身体虽存，意志犹在。这个未灭的生存意志，也许还要另外取一种更不痛快的形式。造物既然安排下一幕人生的傀儡戏，人类就得演完。自杀不是懦夫，乃是反常。《红楼梦》的作者差不多也有同样看法。书中写金钏坠井，司棋触墙，尤三姐、潘又安自刎，和惜春、紫鹃、宝玉三人之解脱，其人格之高下，成功与失败，相去不可以道里计；又如妙玉，虽然出家，然而生活之欲，仍然没有铲除；所以，也只有解脱之形，没有解脱之实。

至于书中的主人公贾宝玉的解脱，也经过许多的挫折。宝玉自幼即反对儒家思想，对于功名富贵，早已置之度外，唯一不能摆脱的，就是男女之情。在叔本华哲学中，男女之欲是生存意志最伟大的表现。因为人类求生存，生存即不遭挫折，至多不过百年；然而有男女关系，人类的生存，因此可以无限制地延长下去。所以，实际人生最难压制、而在解脱途径上又必须压制的就是男女之欲。贾宝玉陷于情网，不能自脱，屡次觉悟，屡次又入迷途，及至黛玉死后，他才打定主意，然而宝钗、五儿几乎使他功败垂成，男女之欲真是人生解脱的最大障碍。

有人怀疑，假如林黛玉不死，宝玉是否还要出家，这种怀疑是没有根据的。因为《红楼梦》全书的目的，是在描写人生解脱的程序。林黛玉和贾宝玉的关系，不过是贾宝玉解脱程序中的一个环节。林黛玉在艺术上面，不能不死；假如不死，就要损坏全书艺术上的价值。所以，《续红楼》《后红楼》一类的书，毫无艺术价值。就算黛玉不死，在《红楼梦》主题之下，作者亦必设法使宝玉终于战胜男女之欲，走入解脱之途，不然，全书即毫无意义。事实上，黛玉虽死，宝钗犹存，贾母在堂，家庭种种束缚，依然如昔，然而宝玉并不因此就停止他出家的思想。

叔本华与《红楼梦》的关系，即如上述。《红楼梦》虽然前八十回与后四十回，不是一人手笔，然而在前八十回中曹雪芹已经造成局势，标明主题，高鹗在后四十回中，不过完成曹雪芹未竟之业，对于他的思想，并没有变更，所以《红楼梦》全书，才可作为一人的思想、一部完整的著作看待。

最后我们要指出的，就是叔本华和曹雪芹的悲观主义和解脱思想，在事实上有许多的困难。假如生存的意志、力量是这样伟大，那么要永远摆脱，恐怕差不多也是不可能的事情。叔本华一直到临死的时候，还在对他的朋友格文勒说，希望天假以年，他能够达到涅槃。他曾经叹息："我宣传神圣，但是我不是神圣。"《红楼梦》的作者，一则曰："大无可如何之日也。"再则曰："满纸荒唐言，一把辛酸泪。都云作者痴，谁解其中味。"这也明显地不是已经达到永远解脱的口吻。歌德让少年维特自杀，他自己并没有自杀；叔本华、曹雪芹盲目解脱，自己没有解脱。

到底悲观主义对人生有什么价值？解脱的理想，对人生是否可能？这些问题的解决，恐怕只有进一步研究尼采的思想。尼采是最初笃信叔本华哲学的人，后来从叔本华的悲观主义，一变而为他自己的乐观主义；从叔本华的生存意志，一变而为他自己的权力意志；从叔本华的悲惨人生，一变而为他自己精彩的人生。这一个转变的过程，是世界思想史上最饶兴味的一段历史。也许《红楼梦》前后的评价，不在讨论"叔本华与《红楼梦》"，而在研究"尼采与《红楼梦》"了。

从叔本华到尼采 [1]

1 绪论

人生有没有意义，是不是值得过活，这是人人心中都有的问题，但不是人人能够解答。通常的人，因为不能解答，所以也就置之不理；但是事事要想寻根究底的哲学家却不能不问。通常的人，因为没有法子知道人生到底有没有意义，所以往往只问目前的生活快活不快活；哲学家却往往不管目前的生活快活不快活，只想知道生活最后的归宿究竟如何。所以通常的人，如果他聪明，他往往有人生的"智慧"，把他的生活处处弄得非常满意。一位哲学家，如果他伟大，他一定有对人生的"了解"，但是往往因为有了一种了解，他的生活反而陷于苦境。中国哲学家，因为要免除大家对人生探讨的苦闷，所以，大体只教人"行"；西洋的哲学家，因为要使人明了人生的意义，所以大体只教人"知"。这两种态度，当然互有短长，这两种努力，中间也有互相的影响，这里我们也无暇细论了。

19 世纪，德国有两位哲学家：一位是叔本华，一位是尼采。叔本华是消极的，尼采是积极的；叔本华对人生是否定的，尼采对人生是肯定的。但是，尼采起初是最崇拜叔本华的人，没有一个哲学家对尼采有叔本华那样大的影响，尼采第一时期的思想，差不多完全受叔本华的支配。但是在很短的时间里，尼采渐渐感觉到叔本华的悲观主义不是人生的真理，最后，他毅然走到极端相反的一面。这一种变迁是思想史上最有趣味的一种变迁，这一种影响也是哲学问题中最值人吟

---

1 原载《清华大学学报》（自然科学版），1936 年第 2 期。后收入陈铨：《从叔本华到尼采》，重庆在创出版社，1944 年；上海大东书局，1946 年。——编者注

味的一种影响。

要了解尼采为什么反对叔本华的悲观主义，我们先要了解叔本华的悲观主义；要了解叔本华的悲观主义，我们先要了解叔本华以前的悲观主义。

悲观主义有三种意义：通常我们说一个人悲观，是讲他有一种特别的性格，无论对过去、现在、将来，无论对什么事情，都从最坏的方面去看。这一种悲观主义，有时我们叫它"世界痛苦"（Weltschmerz）或者"不幸主义"（Miserabilismus）；第二种悲观主义，同第一种有密切关系，就是从道德方面来看，人性是恶的，恶人恶事是同人性分不开的，这一种悲观主义，我们通常叫作"性恶论"，或者"愤激的悲观主义"（Entrüstungspessimismus）；第三种是"哲学的悲观主义"，同前两种都不相同，它对于人生有没有意义、值不值得过活的问题，根本上抱否定的态度。因为人生就是痛苦，一天有人生，痛苦就一天不能脱离。人生如果只是痛苦，这还有什么意义之可言？人生的痛苦如果永远不能解除，当然不值得我们生活。[1]

悲观主义，最初明白表现的，恐怕要算印度的婆罗门教和佛教。这两种哲学的悲观主义，居然能够深入平民的宗教，可以证明悲观的思想，很早就深入一般人的心中。婆罗门教是一门崇拜自然的宗教，因此也是泛神论的宗教。宇宙是从一个绝对的神流动出来的。这一种宇宙论，当然不适宜于悲观主义，因为泛神论本质上是乐观的。但是在这个"流动理论"以外，婆罗门教还有另外一种"幻象的宇宙论"，幻象的世界不过是绝对的神的一个苦痛的梦，实际上并不存在。只有痛苦才是真实，绝对的神在他的梦境里感觉着真实的痛苦。

这个第二种宇宙论，是一种后起的悲观哲学研究的结果，它起初怀疑痛苦幻象世界中的神灵。从这两种不同的宇宙论产生了婆罗门教

1　参较 E. v. Hartmann, Zur Geschichte und Begründung des Pessimismus，1881 und Sully，Pessimism，History and Criticism 1882。

中许多矛盾的教义，实际上我们就没有法子去调和它们。有人把神也当成幻象的形状，把绝对神的流动认为是一种罪过，只有一步一步地再回到绝对的神那里去。但是神既然是幻象的形状，也就不成其为神，如果存在只是幻象，那么流动也一定不会真正发生。要明了一切，只消发现幻象，醒回梦境。不过这些对我们的研究，都是不重要的问题，我们所得到最重要的结论，就是这是第一次可靠的观点，人生是不值得过活的，不存在比存在还好。[1]

婆罗门教给我们一种印象，就是他们的理论实际上已经把他们的宗教推翻，然而他们自己还没有勇气去推翻。释迦牟尼也是一样的不彻底，他的悲观主义的思想，并不能毅然拿去替代宗教。但是释迦牟尼虽然没有明目张胆地推翻宗教，他的哲学教义却不是宗教，因为我们在里边发现很清楚的无神论。佛教中平民信仰的神灵，虽然比人类高一等，但也像人类一样需要解脱。神同人的目的，都是涅槃，都是虚无，拿来比起婆罗门教中绝对的神，佛教的神已经没有那样的神气了。世界是从虚无来，所以它根本不应该存在，它根本已经包含了死的胚胎。释迦牟尼从婆罗门教得来的罪过观念，在这里实在是没有什么意义。世界既然从虚无发生，还有什么罪过之可言呢？但是如果我们只管他哲学的理论，那么我们在里边可以发现一个对人生价值问题有经验和理论根据的否定答复。

同这一种人生观恰好相反的，就是希腊一般平民的感觉。固然，他们的诗人也埋怨世界的罪恶，[2]人类的命运完全依赖神灵的脾气；固然，我们也听见这样的话：最好是不生，次好是快死。[3]但是，如果我们研究希腊鼎盛时代全部人民的生活，我们立刻就可以发现他们都有

1　参看 E. v. Hartmann，das religi se Bewusstsein der Menschheit im Stufengang seiner Entwicklung，Berlin 1882. S.283ff.

2　Hesrod, Opera et dies V 101 ss; I 1, X, VII, 446ss: Aesch, Agam 1300ss.

3　Theognis, V 425–428: Soph.Oed. 1225ss.

一种生存快乐的情绪，他们都明显感觉到人生是值得过活的。我们顶多只能够发现"愤激的悲观主义"在一些神话里边，但是他们还是不认为罪恶与生存是分不开的现象。

在罗马的文字里，虽然因为当时道德的堕落，悲观的语调比希腊人多，然而大体来说，结果还是同希腊一样。

讲到希腊哲学方面，我们发现苏格拉底以前的哲学家常常埋怨人类知识的限制，特别是色罗方理斯（Xenophanes）[1]同英伯多克理斯（Empedokles）[2]，至于人生最后的价值，对于这些哲学家，还没有成问题。他们都太忙着去研究物的原始和发展，他们研究的，简单来说，只是自然科学的问题，他们还没有工夫来讨论整个人生的价值。

苏格拉底把道德哲学推到前面，所以有至善能否理解、能否达到的问题，苏格拉底派与其他各派的希腊哲学家都认为可以理解，可以达到。但是我们在这些哲学系统中间，发现了一个悲观主义的倾向，因为他们都对至善和达到它的程度加以限制。所以苏格拉底在他临死前，说人生是一种疾病，因此尼采说他是一个悲观主义者，固然这是尼采后来的事情[3]，因为尼采最初也承认苏格拉底是乐观主义的代表。[4]快乐主义派认为，至善在自满；无情主义派认为，至善在内心超过外物。但是无情主义派，仍然相信他们能够帮助理智胜利，所以这一个哲学系统，也同希腊其他哲学教义一样，没有特别的悲观主义。他们虽然零零碎碎地也有一些悲观的论调，尤其是在奥锐尔（Mark Aurel）[5]的《沉思》一书中，[6]但是对于世界的发展过程，他们始终没有提出根本的否定。

1　现通译为：色诺芬。——编者注

2　现通译为：恩培多克勒。——编者注

3　V 264f.

4　I 107.

5　现通译为：奥勒留。——编者注

6　Meditationes, IX 26; IV 47, 48, 50; VIII 31; V 33; VII 35.

但是在新鄙萨葛锐尔派[1]和新柏拉图派，我们看见一种对印度悲观主义的接近。他们告诉我们，真理的认识和幸福的达到，只有在欣喜癫狂（Ekstase）的时候才办得到，这就是说，精神在一种状态之下，它超脱了个人的生存，升起在神灵的境界，要完全永久这样，只有死后才能够办得到。所以死成了世界上最高的幸福，人生的价值，只是预备到这一个达到绝对的可能。这一种教训，从这一点来看，同基督教已经有了相当的关系。

在《旧约全书》里边，极乐园里无忧无虑的状况，是平常的上帝愿意的状况。世界上罪恶的来源，是由于人类祖先犯了罪过。在古老一点的文字记载中，全民族的福利把个人的痛苦推到后边，到全民族的希望已经断绝以后，悲观的思想才在《亚布》[2]、在好些赞美歌特别是在《葛黑勒》[3]里边表现出来。《亚布》一书的作者，解释人生价值的问题，说他相信上帝的全知、全能、全爱在创造世界时已经充分证明，一定是有意把罪恶放进世界。因为赞美歌并没有什么独立的意思，所以我们现在只消再讲一讲《葛黑勒》。葛黑勒是一个事事守中庸之道的人。他努力在悲哀生存中去找寻最大的快乐，他认为，最好的办法是有相当的虔诚，这样才好享受人生，同时又不犯太大的罪恶来得罪上帝。[4]除开宗教的关系，我们可以把他来同快乐主义派相比。对于生存的否定，在《旧约全书》里面，因为宗教的关系，当然是不可能的，因为那样主张，当时的人一定要认为大逆不道。此外，这种思想同犹太民族根本上相去甚远，我们只消看自杀观念在《旧约全书》中出现的少数，就可以知道了。

根据同样的理由，基督教也像犹太教一样，生存否定是不可能的

1　现通译为：新毕达哥拉斯派。——编者注

2　现通译为：《约伯记》。——编者注

3　现通译为：《传道书》。——编者注

4　Koheleth 7, 16f.

事情。基督教与佛教有同样的目标，都想要征服世界，只是佛教偏重消极，基督教偏重积极。叔本华常常喜欢称基督教为悲观主义。[1] 也就是因为这个理由，尼采痛心地反对基督教。[2] 但是基督教的教义，因为有天堂最大的快乐，在叔本华、尼采看来固然不值一笑，然而在基督教本身，已经根本推翻了哲学的悲观主义。所遗留的，顶多是在观察世界事物的时候，还有一点"性恶论"或者"愤激的悲观主义"罢了。

　　我们也用不着再去仔细研究基督教初期的哲学派，比较来说，里边的马祥（Marcion）最悲观，因为他们理论里并没有什么悲观主义新的见解，同当时传教士的神学实在没有多大的分别。就是教皇英罗森斯第三的《关于世界的轻蔑》——中世纪最悲观的著作，在第一卷里也不过把葛黑勒所说的讲得更详细一点，[3] 第二卷、第三卷里只埋怨当时社会的错误与身受者的痛苦。只有亚昆罗（Thomas von Aquino）[4] 我们不能不讲，因为据他看来，快乐与不快乐不是相反的东西，只是一件东西的各种不同的程度。同样的观点，我们在伯蕊罗与斯宾诺莎那里也可以发现。这一点对于我们很有趣味，因为尼采也有这样的思想。

　　因为这一种缘故，我们很难讲出悲观主义发展进步的程序。我们也可以在其他的哲学家，如像拜尔、休谟、福禄特尔等人的著作中，找出悲观主义的成分，但是他们都没有悲观主义的系统研究。关于康德、哈特曼（E. V. Hartmann）把他悲观的话全收集起来。他说康德是"悲观主义的鼻祖"。哈特曼想这样把悲观主义扶持成一种科学的哲学。[5] 但是闻歇尔（Wentscher）却告诉我们，康德顶多只有"愤激的悲观主义"，我们如果把哈特曼收集来的语句反复研究，也不能发现更多

1　II 193; II 197, 521, 736ff.

2　II 126ff; VIII 215ff.

3　De Contemptn Mundi I, X, XI, X, VI.

4　现通译为：托马斯·阿奎那。——编者注

5　E. v. Hartmann, zur Geschichte und Begründung des Pessimismus 1881.

的悲观主义来。[1] 我们这里用不着再仔细地研究，因为一切关于悲观主义的成绩，都在叔本华的著作里重现了，我们对叔本华的著作，当然还要详细地分析。

在叔本华，我们发现对世界的鄙弃和伦理的宗教的悲观主义，但是此外还有"世界苦痛"，我们在诗人如像摆伦、海拉、雷巴第的著作里，歌德的《浮士德》的一部分中，也常常发现。

我们必须要注意叔本华的，因为他不是用逻辑的方式，而是用悲观主义来解释人生的真理，悲观主义在他似乎是已成的事实，他只去找哲学根据来解释它。同样，尼采晚年也这样想到他对于叔本华的著作，他说："欲望否定怎么办得到呢？神圣怎么可能呢？这好像真正是把叔本华变成哲学家，开始做哲学家的问题。"[2] 因为否定欲望是悲剧主义的前提。实际的经验引导叔本华去注意一种盲目的冲动——欲望——就是世界的基础。同时他相信，他发现了康德的"物的本身"。这种盲目的欲望永远不能满足、永远活动就是唯一的真实；现象的世界只是观念，也就是错误。现象的世界完全依靠主观，它不过是一种"脑子现象"，就是像印度马亚的面纱。从这一点出发，在认识论里，就可以转到我们所知道的印度的绝对无神论。

要把上面所说的更明确一点，我们最好把叔本华著作里最重要的语句征引在下面：

> 时间、空间及一切从原因与动机发生出来的事情，只有一个相对的存在，它是黑亚克利蒂[3]慨叹的永远的流动，它是柏拉图说的，只是变化而不存在的东西，它是斯宾诺莎的"偶然"，

---

1 Kantstudien 1900, Band 4, S. 32ff und 190ff. 参看尼采 Vorrede zur Morgenr te IV3ff und E. v. Hartmann's Ausführungen im 5. Band der Kantstudien.

2 VII 72.

3 现通译为：赫拉克利特。——编者注

它是康德拿来同"物的本身"相对的"现象"，它是印度人的马亚、欺骗的面纱。它是观念的世界，服从它的基本。[1]

　　叔本华意思是说，一切存在的东西，一切可以想象出来的东西，都有它的基本，在旁的东西里面，如每一个时间，都是靠消灭了以前的一个时间，然后可能。他还进一步相信，基本的内容都是一样的。各种不同的形状也不过是一种空虚的幻术。人生是一个梦，就是像卡得蕊和莎士比亚讲的一样。[2]"在无穷的空间里，有无数的球，内部是热的，外皮是凝结的，在上面有一种白色的罩子产生了生动有知识的东西——这就是经验的真理，就是真实，就是世界。但是对于一个思想的东西却是一个困难的地位。"[3]这些东西不能够互相帮助，因为根本就没有可以酬报辛苦的报告，因为只有观念，没有观察能够报告出来，然而一切的真理，一切的智慧，都发生于观察；[4]如果我不能够报告别人，那么我就不能够使别人接近真理。"所以最后每人一定要在他的躯壳中，在他的脑袋中停留。"[5]一个人越是偏执，他越是痛苦，因为他不能寻求真理，不能免除错误。我们最大的错误，就是想为快活而生存。所以，叔本华说："只有一个生来的错误，就是我们想为快活而生存。这一个错误，是与生俱来的，因为它同我们的生存是密切关联的，我们全部的精神只是一种注解，我们的身体只是一种花押；我们只是生存的欲望，但是我们想到幸福的观念，就想到继续满足我们一切的欲望。"[6]幸福只是否定的，[7]因为它不过是痛苦的解放，欲望刚一满足，无

1　I 38f.

2　Calderon: Das Leben, ein Traum Shakespeare: Tempest IV, I, Schopenhauer I. 50f.

3　I 9.

4　II 85–86.

5　II 86.

6　II 747.

7　I 413.

聊的鬼又在威吓我们了。如果痛苦在一种形状里边压住了，它常常又在其他千差万别的形状里出现。[1] 在全部自然中间，不能形容的紊乱在管辖一切——可怕的景象，普遍的灾难，长期的驱迫，无穷的没有目标的战争。[2] 这不是人生在引诱我们，乃是灾难在驱迫我们。世界在各方面都倒了账，人生就像一个买卖，无法掩盖它的支出。[3] 世界是怀疑、错误、罪恶、疯狂的领土，人生大部分是梦幻的蹒跚，到死路去。[4] 历史就是人类一个长期艰难的梦。[5] 没有什么进化，因为闹来闹去，老是一成不变的欲望，不断地在个人新出现的图画里去实现它自己。对这个不断要求欲望的忧虑，充满了我们的知觉。[6] 这一种忧虑抢去了我们的安宁，永远也没有舒服的时候。但是，如果我们一天是欲望的奴隶，我们一天就不能解除这一种忧虑。因为每一次都不过是很少的欲望得到了满足，但是刚一满足，另外一个欲望又闪电般地飞来。这样我们可以了解我们基本要达到的幸福，不过是一种迷梦。

此外，还有罪过的鬼魂永远在找我们，我们在印度已经发现过了。我们根本就是不应该存在的东西，所以我们不能不死，死是生存的欲望在经过自然得到的一种大大的改正，所以，它也可以作为我们生存的一种惩罚。[7] 人类顶大的罪过，就是他生在世上。

叔本华解脱的教训，也同印度一样。它一定要停止欺骗的幻象，绝灭盲目欲望的冲动。如果我们认识内心外物的需要，我们的心也可以靠这一种认识安静下来。人类行动处处受欲望的支配，是不自由的；但是，人类的认识，却是可以增进改变的，是自由的。如果我们不用

---

1 I 408; IV 586f.

2 II 417ff.

3 II 674ff.

4 I 416ff.

5 II 520.

6 I 416ff.

7 II 596, 660ff.

主观来观物，不把它当成动机，只把它当成观念，那么我们就可以达到真正的快乐。在这一顷刻，欲望的活动停止了，我们的内心也安宁了。这一种状况，"在里边，观察的个人变成了无欲观察的纯粹主角，提高了自己，两方面都不在时间和其他一切关系里面停留"。[1] 这一种状况可以从客观观察，随时达到。我们只消把全副精神放在一个不管大小的观念上，对其他一切都没有兴趣。这样我们同自然就成了一个；我们让自己浮沉，不加丝毫一点的反对，就像一块木头在水面上。我们沉浸在一切事情发生的必然性中间，我们一点没感到这一种必然性含有任何的强迫，只想去帮它的忙，并不觉得它在强迫我们。但是，这一种欲望的停止只是暂时的，[2] 有时由于客观的认识，有时由于艺术，特别由于音乐，照叔本华的意思，音乐表现欲望自己。与一个真正的解脱，这还相差得很远，因为这一种安慰，上文已经讲过，只是暂时的，并且只有哲学艺术的天才才办得到。真正的欲望否定，只有禁欲修行才办得到。预备的头一步就是同情，抛开自己不管，自身同别人变成一个。为正义、为爱情牺牲的道德情操，使欲望立刻扇动它的翅膀，凌霄飞去。[3]

关于根本消除欲望，在佛教方面，有很严格的逻辑的方法，在叔本华却不十分清楚。欲望既然是人生一切痛苦的泉源，欲望否定，又是人生解脱的方法，那么，如果个人肯用彻底的方法否定欲望，人类否定欲望的人愈来愈多，岂不是最后欲望会有根本消除的一日吗？但是，照叔本华说来，世界上虽然曾经有好些人，根本消除欲望，然而欲望依然一样地存在，一样地实现，叔本华似乎因此又不愿意去提倡。这里好像是叔本华哲学中一个解不开的矛盾。

我们在叔本华这里，可以看见悲观主义每样的特点，尤其有趣味的

1　I 266.

2　I 267.

3　III 589ff.

就是浪漫主义者所提倡的"世界痛苦"，好像从表达自己痛苦的感情中间，可以得到相当的快乐，也体现在叔本华的悲观主义中间，这就是为什么在尼采初期的著作中，已经有点儿怀疑叔本华悲观主义的真实了。[1]

还有两个人，我们在这里也可以顺便讲一讲：就是邦生（Bahnsen）和哈特曼。邦生认为，欲望是多元的，不像叔本华所说那样是一元的。他解释认识和艺术不能够消解苦痛，只能引起苦痛。欲望否定的可能，是幻象的；内心的破裂是永远的；世界的罪恶，是确定的、不可救药的。

同他恰巧相反，哈特曼又给我们一点安慰。哈特曼也相信叔本华所说的盲目的欲望，到处偶然地无理由地实现。痛苦比快乐大，世界是不会好的，因此人生的目的应该是否定欲望，返回绝对；但是要达到这个目的，哈特曼的方法同叔本华不同。哈特曼在世界发展中，看见一个向着解脱的进步，人类的职务就是通力合作，来应付这个过程的要求，但是，合作的方法，不是抛弃人生，乃是努力人生。

悲观主义的潮流到了顶高的时候，反对的潮流也随着兴起，特别是叔本华的悲观主义，相信的人很厉害，反对的人也很厉害。尼采起初是相信叔本华的悲观主义最厉害的人，后来他又是反对叔本华的悲观主义最厉害的人。相信、反对叔本华的人，当然不只尼采一个，但是尼采和他的态度，比任何人都有趣味，都有价值。尼采动手写文章的时候，叔本华已经得到他自己一生都希望但是没有得到的名誉。尼采写《不合时宜的观察》和《教育家的叔本华》的时候，他完全站在叔本华的立场。在 1870 到 1885 年这 15 年中出现了许多讲悲观主义的文章，所以我们感觉很有趣味去研究尼采为什么起初会相信叔本华的悲观主义。尼采不是冷静头脑的观察者，远远地观察事物，然后冷静地下他的断语。他用他全副的精神，全副的力量，来参加悲观主义和乐观主义的战争。他不单是赞成这样反对那样的观点，他自己还得出

1　X 322, 442: vgl; VII 115.

许多新的结论。所以尼采对于悲观主义的地位，异常重要。了解这一点，尼采全部哲学就都容易了解了。所以，从叔本华到尼采，是一个特别值得研究的题目。

2 赞成时期

尼采赞成叔本华悲观主义的理由

在《悲剧的降生》[1]里边，尼采对于现代文化非常不满意，他说："什么地方都是尘土，泥沙、麻木、憔悴。"一个寂寞的人，能够选择最好的象征，就是都锐尔的骑士，这样一个人，就是叔本华。他没有一点希望，但是他还是寻求真理。[2]都锐尔是德国16世纪著名的画家和雕刻家。他有一幅木刻，中间刻画一个基督教的骑士，他不顾四周的诱惑恐吓，毅然向前。尼采拿这名骑士来比叔本华，就可以表现他对叔本华的崇拜到什么程度了。

尼采认为现代文化最大的错误、寻求真理最大的障碍，就是乐观主义，特别是费力斯特式的乐观主义（Philisteroptimismus）。这一种乐观主义，对现代文化的一切都满意，因此不用思想，不求进步，只知道寻求物质方面的快乐，没有高尚的精神生活。叔本华最大的贡献，就是明确指出人生的本来面目，用他的悲观主义来推倒大魏·司乔士[3]所代表的费力斯特式的乐观主义。[4]

1　现通译为：《悲剧的诞生》。——编者注

2　I 143f.

3　现通译为：大卫·斯特劳斯。——编者注

4　I 217f.

叔本华教我们明白真正的痛苦与需要。[1] 乐观的看法，把人类姑息了。叔本华的人类，在另外一方面，不但张开他的眼睛来看世界事物自然的残酷，同时还要以极大的同情，来寻求了解人类永远的痛苦，好像他自己的痛苦一样。[2] 叔本华的人类，把真实的志愿的痛苦，拿来放在自己身上，这样才好扩大他的本性，引导自己到人生真正的意义。[3] 他要探讨人生，这就是说受人生的痛苦，因为痛苦就是生存的意义。[4] 如果一个人还在要求生命与快乐，他就同禽兽一般，痛苦得没有意义。[5] 但是假如谁肯在每样事物中间去寻求虚伪，把这个作为他自己的工作，把所有事物中每一件的虚伪都明白宣布出来，自己甘愿同痛苦纠缠，对这样一个人，世界立刻就会失掉了重量，就像夏天的傍晚，一切渐渐清莹。对于这样观察人生的人，就好像他刚醒转来，动摇梦境的云雾，好像还在围绕着他游戏。这一点不久也吹散了：这就是天明。[6] 在我们的时代，深深感到痛苦的人，一定要知道叔本华，[7] 因为叔本华是从怀疑忧愁的高点，引我们到悲观的高点的领袖。[8] 叔本华放开我们对人生真正观察的眼睛。他的胜利是否定的胜利。可对真理的认识，压迫了一切行为的动机，生存因此被否定了。[9] 知识的目的，科学的目的，就是消灭世界。[10] 但是科学的影响同时又是肯定的：科学摧毁幻象，控制世界，因此它把地盘让给艺术，使它成为唯一生存的形式。[11] 科学说：人生是值得认识的，艺术——顶美丽的引诱者说：人生是值

1　I 410.

2　I 128.

3　I 427.

4　I 430; X 324.

5　I 435.

6　I 431f.

7　I 469.

8　I 409.

9　I 56.

10　IX 72.

11　IX 79.

得过活的。[1]

从上面零碎的征引，我们可以看见少年的尼采对人生是如何的悲观，对叔本华是如何的崇拜。在叔本华著作里边，他发现他自己感觉的表现。"世界的一方面，是纯然数理的；另一方面，只有欲望。快乐与不快乐，就像音乐一样：在一方面，纯然数目；在另一方面，纯然欲望。叔本华的假设：欲望的世界同那数目的世界是一样的，数目的世界就是欲望现象的形式。"[2] 欲望不断分裂，在个别中去表现，到了个别中间，它不断地想恢复到它已经失掉了的统一。每个统一的得到，就是他一个胜利，这一种胜利，往往在艺术宗教里面。[3] 经过了许多的痛苦，再经过死，人类才忏悔他的生存，因为他根本上就是不应该生存的东西。[4]

虽然尼采在理论上、在经验上承认叔本华的哲学，但是在另外一方面，他对人生并没有像叔本华那样完全失望，因为他还感觉到生存的快乐。这一种快乐，是从他希腊语言学研究得来。他说："语言学固然不是艺术之神，也不是娴雅姊妹神中的一个，但是她是神的使者。她像艺术之神那样，降下来到悲愁窘迫笨拙的农人们那里，替他们讲一个辽远蓝色快乐的仙地里面的神圣，来安慰他们。"[5] "希腊的宗教，因为它同悲剧联系，因此，从悲观的思想达到了生存的快乐。"[6]

这一种从悲观思想达到的生存快乐，就是尼采努力的目标。他相信这个目标在悲剧中可以达到。只有悲剧思想继续存在中间，人类的将来才有希望。[7] 悲剧观察的人，有一种由观察摧残否定得来的最高快乐，好像事物的内心在同他高贵地讲话，[8] 并不是他脱离了痛苦，其实，

1　IX 4.

2　IX 73f.

3　IX 77.

4　X 26, aus Schopenhauer's Parerga II, Kap. 12.

5　IX 24.

6　IX 78.

7　I 523.

8　I 147.

刚好相反，他还惊骇悲剧英雄所受的痛苦，但是他在这儿感觉着一种更高的更有力量的快乐。[1] 悲剧强迫我们去观察个人生存的界限，但是同时又不失掉勇气。一种形而上学的安慰，把我们救出来。在很短的时间里，我们自己是宇宙的元始，所以虽然有恐惧与同情，我们生存的人类是快活生存的人类。[2]

从上面的征引研究，我们可以说：尼采对叔本华哲学的态度，是全盘承受的，但是为什么承受呢？原因是尼采认为叔本华的哲学，根本推翻费力斯特式的乐观主义，让我们清楚认识人生本来面目。这一种本来面目清楚的认识，又建筑了人类由悲剧艺术去获得解放的基础。所以尼采承认叔本华的哲学，并不是他的目的，乃是一种手段、一种方法，来达到他自己的目的。在一方面来说，尼采也像叔本华一样，是一个悲观主义者；但是在另一方面来说，尼采的悲观主义，根本上已经不完全是悲观主义，因为他悲观就是要想清楚认识人生来达到他乐观的目的，所以，在尼采的悲观主义中间，已经掺杂了一点乐观主义的成分。

尼采同叔本华根本的差异

尼采表面上虽然接受了叔本华的哲学，但是根本上，他同叔本华对人生的经验感觉，全不相同。就在尼采最早的著作里边，就在他最相信叔本华的悲观主义的时候，我们处处都已经感觉得尼采对人生有一种热情，对世界并没有完全绝望；但是叔本华的著作里边，我们却没有这样的感觉了。

在《悲剧的降生》里边，尼采告诉我们，痛苦的世界对于悲剧的艺术是很需要的，就要靠这一种悲剧的艺术，个人才能够产生解脱的幻象，才能够沉浸在观察幻象中，安安静静地坐在大海上摇荡的小舟

---

1 I 155.

2 I 117; vgl. Schopenhauer, Nachlass III 69ff. 81ff. 130ff. ; IV 220.

里。[1]尼采认为叔本华根本上肯定人生。人类的痛苦，就像艾克顶快的乘骑一样，把他迅速地载到完整的乐土，因此，我们不能不承认它、称赞它。叔本华的人类，要达到这个形而上的目标，达到的工具，就是痛苦的世界。这个世界，因为它充满了痛苦，所以人类不能不否定它，但是又因为要达到他自己解放的目的，又不能不肯定它，因为在这种情形之下，人类的心胸不能不放宽，他不能不克制他愤怒悲哀的情绪。[2]

把叔本华的哲学拿来这样解释改造，恐怕不是他自己能够同意的事情。

在尼采的遗稿第一卷里边，[3]我们读着这样的语句："信仰，生命冲动奇妙的假面具！同真实和谐，因为真实是一个难解的谜团！反对解开这个谜团，因为我们不是上帝！快乐地跳在尘土中间，在不快乐里边快乐地安息！人类在他最高表示中间的最高的自制！生存的可怕的事物，装点解释成生存救济的事物！在人生鄙弃中的快乐人生！欲望在否定中的胜利。"这些语句中，都明白地表示作者对生命的热情，这是叔本华所没有的。叔本华只承认宗教的价值，在预备否定欲望。叔本华绝不会同真实和谐快乐地跳在尘土中，因为叔本华一开始就认为整个生存不好，并否定一切快乐。至于欲望在否定中的胜利，同叔本华的思想，也根本不能相合。

如果我们把上面征引的地方，再读下去，我们发现："可怕和可笑的事物，是有提高效能的，因为它只是表面上可怕可笑。德阿里秀斯迷人的力量，在这个世界观里，尤其证实到最高的程度，每样的真实都散在现象中间，统一的欲望只在现象的后边报告消息，它完全在智慧与真理的光荣中间，在耀人的光辉中间藏着。"这里，尼采描写宗教

1　I 35ff.

2　I 428.

3　IX 90f.

家和艺术天才达到的知识程度。我们不能够否认，尼采把叔本华盲目欲望的本事，说得太大了。叔本华在这里都不会再认识他无知无目的的欲望。

为明了两人的差异起见，我们不妨把叔本华对于这种情形的描写，引在下面参考比较：[1]"欲望的否定，走进了一个人的生活里。他的情形，从外表看起来，是穷苦、忧愁、缺乏，但是他充满了内心的快活，天国的安静。他没有不安静的生命冲动，他没有欢呼的快乐，但是这种快乐的最后，一定有剧烈的痛苦做条件，来改变一个感觉生命快乐的人。他只有一种不可动摇的平和、深沉的安静、内心的乐趣。如果将一种景况放在我们的眼前，或者引起我们的想象，我们看见也不能不渴望。同时，我们还不能不承认，这是唯一正当的比任何别的都高尚的快活，我们较好的精神用来呼唤我们的聪明。我们感觉，每一个在世界上欲望的满足，就像乞丐今天生活得着了的布施，明天他又不能不饥饿了；在另一方面，欲望否定，就像承继的地产，它把主人的忧虑，永远解除。"

叔本华这一段文字，还算表示了作者不少诗意的冲动，但是，我们在里边仍然不能发现尼采那样热烈的情绪。安静的语调，从头到尾，好像作者同人生隔绝了一样，尼采在鄙弃人生快乐的时候，无形中表示出来对人生的快乐，叔本华的文章里完全没有。

我们上面已经指出尼采改造、解释叔本华哲学的原因了。此外还有一个原因，就是尼采素来就反对实际的悲观主义，他就想用艺术来拯救它，消除它的疫气。[2]尼采认为，悲观主义只有在观念范围里，才可以成立。[3]"悲观主义，作为对不存在绝对的渴望，是不可能的：只有

---

1 I 500.

2 I 107.

3 IX 75.

对更好的存在！拿值得努力的涅槃来比较，艺术是一个可靠的事实。"[1]
在叔本华，除了涅槃以外，没有什么可靠的事实，顶多只是欲望和由
它得来的痛苦，但是痛苦也应该停止的，所以，根本就没有什么可靠
的事实。

　　叔本华很注重悲观主义的理论方面，因为他说，哲学家应该是纯
洁的理论家。这个当然同叔本华个性不变的理论有关系。[2] 我们只能够
"指示引证可赞美的值得欲望的人生变化"。[3] 人生中发生的事实，可以
由哲学家的工作得到一种了解，但是这一种了解，虽然不无价值，却
不能改变人生的事实。尼采以为，如果一位哲学家仅仅从事研究认
识，那么他就可以不至于陷入悲观主义实际伦理的错误。因为一种要
把人生消灭的认识，必得要先把自己消灭，科学需要一种人生的健康
教训。[4]

　　就是因为这个缘故，尼采除叔本华而外，第二个理想，希腊人，
也拒绝实际的悲观主义，因为希腊人虽然有一切悲观的知识，但是他
们绝不走到悲观的行动这一步。[5] 希腊人不是悲观主义者，也不是乐观
主义者，乃是真正的男子，他真实去观察可怕的事情，一点不隐藏它。
他是人生的艺术家。[6]

　　在另外一个地方，尼采差不多像他晚年一样地鼓励我们，预见我
们："我梦见了一群人类，他们绝对不知道宽恕，他们可以叫作'破坏
者'；他们对一切事物都用标准来批评，他们为真理而牺牲。坏的同虚
伪的应该要露出来！我们不愿意预先建设，我们不知道，到底我们能
不能够建设，是不是最好不建设。世界尽管有懒惰的悲观主义者和退

1　IX 79.

2　Vgl. Besonders V 236 ff.

3　II 260.

4　I 380.

5　IX 112.

6　IX 79f.

缩的人——但是我们不愿意同他们一样。"[1]

在第三部《不合时宜的观察：教育家叔本华》里边，也有差不多同样的论调，那里的思想，当然同叔本华的理想人类有关系："自己随时愿意作第一个牺牲，来为求得的真理，深深地感觉到痛苦一定要从那种真理出来。固然他的勇敢毁坏了他世界的幸福，他一定要仇视他所爱的人类和他从那里出来的社会制度，就算某人某事的毁坏，对于他有痛苦，他也不能饶恕。他要被误解，他要被认为他自己痛恨势力的同志，群众一定认为他的见解不对，但是他要为正义而奋斗。"[2] 我们很难说，这一种思想同叔本华同情的教训，能够打成一片。锐希忒在上面征引的一段话里边，发现尼采从第一时期的思想到第二时期的过渡时代。[3] 但是，尼采同叔本华内心的差异，恐怕不是写这一段话的时候才开始的；很早他同叔本华根本的态度，已经不同了。

叔本华认"癫狂欣喜"为否定欲望最好的方法，极力称赞它。尼采却认为最不自然，认为这是一种发育不全的结果；一个变坏了的民族，也不愿意去培养它。[4] 尼采简直就不承认这种"癫狂欣喜"生活的可能，[5] 他甚至这样说："谁现在想当神仙……或者简直不像一位'癫狂欣喜'的神仙，或者简直像一个俗不可耐的人。"[6] 我们固然可以联想到叔本华自身的生活，但是我们并没有理由说尼采一定联想到他。尼采所要求的，是人生，是新鲜活跃的人生，就像他在希腊人那里发现的一样，不是叔本华的世界痛苦。叔本华的世界痛苦，不能给我们任何的解脱，它只能做我们达到解脱的一种手段。但是这种解脱，面子上看起来，虽然是消极的，而实际上却是积极的。尼采自始至终，是一

---

1 X 420f.

2 I 428f.

3 Raoul Richter: F. Nietzsche, sein Leben und sein Werk 1903, S.144.

4 IX 77.

5 X 210.

6 X 419f.

个积极的哲学家，是一个积极的人，同叔本华根本是两样的。

3 过渡时期

起首的转变

尼采同叔本华个性不同，对人生的态度也根本两样，所以就在尼采最信仰推崇叔本华的时期，他们彼此的差异，已经无形中不可遏止地表现出来。后来时间越久，尼采越觉得叔本华的哲学不对，到最后他完全觉悟，不能不明白地根本反对叔本华。在这一章里，我们要研究尼采对叔本华哲学转变的步骤。

尼采脱离叔本华的发端，是他对于杜润（Düring）[1] 著的《人生的价值》的批语。这个批语，是 1875 年写的。尼采当时觉得，他把"杜润作为一种脱离叔本华的努力来研究，看他哪些地方还有叔本华，哪些地方已经没有。借这个机会，再读一次叔本华"。[2]

杜润这一本书，虽然写得不好，但是里面有许多主张，却恰合尼采这个时候的口味。最重要的，就是杜润这一本书的基本观念：反对形而上学，绝对地限制到世界人生。这是尼采很愿意倾听的。

杜润的文章，就没有叔本华的文章那样漂亮。尼采发现杜润常常说许多不合逻辑的话，叔本华的著作里边也不能免，但是叔本华的不合逻辑是由于"热情的回忆"，杜润的不合逻辑却只是"龌龊、冷静、

---

1 现通译为：杜林。——编者注

2 Aus K gel's Nachwort. Der gr ssers Teil dieser Betrachtungen findet sich in Band X der von Dr. F. K gel besorgten und wegen Ungenautkeit wieder aus dem Buchhandel zurückgezogenen Ausgabe von 1896. Die Schlussbetrachtung findet sich auch in der kleineren Ausgabe: E 492ff.

缺少风格训练的联合"。这里值得我们注意的，就是尼采责备冷静；在科学著作，我们通常唯恐其不冷静。尼采进一步批评杜润道："产生悲观主义的，不是逻辑，只是实际的需要。在另外一方面，产生乐观主义的，却又不是实际的需要了：快乐的人有他们的快乐，只是被悲观的人强迫着的时候，才勉强去添置的一个系统，用逻辑来拥护证明它。"

这里尼采开场就反对杜润乐观的态度，说人生的痛苦，并不十分厉害。尼采在人生里边，感到许多的痛苦，而且高兴有这些痛苦，所以他很不愿意随随便便抛弃他的痛苦。他不愿意做快乐的人，他不愿意做乐观的费力斯特主义者。

尼采又说："对完全不奋斗的人，一切都没有价值，对只从事观察的人，一切就无所谓善恶。我觉得，批评人生价值的一切高度，都全靠奋斗的高度和力量为转移，这就是说：第一步看目的，第二步看向着目的努力前进的程度。"这里表示尼采整个人格中包含的力量，同叔本华的冷静观察完全不同。叔本华认为，观察是否定欲望的第一步，尼采却认为，奋斗的力量是衡量人生价值的标准。在这里已经有尼采后来教训的根芽，他认为，不是快乐不快乐的问题，乃是力量的问题。

杜润的书里有好些地方，讲到"癫狂欣喜"，尼采都认为错误。因为"癫狂欣喜"是否定人生的元素，所以尼采不能不反对它，但是尼采此时还暂时认为"癫狂欣喜"的理想，是对人生问题的一种答复，因为危险并不是悲观主义，是一切事件的无意义。[1]

在批评杜润《人生的价值》的时候，尼采已经明白感觉到叔本华哲学的错误，但是他还没有十分肯定，他还在那里努力追求。他还不愿意抛弃他的悲观主义，虽然精神上感觉到极大的痛苦，他还要勉强挣扎，对人生表示安静、爱好，甚至于感谢。杜润全书的基本观念，

1　VII 483f.；XV 207ff. XIII 90; XV 153; VII 430; VI 301，147f.

反对形而上学，绝对地限制到世界人生，他虽然赞成，但是还没有完全肯定。到第二年——1876年，他看完白若忒的庆祝歌舞剧以后，他才明确地宣布他反对叔本华的主张。

正式的转变

在第一时期，尼采崇拜叔本华，同时他也崇拜瓦格勒。瓦格勒是德国很有名的音乐家，也是信奉叔本华哲学的人。叔本华的哲学，把艺术的地位提得很高，认为艺术与哲学是人生解脱的方法。瓦格勒根据叔本华的哲学观点，创作了许多歌舞剧，一直到现在，德国人还崇拜爱好他。尼采那个时候，也把艺术看得非常重要，所以对于瓦格勒的歌舞剧十分敬仰，后来得着一个机会，同瓦格勒会面，对于瓦格勒的人格、天才、主张、工作，愈崇拜得厉害。瓦格勒对尼采也很佩服，两人成了莫逆之交。

在1876年，瓦格勒在德国的名誉，升起到了最高点。在白若忒的庆祝会里边，千万的观众都极口地称赞崇拜瓦格勒的歌舞剧。尼采也在那里，但是在大众欢欣鼓舞的时候，尼采忽然感觉到瓦格勒的艺术不是他理想的艺术，他对瓦格勒崇拜的热情，也因此冰消雪融。他觉得他在《悲剧的降生》里，讨论了最难解决的问题，讲了许多不能讲的事物，他自以为很靠得住的，却都靠不住；他自以为很有把握的，却也都没有把握，因为他从前讲的都是一些形而上学的问题，然而现在却是"人类的，纯粹人类的时候"。

抛弃形而上学的问题，降下到纯粹人类的事物，这是尼采对叔本华悲观主义第一步的转变。

在尼采的艺术里边，有一段话公开地反对叔本华的哲学：[1]"这就是

1　XI 31.

像叔本华那样形而上学家的价值：他们竭力去画一张世界的图画，只是很可惜，这幅图画从世界变成了一个人。我们可以说，这一个世界就是叔本华自身的放大，但是这却不是真的。"这段直接反对叔本华，间接反对悲观主义，因为叔本华悲观主义的根据，就是形而上学。固然尼采也承认"一个人形而上学的观念，是他高尚本性的证据，是高贵的需要"，[1]但是在下文不远他立刻就鄙弃形而上学。[2]

在《人类的纯粹人类的》[3]第一册，尼采说："叔本华的教训里边，宣传许多的科学，但是他的教训并不能控制它，只是老套的、大家都熟悉的、形而上学的需要。"[4]但是，形而上学的缺点，就是它常常都是悲观的，因为它不努力奋斗现世的幸福。[5]在另外一方面，尼采的眼光却注重世界上的事物。我们不能够把我们认真的态度，放在形而上学和宗教上面，不然，我们对于人生和工作就不会认真了。[6]

在另外一个地方，尼采根本反对逻辑："谁把世界的本质，告示我们，一定要使我们大家都有最不快活的失望。世界不是物的本身，世界只是观念，只是错误，有这样丰富的意义，这样深沉，这样奇妙，产生幸福与痛苦。这一个结果，领导我们到一个逻辑的世界否定的哲学：这一种哲学，同逻辑的世界肯定，或相反的结论，一样可以联合。""许多可以令一位思想家发狂的事情，有种认识，也属于这一类，就是：不合逻辑的事物，对人类是很需要的，许多好东西，正从不合逻辑里边发生出来。在感情、语言、艺术、宗教，在一切对人生有价值的事物中间，都稳固地埋藏着，我们不能够把它取消，同时，又不损害这些美丽的事物。……就是最理智的人，也常常需要自然，这就

1　XI 21.

2　XI 22ff.

3　现通译为：《人性的，太人性的》。——编者注

4　II 44.

5　XI 21.

6　XI 21.

是说，他对一切事物不合逻辑的根本态度。"[1]

从上面这些征引，我们发现，尼采虽然公开地不满意叔本华、瓦格勒，但是自己还正在找寻新的路子，来建设他新的哲学。他已经发现了世界的本质、人生的真理，但是他还不知道怎么样去利用他新的发现。《人类的纯粹人类的》头一部分的结论是：真理同人生是相反的。但是，人类能够在另一方面，有意地停留在虚伪错误里边吗？尼采把这个问题，让个人的性格来决定。我们需要"一个稳定、和善、根本快乐的灵魂，一种性情，不需要时时刻刻防守着怨恨和忽然决裂，在它的表示里边，不带呻吟的调子和忍气吞声的口气——那一些锁得很久的老狗和老人讨厌的特点。一个这样坚决地摆脱了通常锁链的人，一定要继续生活，因为要知道得更多。他一定要能够不嫉妒不忧愁地抛弃许多，差不多一切，其他的人认为有价值的东西。他一定要把那种最值得愿望的状况，自由地不忧不惧地超脱人类风俗法律一切遗传下来的事物宝贝，认为满足"。[2]

这一种解决的方法，当然是尼采暂时的，而不是根本解决的方法。但是在这里，尼采主张满足，使我们联想到希腊的快乐主义者，这对于叔本华的悲观主义已经算是一个大进步了。

上文已经说过，尼采抛弃形而上学，转为关注纯粹人类的事物，是他对于叔本华悲观主义第一步的转变。叔本华认为，形而上学和艺术是解脱人生的方法。尼采现在不相信哲学了，但是，他相不相信艺术呢？

从前尼采认为，艺术是一切的安慰，一切的了解。他觉得，观察事物是美丽的，变成事物是可怕的。[3]现在他却发现，他不能够从艺术里边去得到知识真理，他一定要从科学方面去下功夫。要达到这个目

---

1 II 4ff.

2 II 47ff.

3 X 324, 418.

的，他不能不改变他对于艺术的态度，因为依他现在看来，宗教艺术固然是世界的花，但是，不是接近世界的根，乃是接近世界的茎。[1]

尼采本来就是最喜欢艺术的人，他自己就是一个艺术家，现在要叫他抛开艺术，谈何容易！"形而上学的需要虽然这样强烈、自然，要离别它虽然这样困难，但是我们把一切形而上学澌除了以后，到底在他自由精神里边艺术最高的影响，还能够很容易地把已经摧毁了的哑声的形而上学的琴弦，重新牵引出来。……如果他知道这一种情形，他心里要感觉到一种深深的刺激，长吁短叹地希望一个人把他失掉了的爱人，重新带转来，这个失掉了的爱人，大家叫作宗教或者形而上学。在这种时候，他的理智性格要拿来试验。"[2]

叫尼采抛弃形而上学，已经像抛弃爱人那样地困难，现在要叫他抛弃唯一可以替他把爱人带转来的人，要叫他把最后的希望也要完全断绝，这是多么痛心的事！

从前尼采赞成麻醉主义（Narkotismus），如希腊人崇拜酒神，尼采认为有深厚的意义，因为这一种崇拜是达到消灭个人的道路。[3]现在尼采发现艺术的麻醉影响，尤其是悲剧的，是有妨害的，因为我们不只是得着麻醉，我们更想到痛苦的消亡，艺术这样把人生的顷刻弄得可以忍受，同时它也在人生上面，铺了一层不洁净的思想。[4]从前尼采最崇拜的希腊人，现在他却这样批评他们："他们在日常生活里边太困苦了，所以他们自由地沉溺在虚言幻影里边，每一个富于诗意的民族，都在假话里边得着这样的快乐！"[5]从前尼采最得意的悲剧，现在他却这样猜度它："它也许把我们弄得更害怕，更容易感触，更容易生气，更

1　II 47.

2　II 161.

3　II 74.

4　II 161. Vgl. II 115, 159.

5　II 162.

喜欢流泪！"[1]

艺术的价值，尼采在另外一个地方总结讨论。他以为，叔本华两个形而上学的前提，性格是不变的，有形的世界只是现象世界，这两个前提的错误一旦认识，立刻就把艺术从它高位挤下来作为科学预备的阶梯。艺术教训我们，有兴趣快乐地在每种形状里去看人生，我们的感觉把我们带到这样远，到最后我们要叫："不管它怎么样，人生总是好的！"艺术这个教训，对生存有快乐，看人生就像看自然一样，就像依照规律进化的对象一样，没有激烈的共同行动——这一个教训在我们中间生长，它现在又重新出现，成为认识最有力量的需要。科学的人类是艺术人类的进化。[2]

这里尼采明白地主张要拿科学来代替艺术，认为科学是艺术的进化，这却是尼采新的发现了。从前因为要从悲剧的艺术求解脱，所以叔本华的悲观主义，成了悲剧艺术的基础，现在尼采抛弃艺术了，他对叔本华的悲观主义又取什么态度呢？

研究这个问题的第一步，应该要知道尼采现在的立场。从前尼采的立场是幸福不幸福，现在已经同幸福没有关系了。尼采认为，幸福是"科学的捣乱者"，[3] "哲学一问这个问题，它立刻就同科学分家：哪一种是世界人生的知识，人类靠它能够顶快乐地生活呢？这个事情在苏格拉底派里面发生：用幸福的立场把科学研究的血脉连贯起来——就是现在大家还这样做"。"不要一直到现在用得讨厌了的悲观主义、乐观主义一类字眼了！只有谈天的人现在还必定需要。因为如果一个人一个创造最好世界的上帝，都没有来拥护，他为什么还要做一个乐观主义者？……但是如果我们没有兴趣去讨厌上帝的辩护者、神学家或者神学化的哲学家，没有兴趣去激烈地作反对的言论：说恶人治世，

---

1 II 192f.
2 II 206.
3 II 23.

痛苦比快乐大，世界是一种制造物，坏欲望的现象老是生存……那么我们也没有理由承认悲观主义的信仰，我们有把握的就是世界不好也不坏，也不管它是顶好或是顶坏，善恶的观念只是在人类方面才有意义，也许就在这儿，像它通常应用起来的样子也是不对的：凡是诅咒和赞美的世界观，我们无论如何都得要摆脱。"[1]

这一段话里边，尼采每一个字都在反对叔本华的悲观主义。因为叔本华整个悲观主义的根据，就是快乐不快乐的问题。但是快乐不快乐的问题，在神学和形而上学方面才有意义，在科学方面没有意义。我们不能够答复像悲观主义者或者乐观主义者那样问的这个问题，我们一定要站在另外一个立场上，那么快乐不快乐就没有讨论的余地。至于同快乐问题相关而来的善恶问题，如果我们明了善恶的根本，用另外一副眼光来看，对于人生世界，也就用不着诅咒和赞美了。

科学态度是尼采现在的态度，用这种态度来观察世界，世界就同叔本华悲观主义的世界，完全两样了。

尼采告诉我们，科学注意许多极平常因此极有影响的小东西。"这些微小匣子总数是有力量的，它们总共的力量要算顶强壮的力量。就是因为这个缘故，我们在世界里边发现的幸福，比悲哀的眼睛看见的多得多：我们只消准确地计算，把每天每个甚至于最受压迫的人生也还丰富的快乐时候，也不要忘记。"[2] 世界上快活比不快活多得多：实际上，乐观主义统率了世界。[3] "人类在自然中常常自己都是小孩子。小孩子确实做了一个可怕的噩梦；但是等他把眼睛一睁开，他又常常看见他自己在极乐园里。"[4]

这样，我们就知道尼采的态度了。尼采要我们客观地准确地科学

1　II 46.

2　II 70 ff.

3　XI 29.

4　II 131.

地去观察人生，不掺杂任何的感情，不受任何的拘束，不作任何的假设，换言之，就是不要任何的立场。这一种没有立场的立场，就是尼采现在的立场！

"谁不渴望了解事物，只走近事物去获得关于它的知识，他的灵魂就很容易安息。……并且他摆脱许多痛苦的观念，他听见地狱惩罚、罪恶、没有为善的本事一类的话，他也不感觉什么了。他认识里边只是世界人生错误观察的动摇灯影。"[1] "如果一个人明白，罪恶到了世界是因为理智的错误，就是因为这种错误，人类个人把自己看得比实际上更黑更坏，那么他整个的感觉，就轻松了许多，人类同世界好像时时都在无伤害的光荣里边，因为他根本上觉得就是这样。"[2] 靠科学的力量，每一个人都可以达到不负责任的目的。[3] 这样我们就可以摆脱良心的束缚，没有什么良心的刺激，因为良心的刺激乃是一种愚蠢，就像狗咬石头一样。我们现在看世界也没有什么苦痛可怜了。每一个时代，都有很多没有良心的恶人；同时许多好人缺少了良心的快乐。[4]

我们不要形而上学了，不要良心了，宗教艺术我们虽然可以信爱，但是我们一定要超过它们，那么我们的光明之路就不远了！尼采告诉我们："这样你就可以走上智慧的途径，好好的步伐，好好的信心！你是怎么样一个人，你就把你自己作为经验的源泉！把悲哀抛弃在心外，原谅你自己的'我'，因为无论如何，你自己心里有一个百级的梯子，你能够靠它升高到知识那里去。……不要鄙弃你自己，因为你曾经相信宗教，你曾经有过一条通到艺术的门路，你应该要从根本上去研究它。……一个人必须曾经爱过宗教艺术，像母亲和乳母一样，不然，他不能够变聪明。但是一个人必须看过它，长过它，如果一个人

1　II 77, vgl. II 230.

2　II 131.

3　II 152; IV 127, 152.

4　III 35, 223.

只在它们的范围里，就没有法子了解它们。……你有把握可以达到，你一切经历过的……不休息地升起到你的目标。这一个目标就是自己变成一个文化斗争必须的锁链，从这一种必须，接连到普通文化过程的必须。……你相信，这样一个人生同这样一个目标是一切承办事情里太辛苦太空虚的吗？那么你还不知道，没有一种蜂蜜比知识的蜂蜜还甜。……就是这个人生，年龄到了最高点，智慧也到了最高点，在那种温和的阳光里边，常常都有一种精神上的快活；两种，老年同智慧，你会在人生的山后撞见：这就是自然欲望的事情。那才是时候，就算死的雾临近，也没有理由可以生气了。挨近光明——你最后的动作；一个知识的欢呼——你最后的声音。"[1]

尼采不后悔他从前爱过宗教艺术，并且他还劝我们也信仰、热爱宗教艺术，因为没有这个经验，我们不能够变聪明，但是，宗教艺术不是我们最后的归宿，我们一定要超过它们，我们如果不能超过它们，就连了解它们都还不够资格，其他更不用说了。

从此以后，尼采对叔本华公开的抨击，越来越多，越来越厉害。叔本华悲观主义的基本原理，如欲望先于知识，性格不变，快乐是否定的，尼采都认为错误，特别是欲望统一的教训，把愚蠢的鬼怪变成上帝。[2]叔本华的哲学是为热烈的和悲哀的青年的，不是为成人的。[3]"癫狂欣喜"是叔本华认为解脱的重要方法，尼采却认为不过是一种复杂的肯定的自然的变化，[4]有时候，在某种情形之下，作为很狡猾的快乐主义表现出来。[5]如勒阿拔第那种极精致的不快活的人，他思想他痛苦的倾向，又变成蜂蜜了。[6]

1　II 206f.

2　III 16.

3　III 140.

4　II 14; XI 68.

5　XI 29.

6　XI 30.

从前尼采拼命叫我们变成叔本华的人，现在叔本华的人还剩下些什么呢？"一个人摆脱了道德宗教形而上学观念困难严重错误的锁链。但是只有品格高尚的人，才能够得这一种精神上的自由；只有他人生才能够轻松，伤痕才可以医治；他才可以说，他为快乐而生存，不为其他的目的。"[1]

尼采从前认为要反对费力斯特式的乐观主义，所以不能不提倡叔本华的悲观主义。因为要从叔本华的悲观主义，去达到精彩壮烈的人生，所以不能不提倡艺术，特别是希腊的悲剧。因为瓦格勒的歌舞剧能够创造出一种麻醉的状态，使观众暂时忘记人生痛苦，所以尼采五体投地地佩服瓦格勒。但是，叔本华的哲学，瓦格勒的艺术，虽然能推倒肤浅的乐观主义，然而无形中却根本取消我们对人生的兴趣，尤其是瓦格勒的歌舞剧，只能麻醉我们，不能超脱我们。尼采对人生始终是有热情的，他始终愿意奋勇向前，始终愿意有个清楚的认识，叔本华、瓦格勒走的路径虽然比费力斯特式乐观主义强，但是使我们颓废悲观、萎靡堕落，比费力斯特式的乐观主义还更危险、更可怕。

有了这一番觉悟以后，尼采不能不抛弃叔本华的形而上学了，他不能不同他最佩服最亲爱的朋友瓦格勒分家了，他虽然还不能从根本上反对他幼年时代的宗教和终身爱好的艺术，然而，他还是不能不认宗教艺术是必经的阶梯，不是最终的目的了。

最终的目的又是什么呢？尼采告诉我们，要用科学态度来准确观察人生，不掺杂任何的感情，不用任何麻醉的方法，不作任何的假设。这样我们才能够了解人生，了解以后，我们才有对人生的勇气。尼采对人生积极的态度，同第一时期赞成叔本华悲观主义的时候，始终还是一致的，不过从前注意形而上学，现在注意世界人生，从前主张艺术，现在主张科学。站在科学的立场来清楚观察世界人生，这就是尼

1　Ⅲ 371f.

105

采新的认识。悲观主义已经根本破坏了，代替悲观主义的新的世界现在已经宣布了，这正是"朝红"的时候！

朝红来了！尼采要同叔本华告别了。尼采说，他自己好像有叔本华的诅咒，现在这一种诅咒，他也摆脱了。他说："叔本华没有精细地思想过他的基本观念，因为他没有用理智经验，就达到了它们。"[1] "没有什么生存欲望。已经生存的，当然不能再欲望生存；还没有生存的，当然也不能有欲望。"[2] 既然没有生存欲望，当然所谓否定生存欲望，不能做人生最高的目标。知识本来是事物生来就有的，叔本华却说是从外边来的。[3] 叔本华以为生存靠主观，其实生存不靠主观，只有生存的价值才靠主观。[4] 也就是这一点，同我们才有关系。

尼采更明白地告诉我们："当我庆贺，我将叔本华当作我的教育家的时候，我忘记了，他的教训已经很久没有一条能够经得起我的怀疑；但是我不忧愁，我常常很坏地证明，或者没有证明，或者言过其实地在他的信条下面写文章，因为我感激地享受那个强有力的印象，叔本华自己自由、勇敢地赞成反对事物，十年以来都在影响我。"[5]

4 反对时期

快乐的科学

尼采已经正式脱离叔本华的悲观主义了。现在，他可以告诉我们，

1　XII 17.

2　XI 190.

3　XI 188.

4　XI 185.

5　XI 378.

他对于世界痛苦的态度，他怎样去战胜它。

尼采不主张用禁欲主义，或者严格的道德来战胜世界痛苦，因为这都是用人工来毁灭人类自然的冲动。"道德有不良的影响，如果它鄙视身体——道德是自来扰乱人类生理基础发展的方法。"[1]"禁欲主义只有为这一种人，才算是正当的思想方法，这一种因为情欲冲突像猛兽一样，不能不根本摧残它的人。但是也只有为这一种人！"[2]而其他的人会注意身体，不会轻视它并使它软弱，像禁欲主义者那样。[3]

尼采要叫我们承认认识痛苦的快乐，他赞美这一种痛苦，世界上充满了这样的痛苦；他鄙视认识安静的快乐。他不要没有危险得来的知识：凶恶的海，无情的山，常常都围绕着研究的人。[4]"最受痛苦的人从他的景况里边，用可怕的冷静来看世界上的事物……假如他一直到现在都在一个危险的想象里生活：这一种由痛苦得来最高的冷静，就是解除痛苦的方法，也许就是唯一的方法……智力可怕的紧张，抵制痛苦，使它看见的每一样东西，都在一种新的光线下面光明，那种说不出来的优美，供给一切的光明，常常都有力量来反抗自杀的诱惑，使继续生存看起来是最值得渴望的。……我们的骄傲像从来没有那样地巍然矗立，它觉得反抗像痛苦这样一位暴君，反对它对我们一切反对人生的调唆，是最有趣味不过的事情——人生恰好就是拿来反对这个暴君的。在这种情形之下，我们都会伤心地反对每一种悲观主义。……现在温和恢复的头一个曙光又来了。……我们用更高要求的眼光，来看人类与自然：我们惨笑地回忆，我们现在知道有好些同它们的关系的事情是新颖的，同以前不同的，因为一个面网已经掉下来了。"[5]

这些都还是朝红的时候，只是映射将要新来的阳光。否定人生的

1　XI 198, vgl. III 165.

2　IV262.

3　IV44, 105.

4　XI 385.

5　IV 114, vgl. dazu Biogr. II 328.

迷雾已经消散了，肯定人生的太阳还没有升起。叔本华——悲观的作者，在纸上写出他所受的痛苦，我们不愿意再同他来往了。我们要来往的，是一个诚恳的人，他告诉我们，他受了些什么痛苦，为什么他现在快乐地安息。[1] 但是从这一种快乐里边，我们一直到现在还只得着一些暗示，我们在下文还要更仔细地探讨。现在是"快乐科学"的时候了。

"人类必须要再变富豪快乐。"这是尼采现在发现的新工作。"我们自己一定要像上帝一样，对一切事物都正直、宽厚、仁爱。"[2] 因为要达到这一个目的，我们必须要"用种种方法来培植对人生的爱！就算每一个人想出来的，别人也要尊重，一件新的伟大的宽容一定要发生。"[3] "因此我们必须要一致仇恨反对一切努力怀疑人生价值的思想举动：反对愚蠢不满意和好鸣不平的人。……但是我们的仇恨反对，本身一定要变成达到我们快乐的方法！所以，尽管嘲笑、讽刺，一点不伤心地摧毁！这是我们的死战！"[4]

人生的价值，要拿快乐与不快乐的标准来衡量，自然会错误。痛苦只能达到有脑子的地方。[5] 痛苦与快乐是相对的，同真正的过程没有关系。让我们看穿这一幕笑剧，好欣赏它。[6] "我们不要当快乐与痛苦的奴隶，在科学里也不要当！不痛苦，快乐，并不能证明健康——痛苦也不是反对健康的证明。"[7]

但是，我们怎么样才能够逃脱这一种由叔本华悲观主义得来的奴隶束缚呢？我们一定要把我们自己同我们新发现的纯洁的自然来自然化。[8]

---

1 III 268.

2 XII 170.

3 XII 67, vgl. IV 102 u. 266.

4 XII 67.

5 XII 143ff; vgl. Schon XI 49.

6 XII 229.

7 XII 148.

8 V 149.

我们必须要从美术家那里去学会正确地观察事物，并且比他们还要聪明。因为他们美好的力量，往往在艺术停止人生开始的时候停止；但是我们却要做我们自己人生的诗人，从现在最细微、最平常的事物里开始！[1]我们的工作，就在观察实际人生中细微的事物的本来面目。尼采在这里用艺术家来比较，是因为艺术家求真的一方面，同学者是相同的，因为尼采是要不顾一切寻求真实的，他要"冒一切危险，去把人类从幻象里去拖出来！不要有人生消灭的恐惧"！[2]

知识现在在尼采这里不像在叔本华那里一样，只有安静预备的性格，因为叔本华认为科学不能给我们任何的知识，它顶多能够给我们这样的知识——一切都是幻象，我们什么都不知道。尼采觉得"知识的热情，看来好像生存的目的"。[3]知识对于尼采来说是肯定人生的元素。"人生是知识的方法——有这一个基本条件在心里，一个人不但能够勇敢地，甚至于快乐地生活，快乐地欢笑！"[4]

关于痛苦和不幸的事情，大家都说得太过了。[5]有知识的人知道，成功与失败不过是答语，我们无论在什么情形之下，都不应该懊悔或生气。[6]

在《朝红》[7]里，尼采已经跟我们说：整个的悲观主义不过是一种疾病。[8]但是，这并不是说，悲观主义的发生，是实际需要的表示，其实，恰好相反。悲观主义的发生，是痛苦经验贫乏的结果，因为大家总想把普通痛苦的观念，当成最高的痛苦。[9]对付这种过甚的感觉，这一种

1　V 229.

2　XII 18.

3　XII 5.

4　V 245.

5　V 246ff.

6　V 78.

7　现通译为：《曙光》或《朝霞》。——编者注

8　IV284; XI 292, vgl. dazu V 169.

9　V 84.

特别"现在的需要"，只有一个药方，就是"需要"。"需要是要紧的！因此有政客的喊叫，因此有许多各式各类虚伪、捏造、夸大的需要状况，因此也有很轻易对它们的相信。"[1] 反对想象的悲观主义，真正的需要是要紧的，这一种事实，也就是尼采一首小诗题名《悲观主义者的医药》的意义。[2]

在以前，我们已经这里、那里发现同样的语句，在《快乐的科学》里边，尼采才真正开始判断痛苦。这不是费力斯特式乐观主义者的判断，他只把事情美化，好像痛苦并没有那么坏；其实，痛苦越大，人生也越值得生活。尼采现在已经到了这种地步，不再替痛苦辩护，他简直利用痛苦来辩护人生。这一种痛苦的观念，从这个时候起，到处在尼采著作里边出现，尼采的语调也越变越激昂，并且多少带一点鄙视的态度。[3]

《快乐的科学》中还有比较安静一点、科学一点的声调。在那里痛苦似乎是必须的、自然的，因此，当然是不能判断的幸福的另外一方面。"我们最高等的美学家也不愿意忽略了罪恶，负担精神的痛苦和错误——一个哲人的社会，也许会创造一个恶的世界。"[4] 快乐与痛苦是互相限制的。只有最能够承受痛苦的人，才是最能够享幸福的人。[5]

叔本华也是这样主张的，智力增高，受痛苦的能力也增高，在天才那里，这一种能力也达到了最高点，同时没有组织完善的自然，老是埋藏在愚蠢的痛苦里边；尼采只讲到痛苦一方面的时候，就拿这一点来作为他的悲观主义支持的台柱。

尼采完全被他对生命的热情支配着。他这样爱人生，因此简直不

1　V 89f.

2　V 20.

3　XV 461.

4　XII 86.

5　V 49f, 81, 232, 235f; XII 194.

能相信，会有许多恨人生的人。[1] 如果他从前说，幸福只有在有意地轻视将来才可能，[2] 现在他却认为，将来没有一定，正是人生最强烈的魔力："这上面有一个美丽可能的金色面纱，热烈、反抗、羞愧、讽刺、同情、引诱。"[3] 尼采很高兴，人类简直不愿意想到死。他愿意做点什么事情，使他们想到人生百倍地有思想的价值，[4] 因为人生并没有使他们失望。一年一年，他们发现人生更丰富，更值得渴望，更神秘。[5]

力量的问题

"什么叫作人生呢？人生就是不断地把一件要死的东西推开；人生就是残酷无情地反对一切我们中间而且不仅我们中间老弱的成分。人生所以就是没有虔敬地反对将死的、可怜的、年老的人吗？不断地做凶手吗？"[6] 战争是一切好事情的父亲。[7] 使弱者消灭的毒药，却是强者的兴奋剂——他也不叫它作毒药。[8]

这些都是尼采在《朝红》里的思想，渐渐成长变化，到后来居然到他"力量"的结论："不是需要，不是欲望——不是，对力量的爱才是人类的魔鬼。"[9] 不是幸福的问题，乃是力量的问题。"看懦弱的感觉，或者力量的感觉哪一样占重心，就发生悲观或者乐观的哲学系统。"[10] 人生的价值，完全在力量，不在幸福，人类大部分都不明白。但是力量

---

1   vgl. XII 159.
2   XI 307.
3   V 263f.
4   V 211f.
5   V 245.
6   V 68.
7   V 124.
8   V 57.
9   IV235, 239, 269.
10   XI 252.

的问题，是这样清楚，我们无形中讨厌一切懦弱无能和生命否定。连希腊人我们都要克服，因为苏格拉底也是悲观主义者，他也遭受过人生的痛苦。[1]

艺术现在对尼采差不多完全没有用了。我们有时需要它来休息脑筋，就像我们有时需要丑角一样。这就是我们对艺术最后的感谢！[2]

尼采把人生同力量来等量齐观，人生的肯定，已经算提到最高点了。但是尼采还更进一步，想到一切的事物，有轮回的可能，这里尼采第一次才有这个思想。

尼采认为这一个思想的真理，根本不容许我们有怀疑的余地。[3]分析想象之后，尼采告诉我们："怎么，假如有一天或者有一晚，一个魔鬼在你最寂寞的寂寞里偷偷地跟着你，对你说：你现在生活的，你曾经生活过的人生，你必须还要一次以至于无数次生活；里边也不会有什么新的东西，只有生活中每一个痛苦、每一个快乐、每一个思想嗟叹，一切你说不出来的大事小事，通通必须再到你那里来，一切都依照同样的先后次序——并且同样的这个树间的蜘蛛和月光，同样的这一个顷刻和我自己。生存永远的秒表，老是重新扭转——你同它，尘土中的微尘！"[4]

尼采继续地描写："一个魔鬼像这样说，你自己不会倒下，咬牙切齿地咒骂他吗？或者你曾经有一次经历过一个伟大的顷刻，你会这样答应他：'你是上帝，我从来没有听过更像上帝的话！'如果那一个思想制服了你，像你这样的人，他会使你变化，或者会把你压碎；特别是那一个问题：'你愿意再一次以至于无数次这样生活吗？'在你的行为上会成为一个最大的压迫！或者你必须要对你自己、对人生变好，

1 V 265.

2 V 142ff.

3 XII 57, 63, 64.

4 V 265.

不要求别的，只要这个最后的证实确定吗？"[1]

主斯因为这一个思想，说这是尼采疯狂的开始。[2] 锐希特却批评他没有科学的根据。[3] 这一种思想在尼采实在是没有什么特别的地方。我们知道尼采有一个习惯：一个思想，他一旦认为是正确的，便立刻用全副精神去关注它，不管他自己以前相信过什么，反对过什么，一直到他把这个思想想到底。他对生命本来有热烈的爱情，再加上他对于形而上学的嫌厌，轮回的思想在他反对死的事实的人，当然是很欢迎。现在我们要看看影响过尼采的叔本华对于轮回取什么态度。

叔本华认为，轮回的观念同他的教训刚好相反。对于相信轮回的人表示不满意。他说："一个人……不靠他自己的经验，不靠他自己的了解，在每一个生命里边，认识永久的苦痛是一切的元素，反而在生命里发现满意……并且经过仔细思量以后，还希望，他一直到现在经历过的生活，无穷的永久，不断地轮回。"[4]

叔本华否定人生的态度，拿来同尼采的《跳舞曲》比较，[5] 真是有天渊之别。这里诗人在心醉神迷的时候，歌咏他的爱人。这同含有抒情诗意的世界痛苦，刚好相反。这是爱情激烈的奔放，这些字句，无形中流露出来。这是对人生热烈的感情，在不同形状中的表现。

这里有一个深沉长久慢性的痛苦，强迫着哲学家，到人生最后的深处，1886 年，尼采在他《快乐的科学序言》里说："对人生的信仰已经没有了：人生本身都成了问题。唯愿人家不相信，一个人会变成忧愁的人！只有对人生的爱还可能——只是爱得不一样。对女人的爱，才令人怀疑。……但是，一切成问题的事情的刺激性，其中的快乐，对于这样一个精神和精神化的人来说太大，这个快乐，常常不能够像

1　V 265f.

2　A. Drews: Nietzsche's Philosophie. Heidelberg 1904, S. 334ff.

3　R. Richter: F. Nietzsche, sein Leben und sein Werk, Leipzig 1903.

4　I 370 f.

5　VI 156ff.

一团光明的烈火，照耀一切成问题的事情的需要，一切不稳定事情的危险，甚至于一切爱人的嫉妒。我们认识了一个新的幸福。"

《快乐的科学》宣告的幸福，现在完全表现出来了。只是这种幸福，不是安静的幸福，因为尼采根本就不会有安静的时候。他只有热烈的感情，不断地向前推进。尼采已经看清楚人生了，这一个清楚的观察，使他有勇气去为一切努力。尼采说："你尽管用所有的眼泪，所有的人世痛苦来动摇我：我一定要常常在上面，像油在水面上一样。"[1] "在世界上生活，是值得的：同萨亚屠师贾[2]的一日和一席，教我爱世界。[3] 为知识而生活，也许是疯狂的事情，但是也是一种快乐的记号。还有去认识最坏的影响，极深沉的痛苦，去研究生长毁坏，所有这一切，都给我们快乐。"[4]

因为尼采热爱人生到了极点，所以他热爱人生的一切，因为他爱人生的一切，所以对于自己，尼采也认为应当爱。"谁要想轻松快乐得像一只鸟一般，他必须要爱自己——我这样告诫。当然，不是衰弱苦痛的人的爱：因为他们的自爱都发生臭气了！一个人必须要学用健康完全的爱，来爱自己——我这样告诫。"这样否定人生道德最后的阻遏也除去了。尼采明目张胆地说："今天我爱我自己像爱上帝一样：谁能够今天告发我犯罪呢？"[5] "要快乐，做你认为快乐的事情。"[6] "用你的善恶，你把你的人生弄得扫兴了，你的意志弄得疲倦了。"[7]

到了这个时候，尼采已经从叔本华的悲观主义，达到了超过悲观、乐观的境界了。少年的尼采依赖叔本华，现在尼采已经成人了。他现

1　XII 253, 383.

2　现通译为：查拉图斯特拉。——编者注

3　VI 492.

4　XII 242; XIII 42f.

5　XII 284.

6　XII 285.

7　XII 262.

在要的是人生，是世界，形而上学者都是喝毒药的人，尼采曾经吃过他们的毒药，所以变成悲观主义者。[1] 现在，去吧，鼓吹死亡的人！[2]

尼采这个时期的著作里，常常表现一种发狂的欢喜，特别在《萨亚屠师贾》[3] 里边，尼采不断地说："教我笑吧！""真的，就像千样小孩子的笑一般，萨亚屠师贾走进所有的死屋，笑这些守夜的和看坟的人，谁还用悲哀的钥匙来振响。"[4] "耻笑以往一切的悲观主义，这是古代小孩子的胡说八道！"[5]

但是，在这种激烈表示的旁边，同时也还有比较安静一点的言论。一番狂风暴雨之后，"为什么"的问题，又自然而然地出来。人生也有不能笑的时候，这样的时候，尼采却也不少。经过许多苦心的探讨，尼采找出他对人生为什么的答案了。这一个答案，就是我们大家都听说过的——"超人"。究竟尼采的"超人"是什么意思，现在许多学者的意见都还不能一致。不过在这里顶要紧的，就是尼采到这个时候已经完全摆脱了叔本华的悲观主义，已经自己悬挂了他的新目标，每一个人都可照着他这个目标前进。尼采告诉我们："唯一的幸福，就在工作，你们大家都应当来共同工作，享受每一个行为里边的幸福。"[6] "工作同死亡，超人生活，这就是人生的准绳，因为人类是应当克服的东西。"[7]

古典的悲观主义

尼采要求不断地工作，需要一个坚强的意志，一个要求力量的意

1　VI 13, 41ff.

2　VI 63ff. 459.

3　现通译为:《查拉图斯特拉如是说》。——编者注

4　VI 200, 234, 307, 511, 430.

5　XII 399.

6　XII 361.

7　VI 16, 68.

志，只有要求力量的意志，才是人生。[1] 这样，尼采仍然转到人生。从前的思想，又回复过来，快乐同痛苦，不是推动的元素，力量才是。[2] 健康的人，有新鲜的生命，有盈余的精力，不能不发泄；但是发泄不能不有战争，一切不能不痛苦，不能不死亡，弱者应当要死亡，强者才能够更强，人生要求这样。[3] 照我们头一眼看来，痛苦似乎对人生是否定的，阻碍的，就像叔本华那样解释。但是尼采却认为，痛苦是真正人生最不可缺少的条件。尼采现在关于痛苦方面讲的话，同从前讲的也差不多。[4] 但是现在讲的话，给我们一个新的印象，因为中间有越来越激烈的感情。

力量是意志的奋斗，要达到力量，非工作不行。事物的轮回不应该使我们休息，轮回的事物倒是应该从自身里面去创造一个再生，这只有靠肯受痛苦的意志。"小痛苦把我们弄小，大痛苦把我们放大。肯受大痛苦的意志，所以也是自私自利的要求。"[5] "你们想解除痛苦，我们却宁肯愿意有从来没有更坏的痛苦……痛苦的训练，大痛苦的训练——你们不知道，只有这一种训练，一直到现在才把人类提高了吗？"[6] "如果人类要变成超人，那么，他的痛苦也一定要变得可怕的大。需要毁灭，就是人生毁灭。谁爱人生，谁就只能希望，人生变得更坏，更痛苦，因为意志的力量，完全看它得着多少反抗痛苦，看它知道怎样去把这些反抗痛苦变成利益来衡量。"[7] "个人的经验告诉我们，不幸的时候有很高的价值——民族和人类不幸的时候，也是一样。对痛苦的恐惧和怀恨是平民的。"[8] 尼采差不多要拿人类受痛苦的程度，来判断他

1　V 285; VII 238 ff.

2　XV 325.

3　VI 230; XII 240; XIII 152，157，177，258; XV 84.

4　Vgl. XII 195 u. VI 469.

5　XII 251，283.

6　XV 65，181.

7　XIII 440.

8　VII 151.

们人格的高下；深沉的痛苦，使一个人高贵；他一个人从平常群众那里分开，因为平常群众，精神上没有这样细致的组织来锐敏地感觉痛苦的深邃，因此我们很可能有不幸的骄傲。人类知道痛苦是怎样有价值，所以他总不愿意它很快离开，这就是怨歌更高的理智。[1] "世界如果除掉了痛苦，在每一个意义上，都是不艺术的：也许快乐也不过是同样东西的另外一个形式，一个有节奏的样子！我要说：也许痛苦是生存根本的东西。"[2]

现在艺术又出现了！在尼采最后的著作里边，我们发现最初时期的思想，尼采把它们修改了又发表出来。艺术，特别是悲剧的艺术，又谈到了。这是叔本华可耻的误会，把艺术作为否定人生的桥梁。悲剧的快乐，表示强壮的时代。[3]

在另外一个方面，尼采永远也不要宗教了。"这样没有把握的人的救急方法，他们只能够选择做放荡者、猪，或者受苦修行的人。作为个人的出路，也未尝不可以允许；同样地，像那样有基督教和佛教想法的人，他们在全体里边觉得自己失败；我们一定要留心他们，因为他们把世界都毁谤了，他们自己也难得逃掉。但是，这是我们的智慧，把这种思想……和宗教判断为大疯人院和监狱。"[4]

叔本华把"癫狂欣喜"作为解脱的方法，尼采却认为解脱最好的、唯一的方法，就在工作，不断地工作，连疲倦都可以克制。"假如我把我的负担负到了最后的高点，我要怎样换气伸腰呀！英雄在路上常常这样想。但是到了上面，他把负担卸下，他又不这样做——他强制他的疲倦：这个时候有一个神圣的战栗，穿过他的全身。"[5] 不要那些自寻苦恼的人了，他们依照这个秘密的宗旨生活：宁肯睡在床上，自己觉

1　XII 258; XIII 287.

2　XIII 90.

3　XIII 381, 387f. 398.

4　XIII 303.

5　XII 255.

着病，不愿意做任何事情。[1]

我们知道，尼采对于传统的道德，很久以前就认为否定人生了。现在他反对旧道德的情绪更加厉害，他把它同"癫狂欣喜"放在一块儿，说它们违反人性。[2]尼采建设了一个人生新的不道德的基础。因为道德的基础同宗教老是分不开。顶大的危险，不是悲观主义，不是痛苦快乐的计算，乃是一切事情的无意义！[3]

我们现在已经明白，尼采把"癫狂欣喜"，传统道德，和同这两种相关的悲观主义，认为是病理学上的现象。在《道德的系统学》[4]里，关于这一点尼采更是尽量地攻击。他认为，叔本华曾经把同情、自制、自残的本能，那样装点、崇拜，一直到他认为它们有价值，想在它们上面建筑人生。就在这里，尼采看见终局的开始，回复的疲倦，渴望反对人生，最后的病态柔弱悲哀地宣告来临。尼采认为同情的道德，甚至于把哲学家都抓住，把他弄病，是欧洲文化已经变成最凄惨的现象。难道欧洲文化要变成佛教吗？要变成欧洲人的佛教吗？要变成无神主义吗？[5]

悲观主义的极端，尼采在晚年著作里，常常呼它为无神主义，呼它为疾病。但是大体来说，尼采是把痛苦作为成长变化的先决条件，所以悲观主义在一些限制之下，又得到尼采的尊敬，这样，我们无形中又不能不联想到尼采第一时期的思想，因为那个时候，尼采把悲观主义认作悲剧的先决条件。

尼采现在分别两种悲观主义：一种是叔本华浪漫的悲观主义；一种是古典的，或者是希腊酒神的悲观主义，或者狄阿立色斯[6]的悲观主

1　XII 297.

2　VIII 427; XV 95; VIII 84ff.

3　XIII 90f.

4　现通译为：《道德的谱系》。——编者注

5　VII 292f.

6　现通译为：狄奥尼索斯。——编者注

义。关于第二个名词，尼采还有一段解释："还有完全不同的一个悲观主义，一个古典的——这一个观念，这一个梦象属于我，不能离开我，是我的财产生命：只有我的耳朵不喜欢听'古典'那个词，太滥用了，太圆滑，无法认识了。我叫那种将来的悲观主义——因为它来了！我看见它来了——狄阿立色斯的悲观主义。"[1]

尼采叫叔本华的悲观主义为浪漫的悲观主义，依据上文归纳起来，因为它否定人生，想用艺术形而上学或者其他麻醉的方法来逃脱人生。他称他现在的悲观主义为古典的，或者狄阿立色斯的悲观主义，是因为这一种悲观主义是健康的，不是病态的；是肯定的，不是否定的；是积极的，不是消极的。它看清楚了人生的痛苦，但是它有力量来忍受这一切的痛苦，痛苦愈多，他感觉的快活反而愈大。所以这一种悲观主义，是"强有力者的悲观主义"。尼采说："为什么要流眼泪呢？这是一个懦弱感伤的想法。"[2]

尼采所谓的狄阿立色斯的悲观主义，实际上早已经不是悲观主义了。它同其他悲观主义，除去外表名义，实在没有多少相同之点。因为两种悲观主义的目的内容，完全不相同。从最初到现在，尼采的态度思想，虽然经过许多的变迁，然而他对人生的热情始终是一致。在反对叔本华的悲观主义的时候，尼采对人生的感觉，与叔本华不同，就在最赞成叔本华的悲观主义的时候，尼采对人生的感觉，也同叔本华根本两样。尼采对人生始终是热爱的，始终是向前的；叔本华对人生始终是冷静的，始终是退后的。我们看尼采虽然最初因为悲观主义的观点，同他的品味相合，居然受了叔本华的影响，到后来还是逐步地感觉精神不安，主张不对，最后居然脱离了叔本华，回复到他自己。

---

1 V 324 ff.

2 XV 32.

5 结论

　　在上文我们已经把尼采同叔本华的关系逐步地分析研究了。我们现在明白叔本华同尼采两人对人生的情绪根本不同，所以，从叔本华到尼采，是一种不得不然的趋势。尼采起初崇拜叔本华，相信叔本华的悲观主义，是因为尼采恨极了当时一般的费力斯特式的乐观主义，对于欧洲文化一切事物，都认为满意，不求进步。这一种肤浅惰性的乐观主义，除了用叔本华的悲观主义让大家清楚看见人生的本来面目以外，没有法子根本推翻。但是乐观主义虽然被推翻，尼采的目标同叔本华的却根本不一样。叔本华认定人生是欲望，欲望是痛苦，所以根本解决人生的办法，是消除欲望，免去痛苦。消除欲望的方法，叔本华认为最上乘的是形而上学与艺术，其次如"癫狂欣喜"和受苦修行。只要能够排除欲望，给人生片刻或永久的解脱，叔本华都尽力提倡。

　　尼采也相信叔本华艺术的方法，也就是因为相信叔本华的艺术论，所以才回想到希腊的悲剧。尼采觉得希腊人并不是不知道人生的痛苦，但是明明知道人生的痛苦，他们实际上仍然不悲观，仍然有勇气去生活。这一种勇气给人生以不少的精彩。希腊悲剧的妙处完全建筑在这一种对人生的勇气之上。所以尼采相信叔本华的悲观主义，不过是利用它来使大家清楚认识人生痛苦，就好像希腊人那样鼓起勇气去获得人生的快乐。

　　但是尼采渐渐地感到利用悲剧、利用叔本华悲观主义的危险，因为叔本华的悲观主义虽然能够使我们清楚认识人生的痛苦，推翻肤浅无聊的乐观主义，但是大家因此很容易颓废悲观，失掉了对人生的勇气，甚至根本抛弃人生。瓦格勒的歌舞剧虽然初看起来，好像能够像希腊悲剧一样，能够停止我们的欲望，暂时解脱我们世界上一切的痛苦，然而中间最重要的还是一种麻醉功用。大家从那里并不能清楚认识人生的痛苦，有勇气来承受它，乃是暂时忘掉一切的痛苦，苟且偷安。所以叔本华的形而上学和瓦格勒的艺术，都有使欧洲文化走入堕落之途的危险。尼采看见这点，所以就不能不同他们分家了。

尼采不愿意再谈形而上学了，艺术宗教也不是正当解脱的办法了。尼采现在要谈的，就是目前的世界、实际的人生，我们要用科学的态度来客观地观察它、研究它。我们要有最大的勇气，我们要有不怕任何真理的危险。这一种不顾一切牺牲去承受真理的勇气，是尼采现在要提倡的。这样科学客观地观察事实以后，尼采跳出悲观主义、乐观主义的范围了，因为悲观主义、乐观主义的基础，是痛苦与快乐，但是痛苦与快乐是相对的，如果我们用科学的眼光来看，根本上就无所谓痛苦与快乐了。

这样认识之后，尼采更感到叔本华悲观主义的根本错误，对于它不惜施行激烈的攻击。同时尼采虽然感觉到叔本华的主张不对，虽然感觉到科学能够帮助我们客观地找寻事实，但是人生的归宿，努力的目标，尼采还没有十分认识清楚。渐渐他觉悟到"力量"。他认为一切的根本，不是快乐与不快乐的问题，乃是力量的问题。要求力量的意志，是达到人生光明的唯一方法。最后他提出"超人"，超人要不断地工作，不断地努力，有勇气去承受一切，克服一切，痛苦越多，他人格表现越伟大。到这个时候，尼采无形中又回复到他第一时期提倡希腊悲剧的思想了。他叫叔本华消极颓废的悲观主义为浪漫的悲观主义，他叫他现在积极努力的悲观主义为古典的，或者狄阿立色斯的悲观主义。

到了这个时候，尼采才完全认识了他自己。从叔本华到尼采这个问题，才得正当的解决。

参考资料：

P. Deussen: Erinnerungen an F. Nietzsche, Leipzig 1901.

A. Nietzsche's Philosophie, Heidelberg 1902.

E. Düring: Der Welt des Lebens. Leibzig 1891.

E. F'rster—Nietzsche: Das Leben Nietzsche's I und II, Leibzig 1895—1897.

W. Giessler: Das Mitleid in der neueren Ethik, Halle 1903.

W. Hauff: Die Überwindung der Schopenhauerschen Pessimismus durch F. Nietzsche, Halle 1904.

Kuno Fischer: Schopenhauers Leben, Werke und Lehre, Geschichte der neueren Philosophie 9. Heidelberg 1908.

E.v. Hartmann: Das religiöse Bewusstsein der Menschheit, Berlin 1882.

E.v. Hartmann: Zur Geschichte und Begründung des Pessimismus, Berlin 1881.

Nietzsche' Werke, klein 8 Gesamtausgabe, Leipzig 1899 ff. Bd. 1—13 und 15. Daneben wurde der 10 Bd. Der Kögelschen Ausgabe benutzt.

Nietzsche' gesammelte Briefe I und II, Berlin und Leipzig 1902.

Henri lichtenberger: Friedrich Nietzsche, ein Abriss seines Lebens und seiner Lehre, deutsch von Friedrich von Oppeln-Bronikowski, Dresden 1905.

T. Lessing: Nietzsche, Berlin 1925.

R. Oehler: Friedrich Nietzsche und ide Vorsokratiker, Leipzig 1903.

A. Riehl: F. Nietzsche, der Künstler und der Denker, Stuttgart 1897.

A. Riehl: Zur Einführung in die Philosophie der Gegenwart, Leipzig 1903.

Schopenhauer's Werke, Leipzig, Reclam.

O. Ewald: Nietzsche' Lehre in ihren Grundbegriffen. Berlin 1903.

J. Volkelt: Arthur Schopenhauer, Seine Persönlichkeit, seine Lehre, sein Glaube, Stuttgart 1900.

H. Vaihinger: Nietzsche als Philosoph, Berlin 1902.

J. Sully: Pessimism, History and Criticism, London 1882.

R. Willy: F. Nietzsche, Eine Gesamtschilderung, Zürich 1904.

M. Wentscher: War Kant Pessimist? Im 4. Bd. der Kantstudien 1900.

尼采的思想 [1]

近代哲学家，对于世界影响最大的，一个是黑格尔，一个是尼采。黑格尔是最伟大的系统哲学家，他把康德以来一脉相传的理想主义，造成最精密的哲学系统，对于一切问题，都给它一个总解决。虽然他的哲学非常艰深，除了少数专家而外，一般人不能问津，然而他的努力，却到处体现。至于尼采的哲学，性质和黑格尔的哲学全不相同。黑格尔是大学教授，他的著作的读者，都是大学范围里面的人，他做学问的方式，严谨、精密、艰深。尼采虽然做过大学教授，但是后来他不愿意做了，他宣传的对象，不是少数的同行，他做学问方法，大部分凭他的天才和直觉。少数的同行，虽然反对他、挑剔他，然而他看透了世界人生，抓住近代文化中最精要的问题，他的著作在各地都产生伟大的影响。

通常我们研究尼采的思想，不能像研究旁的哲学家那样，提出几个问题，看这位思想家有什么意见。最大的困难，就是尼采的思想不断地成长变化，每一个时期有他每一个时期的思想。假如我们不管他的变化，断章取义，摘录尼采几句话，就说这是尼采的思想，那么我们就会陷于矛盾、错误、紊乱。所以我们研究尼采思想的第一步，就是先划分出几个最明显的阶段，加以简略的说明，以后提出任何问题，我们再问，尼采在某一个阶段中间，他对于这一个问题取一种什么态度。

尼采思想的演变有三个显明的时期：第一时期，尼采的哲学以艺

1　原载《战国策》第 7 期，1940 年，后收入陈铨：《从叔本华到尼采》，重庆在创出版社，1944 年；上海大东书局，1946 年。——编者注

术为中心，我们可以叫它作"艺术时期"；第二时期，尼采对于科学产生极为浓厚的兴趣，一切问题都可以科学为出发点，我们可以叫它作"科学时期"；第三时期，尼采摆脱科学，提倡超人，我们可以叫它作"超人时期"。

1 艺术时期

在第一个时期，影响尼采思想最伟大的两个人物，就是叔本华和瓦格勒。叔本华的哲学，有两个鲜明的特点。第一个特点就是他的推论都是以意志为中心。意志是宇宙万有的根源，是推动一切的力量。然而意志是盲目的、机械的，不知它从何处来，也不知它从何处去。因为生活不能不有意志，有意志就不能没有痛苦，所以生活、意志、痛苦，成了解不破的连环。人生的问题就是怎样对意志求解脱。叔本华哲学第二个特点，就是艺术占人生极重要的位置，对于意志永远的解脱，叔本华提出遁世主义，然而实行非常困难，至于暂时的解脱，就是艺术。生活虽然离不了意志，然而在艺术的创造和欣赏的过程中间，人类也可以暂时摆脱意志，达到内心的安静。（参阅《战国策》第3期，陈铨《叔本华的贡献》及1936年《清华学报》，陈铨《从叔本华到尼采》。）

瓦格勒是德国有名的音乐家，他的歌舞剧一直到现在仍风行全世界。他是叔本华的信徒，在他的歌舞剧里边，他根据叔本华的哲学，做出种种崇高的艺术表现。叔本华非常看重音乐，认为音乐是艺术的最高层，因为音乐最能够直接地引导人类到无欲的境界。瓦格勒认为，文学和音乐都来自艺术家精神上同一的源泉。音乐家应当同时就是诗人。艺术的材料应当从全民族精神生活中采取，必须包含国民性。在瓦格勒的歌舞剧里，没有任何个别的艺术，文学、音乐、图画、雕刻，一切不用的艺术，在这儿都得到一种综合的表现。

在1865年，尼采才21岁，他在莱布茨一家旧书店里，凑巧买了一本叔本华的主要著作《意志和观念的世界》。他读完以后，立刻成了叔本华的信徒，以后虽常同叔本华的主张有出入，甚至相反，然而叔本华的影响，他永远也没有摆脱掉。尼采曾经说："我是叔本华读者中的一个，他们确实知道，读了他一页书，就得从头到尾读完，就得专心致志，听他嘴里讲的每一个字。我对于他的信心，立刻就是圆满的、完全的。"在1874年，尼采又说："叔本华的谈话，是只对他自己，或者，假如你愿意想象一个听者，让他是一个儿子，父亲正在教训他。它是一种粗糙、诚实、愉快的谈话，对一个听他、爱他的人说的。这样的作家是很少的。他的力量和清爽，在他第一个声音的震响时，就包围了我们：就好像走进森林的高山，那儿一切都深深呼吸，但是立刻就舒服了。我们到处都感到一种爽快的空气，一种他自己的坦白和自然，这种坦白和自然，只属于自己及像与自己居家那样融洽的人，他确是一个极富有之家的主子。"

尼采对于叔本华非常愉快、感激，因为叔本华给他精神生活开辟了一条新的路径，叔本华教他怎样观察世界本来的面目，看清人生真正的痛苦。尼采第一时期几部最重要的著作，如1871年《悲剧的降生》，1872年到1876年《不合时宜的思想》中间包含《大魏司乔士》[1]、《历史对人生的利益和缺点》、《教育家的叔本华》同《瓦格勒在摆罗》[2]，都是叔本华影响的结果。

叔本华悲观主义的根据是意志。世界是意志造成的，世界的万事万物，不过是意志的幻象。尼采的看法和叔本华在这一点上完全相同。尼采也和叔本华一样，认为人生世界一切痛苦的根源就是永远不能满

1　现通译为：《大卫·斯特劳斯》。——编者注
2　现通译为：《瓦格纳在拜罗伊特》。——编者注

足的意志。然而意志痛苦的解除，就是艺术的创造和欣赏。所以艺术就是尼采的理想，然而这个理想，他发现在瓦格勒歌剧中有了充分的表现。艺术家凭他的艺术把自己和人类从意志痛苦中解放。

但是这种艺术理想的前提，自然是悲观主义。在人类生死存亡中间，悲观主义者看出盲目的、永远不能满足的意志和幻象，不断表现各种的形式。艺术提高人类，使他自己解放自己，使他变成高贵、聪明、神圣。在这种情形之下，艺术理想是悲观主义者绝不可少的工具，悲观主义是艺术理想绝不可少的根源。所以尼采和叔本华都极端反对乐观主义，因为乐观主义使我们不能看清楚人生世界的真实。在《大魏司乔士》一文中，尼采极力反对司乔士所代表的乐观主义。

从希腊悲剧深湛的研究，尼采发现，希腊人也是悲观主义者，至少高贵的希腊人，如恩柏多克利斯，都是这样。理智主义者苏格拉底是乐观主义者，然而苏格拉底代表希腊文化下降的开始。只有抱悲观主义的人，才是人类真正的导师，所以叔本华是最好的教育家；只有悲观的艺术家才能够产生悲观的艺术，所以瓦格勒是最好的艺术家。

尼采在中学的时候，就已经欣赏瓦格勒的音乐了，听了瓦格勒的《崔士琰和伊梭达》[1]以后，他的欣赏变成热情。1868年，尼采得着机会会见瓦格勒，两人差不多一见倾心。在给他们的朋友诺德一封信里边，尼采描写他第一次会见瓦格勒的情形："现在让我给你一个简单的叙述一下那晚上发生了什么事情：的确，我经验的快乐，是这样的难得和令人兴奋，就是现在，我也不愿再回到我过去单调的生活，我不能想任何更好可以做的事情，我只想到你那儿来，我亲爱的朋友，告诉你这些奇妙的消息，瓦格勒在晚饭前后，为我们演奏音乐，他把《唱师》中比较重要的每一段都奏过了。他仿效各种的声音，他非常高兴，他是一个特别活跃、特别热情的人。他说话极快，表现出极大的机智，

1　现通译为：《特里斯坦与伊索尔德》。——编者注

他能够使那一晚上一类集合的私人团体，十分快活。我想同他有一段关于叔本华较长的谈话。呵，你明白，对我是怎样一种快乐，听他用不可形容的热情，来谈我们的先师——他得到了他多少益处，他是怎样唯一认识音乐精华的哲学家！然后他问及大学教授们怎么对待他，关于斐亚格哲学会笑了一大阵。……在这晚的终局，他和善地请我再拜访他，我们好一块儿讨论一些音乐和哲学。"

从这个时候起，一直到1876年，尼采和瓦格勒保持最热情的友谊，他常常去拜访瓦格勒，虔诚地欣赏他、崇拜他。两人的主张完全一致，叔本华解脱的理论，在瓦格勒的艺术中间得着了充分的实现。瓦格勒对于尼采，不但是亲密的朋友、崇拜的艺术家，而且简直是哲学家精神的结晶体。

尼采1871年完成的《悲剧的降生》，他献给瓦格勒，因为这本书主要的内容是说明希腊的悲剧和瓦格勒的艺术相互的关系。瓦格勒和他的夫人非常高兴，同时也有许多人攻击尼采，说他曲解希腊的戏剧，不合语言学家的精神。学生们都接受别人的劝告，不再听他的演讲。他修辞学班上只剩下两个学生。

社会上的攻击，并不能动摇尼采的主张。他和瓦格勒的友情，仍然保持白热化的高度。瓦格勒写信给他说："除开我妻子而外，你是人生带来给我唯一的快乐的人。"他又说："尼采，我对上帝宣誓，你是唯一知道我为什么奋斗的人。"1876年，尼采完成他的《瓦格勒在摆罗》，把稿本送给瓦格勒，瓦格勒惊喜地回答他，"朋友！你的书真是伟大！你怎么会这样清楚地了解我？赶快来看排演，习惯你新的印象。"尼采到摆罗去了，但是心中产生了一种说不出来的失望，听过第一次排演以后，他就离开那个地方，到克林恩伯龙去藏了十日。十日以后，他再到摆罗，那时，瓦格勒的名誉正到了最高峰，德国人在摆罗替他建筑戏院，发起节日来庆祝他。尼采在摆罗住了几天，内心起了激烈的争斗，最后他明白地发现，一直到现在，他认为的理想，他崇拜的人物，完全是一种错误。他一刻也不能忍受，节日还没有完，尼采离开摆罗，永远也不回去了。后来尼采说："我生活中最大的事件，是一个恢复。瓦格勒不过是我疾病的一种。"

2 科学时期

1876 年，是尼采思想生涯中最大转变的正式宣布，但并不是正式的开场。实际上，从 1874 年起，尼采对于叔本华瓦格勒的思想艺术，已经渐渐采取一种批评的态度，语言学家的尼采，已经渐渐转变成思想家的尼采。叔本华的思想，他虽然大体接受，然而叔本华的遁世主义，他始终不赞同。他用叔本华的悲观主义，来反对 19 世纪科学的乐观主义。对宇宙人生悲观的批评，似乎是每一个诚实的人应有的责任。但是在另外一方面，依照叔本华的哲学，怜悯是最高的德操，消除意志是人生最后的目的。然而这一种思想的趋势，有一个极大的危险：假如 19 世纪随科学发明而来的乐观主义，使人类文化陷于肤浅腐化，那么，叔本华消除意志的悲观主义，也同样会使人类失掉人生的兴趣，趋于消灭、死亡。这种重大危险的认识，使尼采不能不采取一种新的态度。叔本华所认为解脱生活意志的艺术和形而上学，似乎都不是促进人类文化的根本的办法。至于瓦格勒的音乐，他早已感觉到巴黑[1] 和伯拖奋，表示更纯洁的本性，对于瓦格勒音乐的理论，他有好些质疑甚至于反对的地方。他发现瓦格勒的天才和个性中间，有些时候缺少节制。然而最要紧，就是瓦格勒的歌舞剧，根本就是叔本华哲学的结晶。消除意志，摆脱人生，是他努力的方向。他音乐迷人的美丽，使

---

1 现通译为：巴赫。——编者注

我们忘记了人生世界，进入一种陶醉的状态。然而这一种趋势，是根本否定人生的，是一种生命力减少、人类堕落、文化灭亡的不良现象。假如 19 世纪欧洲的文化已经在腐化，叔本华的哲学和瓦格勒的艺术，将是摧毁它的最后力量，使它更加腐化，乃至走到灭亡的路径。

尼采愈考虑这个问题，他心中愈不安，在摆罗的节目，他彻底觉悟，叔本华和瓦格勒一派的思想，是离开人生；他自己的思想，就要接近人生。叔本华和瓦格勒的思想是出世的；他自己的思想，是入世的。尼采是文化哲学家，依他的观察，欧洲文化已经陷入腐败堕落的时期，他满心想借叔本华的哲学来看清人生的痛苦和一般人的肤浅浮夸，他更想借瓦格勒的音乐来拯救世界。然而，他现在发现，叔本华的哲学只是消灭生活的力量；瓦格勒的音乐，不过使人类暂时陷入麻醉的状态。他不能不抛弃一切，另寻新的办法。

在他彷徨歧路的时候，他遇着锐伊[1]博士，两人成了很好的朋友。锐伊同尼采到意大利，在勒亚浦相处 6 个月，他对于尼采有很大的影响。锐伊对于英国的思想非常熟悉，他介绍尼采研究英国的思想。英国的思想家，如达尔文、斯宾塞尔、弥尔等人的书籍，尼采都用心阅读。然而影响尼采最厉害的，还是锐伊的一本书，名为《道德感觉的起源》。尼采对于这一本书，反对的情绪这样激烈，反而帮助他养成自己对于这个问题的基本观念。但是，锐伊因为尼采的不满，不久又写了一本书，名叫《良心的起源》。在这本书里，尼采反对的地方，他取消了；尼采反对的主要意见，锐伊不但采取，而且从各民族、各作家收集了许多有价值的引证。

从这个时候起，尼采完全抛弃第一时期的思想，踏入新的阶段。尼采现在不谈形而上学，不谈艺术，他所要求的，只是真理，为着真理，他可以牺牲一切。他只凭科学的方法，一步步地研究事物的真理。形而

1　现通译为：保罗·瑞。——编者注

上学，必须要摒弃在真正哲学之外。心理动机所造成的形而上学，不但不是真理，而且是真理的障碍。尼采说，形而上学是一种"处理人类的错误，好像它是基本真理"的科学。真正的哲学家，必须要避免"人类的，太人类的"观念，从事平常踏实的研究。人类的产业，人类的价值，人类的观念，必须要取消，因为它们都是人类的，太人类的。叔本华的问题，关于世界人生的价值，宇宙的悲观主义或者乐观主义，属于不应提出，因此不能答复的问题。哲学必须成为纯粹的科学。以前的哲学家，用他们个人对于问题的态度，作为不可磨灭的真理，他们都是科学家的退化。科学的哲学，就是要用科学方法来处理宗教、艺术、文化和道德。这些对象经过科学的洗刷，它们的面目和从前就不一样了。

即如宗教，在形而上学里，它是一种超宇宙关系的结果，它自然不能说是客观的真理。但是科学把这一种非真理的性质，表示得更加显明，它发现人类宗教观念心理的来源，因此宗教哲学就变成宗教心理学。在形而上学方面，宗教还有许多可逃避的地方，但是在心理学上面，它没有机会可以存留。科学把一切事物都探本求源，在这儿和现在，没有任何事物能够逃避科学的判断。如遁世主义者所达到内心神圣的境界，并不是基督教上帝的仁慈，也不是叔本华无欲的解脱，乃是人类复杂动机复杂的表现。宗教和形而上学，都把它误解了。

1880 年，尼采完成《人类的，太人类的》[1]，他自己讲他这本书："我在这儿，从一切不属于我性情的事物，解放了我自己，这是一个危机的纪念碑。这是一个强有力的自己教育自己的纪念碑，我忽然停止我一切曾经传染我的高级欺骗：理想主义、美感和其他的女性观念。"1881 年完成《黎明》，1882 年完成《快乐的科学》。这三本书代表尼采第二时期的思想。

从艺术时期到科学时期，尼采已经从悲观主义到乐观主义，从否

1　现通译为：《人性的，太人性的》。——编者注

定人生到肯定人生，然而，尼采个人的生活，在这一个时期却渐渐走入寂寞痛苦的状态。1875年圣诞节不久，尼采的健康就受到了损坏，意大利的旅行，并没有使他身体恢复。也许因为他身体不好，他以后不写文章，只写一段一段的短语。在他寂寞步行的时候，一有思想，他立刻就写下来。他说，这类短语就像山峰一样，最短的路径，就是从山峰到山峰，不过需要长大的腿。

尼采的眼、胃、头，都不使他安静，他的健康愈来愈坏，最后差不多完全摧毁。1879年他不做教授了。他去意大利旅行，身体稍好一点儿，他就写作。他现在成了一个寂寞无依、不安定的游魂，一会在意大利，一会在德国，从这儿到那儿，没有朋友，没有爱人，只有在寂寞中去寻求真理。他生活节俭，常常自己在酒精灯上做一点自己的饮食。到了晚上，剧烈头痛使他不能安眠。他没有钱买蜡烛，在黑夜里一人软瘫在沙发上。清晨，他长时间寂寞散步，在山边水涯，常常冥想。手中的笔记本，是他唯一的伴侣。

在这一种生活状况之下，尼采保持他的乐观主义。真理的寻求是很难的，然而人生的意义，也就在寻求真理。尼采认为，只有生理学和医学可以做建筑他新理想的基础。他实事求是，研究自然，不问它最后的目的。然而这一种态度，就算可以寻求真理，真理对人生又有什么好处呢？艺术、文化、道德宗、教，在科学的研究之下，都摧毁了，然而科学家过的生活，又有什么意义呢？一种深沉的悲哀，占据了尼采全部的心灵。他有摆仑有同样的感觉。"知识的树，不是人生的树！"

尼采要的是人生，然而科学的研究，仍然是离开人生。尼采渐渐感觉，他又走了错误的道路。在1882年，写《快乐的科学》的时候，尼采已经有一种转变的预备，萨亚涂斯贾[1]的名字第一次出现，尼采不久就走到他最后超人时期。

---

1 现通译为：查拉图斯特拉。——编者注

3 超人时期

就算科学能够寻求真理，这种真理，已经是离开人生，它同叔本华的悲观主义一样，消除意志，使人生陷于虚无之境。"太阳下去，但是，我们生活的天空，太阳光明照耀，我们也看不见了！"

假如真理不能帮助人生，那么人类就应该宁肯在幻象中生活，不应该在真理中生活。在第二时期，尼采的口号是"人生为真理"，在第三时期，尼采的口号是"真理为人生"。人生必须要想象创造，科学家却没有这样的本能，他好像一个老处女一样，到处受人尊敬，然而人类两种最有价值的本事，他却没有。

在1882年，尼采感觉非常寂寞，他想结婚，他写信给麦森布女士："我诚恳地告诉你，我需要的，是一个好女人。"麦森布女士替他选了萨罗密[1]女士，刚才二十岁。尼采会见她，爱她，求婚，却被拒绝了。

从此以后，尼采的生活愈寂寞，思想愈深刻，他唯一的朋友、爱人，安慰，就是他新创造的萨亚屠师贾。他借萨亚涂斯贾来宣传他的超人主义。1884年，他完成《萨亚屠师贾这样说》[2]。这本书，一般人认为是尼采最精彩的著作，代表他最成熟的思想。

在这一个时期，尼采把科学思想完全抛弃了。然而第二时期的乐观主义，他仍然保存；第一时期的意志观念，他又重新恢复。人类行为的基础，仍然是叔本华所指出的意志，但是，不仅是求生存的意志，而且是求力量的意志。生存并不痛苦，意志更不应该消除。我们应当接受人生，使人生发扬光大、进步，我们要使人类达到最高级的发展。这一种最高级的发展，就是超人。在《萨亚涂斯贾这样说》的开场，萨亚涂斯贾说："我教你超人。人类是要超过的东西，你们为超人做了

1　现通译为：莎乐美。——编者注
2　现通译为：《查拉图斯特拉如是说》。——编者注

什么呢？一切的生物，一直到现在，都曾经创造超过他们自己的东西，难道你们还想做那种伟大潮流的降落，宁肯回到禽兽，也不愿意超过人类吗？……超人就是地球的意义。让你们的意志说：超人必须是地球的意志！我恳求你们，我的同胞，对地球忠实，不要相信那些告诉你们超越地球希望的人！"

但是尼采的"超人"，到底是什么意义呢？

第一，尼采的超人，就是理想的人物，就是天才。照尼采的看法，社会的进步，是要靠天才来领导。没有天才，人类一切的活动，就会陷于停滞的状态。19世纪科学的研究和平民政治的提倡，使一般的趋势只求平等，不求提高，因此对于天才，无形中施以极大的压迫，使他们不能发展。尼采恨极了平庸，恨极了平等，他不要禽死鸟息的人生，他要精彩壮烈、丰富进步的人生。对于人类的幸福，他要求的不是"量"乃是"质"。千万的群众，不及一位天才，厨房里边活一百年，不及天国中活一日。历史的演进，最后的目的，就在产生天才；人类的目的，就是产生少数出类拔萃的人物。世界最大的问题，就是怎样可以产生天才，使天才能够发展，只要天才能够产生、发展，人生就有意义，就有希望。

第二，尼采的超人，就是人类的领袖。人类是不平等的，知识能力也永远不曾相同。领袖是社会上最优秀的分子，他们智力，既然高于群众，群众必须受他们的指挥，才能够建设伟大的事业。超人和普通人类的差异，就像人类和猴子的差异一样。猴子在人类眼光中是笑柄，普通人类在超人眼光中也是笑柄。人类不能让猴子来领导，同样，超人也不能让普通人类来领导。人类应当前进，不应当后退，假如让群众来处理一切，等于我们回复到禽兽的状态。

第三，尼采的超人，就是社会上的改革家，超人不能相信社会上已经有的价值，他们自己会创造新的价值。他们要把文化上一切的价值，重新估定。我们都知道，社会上一切的事物价值，一般的群众绝没有知识和勇气来推倒反抗，只有先知先觉才能够发现它们的缺点，从事改革。假如没有他们，社会上就要死气沉沉，毫无进展，我们不能再有"人生"，我们只有"人死"。

第四，尼采的超人，就是勇敢的战士。狭义来说，尼采是主张战争的。因为战争是无情的，然而战争的好处，就在无情，因为它淘汰弱者，使强者生存，人类社会才可以进步。超人就是战场上的壮士，他们要战胜一切，征服一切，摧毁一切。广义来说，社会上的先知先觉，常常都是被愚蒙的群众误解反抗。因为他们随时要创造新价值，群众总是不愿意接受，所以他们常常都要奋斗、牺牲，但是他们并没有半点追悔，哪怕天崩地裂，他们也不低头；哪怕刀砍斧伤，他们也不屈服。他们要凭他们天生的本事，打出一个新的世界。

关于尼采的超人，世界各国的学者解释甚多。有许多人甚至以为尼采受了达尔文的影响，想象超人是人类进化到某种阶段的生物。这一种误解，尼采的妹妹曾经再三辩明，说尼采不过是作一种寓言，表示普通人类和特别天才之间的差异，并没有包含达尔文进化的观念。然而，好些学者仍然不肯相信，要把超人说得无限神奇。其实，尼采著作本身各处已经明白表达了上文四种的意义。

1886年，尼采写成《善恶之外》[1]，1887年，《道德的系统》[2]，他最后的几部书是《权力的意志》，《偶像的曙光》《反基督》和《看这个人》[3]，到1889年1月，尼采就疯狂了。

在这些著作中，尼采对于旧的传统、新的偶像，尽情攻击。丹麦的批评家伯南德士，是欧洲第一位讲演尼采的哲学的大学教授。一个德国人罗尔道说，假如丹麦的父母知道伯南德士教了他们的孩子什么东西，他们会把他杀死在街上。尼采的思想是很危险的，因为尼采的

1　现通译为：《善恶的彼岸》。——编者注

2　现通译为：《道德的谱系》。——编者注

3　现通译为：《权力意志》《偶像的黄昏》《敌基督者》《瞧，这个人》。——编者注

理想太高了，旧社会势力太大了，尼采一生到处和社会冲突，一直到今日，还有许多自命为第一流的学者，认为尼采的哲学是狂人的幻想。

然而尼采的思想，却逐渐风行。尼采所攻击的对象，一直到现在，还在那儿反抗。尼采提倡的主义，却也得不少信徒。中国处在生存竞争的时代，尼采的哲学对于我们是否还有意义，这就要看我们愿意做奴隶，还是愿意做主人；愿意做猴子，还是愿意做人类。

因为尼采的著作，根本不是替奴隶、猴子写的。

尼采的政治思想 [1]

　　关于尼采的政治思想，我们可以从三方面来看：第一，是国家；第二，是民主政治和社会主义；第三，是战争。国家是否有存在的意义？假如没有存在的意义，应当采取另外一种什么办法？假如有存在的意义，应当采取什么形式？民主政治和社会主义是不是政治上最理想的形式？它对于人类的进步，文化的提高，是帮助还是阻碍？在生存竞争的世界中，战争是政治上最重要的事件，它消耗政府最大的财源，牺牲民族中大部分的生命。它应当鼓励还是消弭？它对于人类文化，是摧毁还是促进？

　　这一些问题都是政治思想上最重要的问题，一直到现在，还没有一定的解决方法。尼采生在19世纪的末叶，正是国家主义民主政治、社会主义、帝国主义极端发展的时期。尼采对于这几方面的问题，都有他斩钉截铁的答复。他看清欧洲文化的弱点，他渴望一个进步、强壮、健康、充满了生命的新世界。为了实现这个新世界，尼采不惜对一切的传统观念挑战，要重新估定一切价值。

　　自从尼采最后一部书出版，一直到现在经过了五十多年的时间。世界过去的政治，是否已经追随了尼采所指的方向，对于世界将来的政治，尼采的学说是否还有特殊的使命呢？

1　原载《战国策》第9期，1940年8月5日，后收入陈铨：《从叔本华到尼采》，重庆在创出版社，1944年；上海大东书局，1946年。——编者注

1 国家

尼采理想中的社会，是一种超人的社会，进步的社会。在这一种社会中间，超人和天才有绝对发展的自由。在这一种社会中间，强者应当征服弱者，智者应当支配愚者，对于弱者、愚者，我们不应当有任何的同情，因为他们根本不应该生存在世界上，他们在世界所占的地盘，应当让更优秀的人类来代替他们。这一种淘汰消灭的过程，是自然的，也是应当的。因为世界必须进步，人类必须超过，假如我们立下一种制度，使弱者、愚者，得着充分的发展，那么世界的文化，一定会停滞、腐化，不可救药。

站在这一种观念的立场，尼采是反对国家存在的。因为现代国家的存在，是在保持弱者、愚者的发展。弱者、愚者，自己没有本事生存竞争，所以组织团体制定法律来压迫强者、智者，使他们不能够为所欲为。他们的行动对于群众有任何不利，群众立刻就可以拿法律来制裁他们。他们本来是文化进步的先锋，现在因为国家法律的存在，他们成了穷凶极恶的罪犯。

世界上有两种罪犯：一是可怜的罪犯，他们受社会的压迫，勉强做犯法的事情，但是他们自己不相信自己，良心谴责他们，他们的灵魂身体，都陷入可怜的状况。另外一种是伟大的罪犯。他们不知道什么叫作法律，因为他们的立场是超出法律的。法律不能束缚他们，他们有勇气来反抗一切，他们的内心，只感觉自己的伟大，并没有任何的追悔。在这一种意义之下，世界上每一个伟大人物，都是穷凶极恶的罪犯。

只有这样伟大的罪犯，才配做人类的主人，他没有道德，没有法律，没有国家，他是人类的鞭策，为要充分发展他自己的人格，他需要人类来做他试验的工具。他是勇敢的战士，他有铁石的心肠。他的目标是伟大的、光明的、精彩的。人生在他手里，要完全充分美丽地实现。人生是一局棋，超人是国手，人类不过是他用的棋子。邵尧夫说："唐虞揖让三杯酒，汤武征诛一局棋"，征诛揖让，关系天下的安危，然而，在尧舜汤武的眼光中间，这些事体和下棋饮酒并没有什么分别。

现代的国家，都是道德的；尼采的超人，是不道德的。现代的国家制度，要保护平庸；尼采的超人社会，要发展个性。在现代国家里，生活一切机械无聊；在超人社会里，生活一切精彩美丽。现代的国家，是整齐的理想；超人的社会，是力量的象征。现代的国家，是守旧的，腐化的；超人的社会，是前进的，创造的。这就是为什么尼采猛烈地攻击现代国家的制度，因为它和尼采的理想水火不相容。

但是，尼采反对现代国家存在，和无政府主义者反对现代国家的存在，又根本不一样。他们有两个绝对不同的出发点。无政府主义者以为人性本来是善的，因为有了国家的各种的法律限制，反而会使他们不能平安相处，产生出种种罪恶。假如没有国家，一切听其自然，人类世界，就可以达到光明之域。在另外一方面，尼采是主张性恶的。假如没有国家的存在，强者、智者就可以暴虐无情地征服消灭弱者、愚者。原始的社会是一种战争的社会，战争的结果，只有优秀分子，才能够生存，人类的本质，因此可以提高。现在的国家把人类根本的力量意志和他的罪恶，都同时破坏，来保全愚者、弱者，然而力量、意志和罪恶，乃是人类本性中最美丽的部分。

无政府主义者，痛恨国家是"力量"的象征；尼采痛恨国家是"软弱"的象征。无政府主义者希望国家倒台，暴力专制也倒台；尼采希望国家倒台，超人专制才可以上台。无政府主义者，反对国家，因为它是阶级压迫的工具，国家铲除，群众的利益，才可以不受任何的损害；尼采的见解恰好相反。尼采认为，国家是保护群众利益的工具，只有消灭国家，超人的利益才可以得到天然的保障。

最重要的就是无政府主义者，不但希望取消现代的国家，任何时代，任何制度的国家组织，无政府主义者都不愿意它存在。尼采最反对现代的国家，因为现代国家组织，不适宜于超人的发展，假如有一种新的国家组织，超人能够独裁，这一种国家，是力量意志的象征，尼采也没有理由不接受。在《萨亚屠师贾这样说》里边，尼采说：

> 国家吗？那是什么？……我要告诉你们民族死亡的故事。国家是一切冷酷恶魔中最冷酷的。他冷酷地说谎，这就是从他嘴里说出来的谎话："我，国家，也就是人民。"但这是一句谎话。过去曾经有创造的人，他们创造各种的民族，给他一种信仰，一个理想：这样他们帮助人生。
>
> 那些人是破坏的人，是虚无主义者，他们替多数人安下陷阱，将这些陷阱叫作国家；他们悬挂一把刀和百种的感情在他们头上。那儿还有一种强壮民族生存，他们不了解国家，他们恨他，因为他是一只坏眼睛，一种罪恶，反对道德和自由。国家用一切善人、恶人的舌头来说谎，无论从他那儿出来的什么，都是谎话，他所占有的一切东西，都是偷来的。每样同他有关系的事物，都是假的；他用偷来的牙齿来咀嚼，甚至他的肠胃都是假的。

现代的国家，只能保护产生一些多余的人，过慢性自杀的生活，尼采说：

> 国家——那儿有一切饮鸩的好人和坏人。那儿所有的好人坏人，都失掉他们自己。那儿大家慢性自杀，叫作"人生"。
>
> 你们看这些多余的人啊！他们偷窃发明者的工作，聪明人的宝藏。他们将他们的偷窃叫作教育——每件事物，在他

们的手中都变成疾病和无能！

　　你们看这些多余的人啊！他们永远痛苦，他们发泄他们的脾气，将这种结果叫作报纸。他们互相吞并，他们甚至不能够互相消化。

　　你们看这些多余的人啊！他们找了财富，但是他们变得更贫乏，第一个在一切力量前面的条件就是——金钱！

只有在国家消灭的时候，超人才可以自由，这些多余的人，也自然归于淘汰。尼采的结论是：

　　那儿国家停止存在，那儿不是多余的人开始。看啊！我的弟兄们！那儿国家停止存在。难道你没有看见超人的虹霓和桥梁吗？

2 民主政治与社会主义

　　从上文尼采对于国家的反对的理由，我们已经可以预料，尼采对于民主政治和社会主义，不会有好的观感。因为民主政治和社会主义，都是注意群众，要求平等，尼采却认为，人类进步不在群众，人类力量根本是不平等的，因此他们的义务权利，也就永远不能平等。

　　1880年，尼采写成《黎明》，那时，正是他科学时期的结尾，超人时期的开场。他的妹妹告诉我们，在这个时候，尼采费了许多工夫研究政治问题，尤其是社会主义，她特别注意："在《黎明》里，他对于这类题目，尽力表示同意。同时，他却坚持地保持他从前的公式，一个民族的价值——实际上一切人类的价值——是在人类最高模样中表现。因此，我哥哥不管他个人方面的好意，不得不做一个社会主义的敌人。特别是它的领袖们，不仅只因为他们的感情和目标不高尚，对一切强壮、美丽、文明，都恰恰相反；同时也因为，我哥哥攻击这些领袖们，使群众不满意，不快乐；他们引起群众对某种情形的热望，用一些不值得达到，不能够达到的希望来安慰他们。"

对于民主政治，尼采也同样不满。尼采的好朋友彼得加师特这样解释："在民主政治中间，尼采看见一个清楚堕落的征兆，特别是缺乏高贵的感情和自觉指挥的主宰头脑；照他的意见，纠正改良人类的计划，靠第三流、第四流的人类开始，或者靠解放妇女来达到更高的水准，是判断上可以想象到的最可怜的错误。"

在尼采心目中间，民主政治、社会主义、无政府主义和基督教，都根据同样的精神，都是近代文化平庸、粗俗、堕落的主要原因。尼采理想中的社会是每一个人都有自由发展的机会。因此，天才和超人不受社会上任何束缚。民主政治和社会主义的趋势，是要把群众的力量提高，把人类一切的行动社会化，对个人的自由和创造加以严格的限制，保障群众不受特别个人的征服、统治和摧毁。尼采不赞成这种办法，因为他认为文化的出路，只有靠少数的天才，群众不过是天才活动的工具。现在，不让天才来领导群众，却让群众来压迫天才，人类前途还有什么希望呢？

在政治方面，尼采是明白地主张贵族主义的。他自己的家族，据说，本来是波兰的贵族，因为宗教关系被迫逃亡。尼采从小就以此自豪，他说："一个伯爵尼采，必须不说诳话。"

尼采自己素来看不起群众，他叫群众做"太多的多数"。照尼采的眼光，群众不过是生存竞争中大炮的粮草，是少数成功分子的陪衬。中国诗人慨叹"一将成功万骨枯"，尼采认为，这是最自然的现象，没有什么可以悲伤，最可以悲伤的倒是万骨不枯，一将不功成，如这一次欧战，比、法的军队，牺牲极少，没有一将成功，然而国家民族也就悲惨沦亡，不知何日方有再起的机会。

但是，尼采的贵族主义，并不是指通常一般养尊处优，借先人余荫，在政治上享受特别权利的王孙公子。尼采所谓贵族，乃是人类中的强者、智者，他们是天生的统治阶级。在生存竞争中间，他们有超人的权力意志，千万的群众都必须受他们的支配。萨亚屠师贾说教的对象，并不是庸俗的群众，乃是少数的贵族，就是少数的天才。尼采整个的哲学，只是为他们写的。世界只有两种人：一种是统治阶级，一种是被统治阶级。尼采只要训练统治的阶级真正有本事，配统治世界。

尼采的贵族，也并不是仅指德国民族，如从前的普鲁士主义和现在的国社主义，他们都认为，德国民族是世界上最优秀的民族，所以他们有统治世界的权力，而且世界非在德国民族领导之下，不能达到和平进步。这一种思想，好像是尼采，实际上并不是尼采。尼采谈政治文化，并不限于德国民族，他书中常用"欧洲人"这一个词。整个欧洲的文化，全世界人类的将来，是盘旋尼采脑海中的问题。至于德国民族是否能够领导世界，这还要看他们将来的努力。最明显的，就是在 1870 年，普法战争，德国获得空前胜利，全国欢欣若狂的时候，尼采写他的《历史对人生的利益和缺点》，对于德国文化深致不满。他再三说明，军事胜利并不是文化胜利，拿文化来说，法国的文化远在德国文化之上。对于"德国超于一切"的口号，尼采也有讥评。

尼采哲学的目的，不是替德国民族做宣传，乃是阐明人类文化进步的真理。民主政治，要把弱者的力量提高，所谓"民治、民有、民享"，尼采看来，不过是"弱治、弱有、弱享"，所谓"一切人类生来是平等的"，这是政治思想上最大的诳话。所谓"大多数人最大的幸福"，尼采问为什么一定大多数？凭什么决定最大的幸福？幸福的根本是在"质"，不在"量"。千万的群众，不及一位天才，厨房中百年，不及天国中一日。至于社会主义重量不重质，注意多数群众的幸福，不注意少数天才的发展，和民主政治根本陷于同样的错误。不要说社会主义者的理想根本违反人性，不能够圆满实现，就算能够圆满实现，然而这一种庸庸碌碌、禽息鸟死的社会生活，也是一种无声无色、沉闷无聊的生活，我们也不值得达到它。尼采要肯定地答复人生，因为人生有希望、有意义、有进步，一切消极的敷衍，一切否定的理论，一切平庸的手段，尼采都根本反对。而且社会主义的理想，不但是不能够达到，不值得达到，而且引起群众的不满，使他们自己生活痛苦，同时也使别人痛苦。他们对天才失掉了信心，压迫他、残害他、使他不能发展，世界因此只有一天天陷于紊乱、腐化。

不过，尼采的政治思想后边，自然有他新道德的观念。有人说，尼采反道德，或者不道德，这当然是错误。因为尼采只反对传统的道德，他自己却建设了一套新道德。尼采在政治方面，主张强者统治，弱者服从；强者生存，弱者消灭。这种思想在传统道德方面，自然是极不道德的，然而尼采认为传统的道德，如怜悯、爱邻居、谦恭、友善，都是弱者创造来束缚强者的，"好人"最初的意义，是指强壮、勇敢，并不是指谦让怜爱。这一种弱者道德观念的养成，就是人类腐化的先声。它摧残人类的本能和他求权力的意志、对人生的快乐。应用这些道德观念到政治方面，就成功民治主义和社会主义。

3 战争

在 1867 年，尼采二十三岁的时候，他被强迫去受了一年的军事训练。他近视非常严重，很早就有眼病，但是在那个时候，普鲁士的军队需要大量的补充军人，平常不征的都征去，所以尼采也被拉去了。他在军队中的成绩并不算坏。他是全队中最会骑马的人。但是在几个月以后，正在骑马的时候，他把胸部的筋肉跌坏了。他的伤口需要开刀。从此以后，免了军队的服务。1870 年，三年以后，普法战争爆发，尼采那时正在瑞士巴勒大学做教授。巴勒大学认为他是瑞士的国民，不能够报名做战斗的军士，但是尼采对于祖国的热情，使他非要参加战争不可。他自动报名，做义务看护。但是不久以后，尼采身患重病，他不能继续服务，又回瑞士，继续他的教授生涯，尼采和战争的关系，也就从此终结了。

实际战争的经验，对于尼采的影响，不过如此。所以尼采主张战争，与其说是经验的感发，还不如说是思想的结果。广义来说，尼采认为，人生宇宙充满了冲突的元素，社会与个人，外物与内心，内心与内心，无处不是战场，无处不是战争。一个伟大的人物，全靠这一些战争来磨炼他的意志，训练他自己驾驭自己的能力。所以伟大的人物常常都是痛苦的，然而痛苦愈多，他自己人格的表现也愈精彩。尼采自己一生，无时无地不同旧社会旧观念作战。尼采理想的人物，绝不是安居乐业的好人，他理想的人物，乃是摧毁一切、建设一切、不断前进不断奋斗的战士。萨亚屠师贾没有在山上永久隐居，他不顾天大的困难，走下山了。萨亚屠师贾是一位勇敢的战士，他劝世上的天才也做勇敢的战士。人类社会，只有靠这一批战士们，才能够对旧社会重新估定一切价值，打出一个新的世界。

在狭义方面来说，尼采也极力主张战争。因为战争可以使人类进化。自然是进化的，它摧残弱者、病者和没有征服环境、不能适合环境的生物，它使强者、健康者和有征服环境、适合环境能力的生物继续生存。这样逐渐淘汰，逐渐进化，人类不是"量"的方面，乃是"质"的方面，才可以改良发达。假如世界和平，拙劣的分子都有生存的机会，那么人类就会逐渐退化。尼采要的是超人，要的是充满了力量、热情、快乐的生命。战争最大的意义，就是淘汰平庸的分子，创造有意义的生活。

从历史方面来看，一个国家，一种文化，到了腐败堕落的时候，往往经过一次战争就可以消除积弊，发扬光大起来。尼采说："在一些变成懦弱可鄙的民族，假如他们真正想要继续生存，可以用战争来做一种补救的方法。民族的肺病和个人的肺病一样，准许一种残暴的医治方法。然而永远要求生存的意志，没有去死亡的能力，在本身已经是一种情感衰老的现象。我们越是彻底完全生活，我们越是容易为着一个简单快乐的情感牺牲我们的生命。假如一个民族这样生活感知，它就不需要战争。"

照叔本华的哲学，生存是人类最强烈的意志；照尼采的哲学，权力才是最需要的意志。为了权力意志，人类尽可以抛弃他生存意志。而且人类之所以伟大，生命之所以有意义，也就在人类有摆脱生存意志的勇气，简单来说，就是要有不怕死的精神。一个民族，完全受生存意志的支配，甚至奴颜婢膝、忍耻偷生，不能摆脱死亡的恐惧、牺牲一切，以求光荣的生存，这样的民族根本没有生存在世界上的资格。他们的位置，应当让出来给更有勇气、能力的民族光荣发展。

这就是为什么叔本华意志的哲学在第三期尼采的思想虽然有伟大的影响，然而精神态度却完全两样。叔本华生存意志，一变而为尼采的权力意志；叔本华的悲观主义，一变而为尼采的乐观主义；叔本华怜悯同情的道德教训，一变而为尼采生存竞争的道德教训。

关于尼采反对怜悯，曾经引起许多人的惊骇和反对，然而尼采自有他哲学的根据。历来伟大的哲学家，如柏拉图、亚理士多德、斯宾诺莎、康德，对于怜悯，都没有看作最高尚的道德。怜悯削弱我们的灵魂，而且根本是由于自私，由于自己想取得精神上的快乐。在《人类的，太人类的》书中，尼采说："怜悯的目的很少为着别人的快乐，就像凶恶的目的很少为着别人的痛苦，根本相同。因为怜悯至少包含两种个人快乐的成分，都是自己满足自己：第一，怜悯是情感的快乐，就是悲剧中存在那一种怜悯；第二，怜悯驱迫到行动的时候，就是权力使用的满足快乐。此外，假如一个痛苦的人，对于我们非常亲爱，我们就用同情的行动，来灭去我们自身的悲哀。除开少数哲学家外，怜悯常常被放在道德感情的最低级，本来也应当如此。"

怜悯既然不是最高的道德，所以站在怜悯的立场来反对战争，攻击尼采，是没有根据的。

尼采认为，战争是必需的，在《人类的，太人类的》一书中，尼采坚决地宣布："假如人类已经忘掉怎样战争，我们还对他们有很大的希望，这不过是发狂和抱美的灵魂的主义。至于现在，我们不知道旁的方法，能够使营幕中的粗糙精力，深刻超出个人的仇恨，有良心责备的冷血残杀，摧毁敌人组织的普遍热情，对于剧烈损失，对于自身和朋友们生存的骄傲不管，像空洞地震般的灵魂颤动，像每一个伟大战争那样强烈准确地传达给衰落的民族：因为这儿泛滥出来的溪涧河流，一定会把碎石渣子一块儿冲走，破坏细致土壤的草场，以后心志工场的机构情形适宜，新的力量把它掀动。文化不能够没有热情、罪害、恶意。罗马人建设帝国以后，有点厌倦战争，他们极力用打猎、角斗、摧残基督徒等方法，来取得新的力量。现在的英国人，大体看起来好像反对战争，然而他们还是用别种方法，来重新恢复他们失去的力量：就是危险的探险旅行、航海和登山，名义上是为的科学目的，但是实际上是要想借各种冒险和危险，来取回他们多余的力量。许多这样战争代替品还会发现，然而也许就在这儿，事实越来越清楚，像近代欧洲这样一群文化甚高，因此必须屠弱的人类，不仅需要战争，而且需要最大最可怕的战争——因此常常堕入野蛮主义——全靠文化，这样就会失掉文化和它本身的存在。"

假如战争是人类进化不可缺少的工具，那么民主政治和社会主义，自然不适宜于战争，得不着尼采的同情。至于现代国家、政治的组织、法律的规定，使天才不能发展，领袖不得自由，在尼采看来，也在推翻之列。尼采的政治思想，可以说是近代政治思想家中，最前进的，最革命的，最富有理想的，同时也可以说是最贵族的。伯兰德士总称尼采的思想为"贵族的过激主义"可以算是最恰当的名称，不过尼采所指的贵族，并不是传统观念上所指世袭的贵族，乃是尼采自己理想的超人。

尼采心目中的女性[1]

　　尼采曾经说过两句很有名的话："你到女人那儿去吗？不要忘记你的鞭子！""一个有学问的女人，一定有点儿什么生理上的疾病。"这两句话代表尼采对于女人极端的态度，批评家往往根据这两句话来攻击尼采。其实，尼采对于女人，远没有影响他最大的哲学家叔本华那样彻底。叔本华生平最恨女人，连他的母亲都没有除外，只有在魏玛的时候，他曾经对一名女演员产生过感情，以后对于女人，他虽然不能忘情，然而他始终讨厌她们。尼采从小就在一群女人中间长大，对母亲、妹妹，都有很好的感情。他在生活中，曾经发生过好几次恋爱，求过好几次婚。

　　在这一篇文章里，我们先研究尼采在实际生活上同女人的关系，然后讨论他在理论上对女人的态度。因为不明了他实际生活上的关系，我们很容易像一般批评家那样误会，说尼采极端仇恨女人，说尼采自己精神上、生理上，根本不喜欢女性，甚至于说他因为恋爱失败，所以有这种偏激之论。

　　尼采从小父亲早死，他幼年的伴侣就是他的母亲、妹妹和姑母们，这些女人都很相信宗教，尼采受她们很大的影响。男女间下流的关系，尼采高贵纯洁的性情是受不了的。刚进大学的时候，他也曾加入一群德国学生，喝啤酒、决斗，过狂放的生活，但是不久他就讨厌这种粗野的生活。1865 年 10 月 20 日，他正式写了一封信，退出他加入的兄弟会。他曾经有一次到科隆去拜访，一个仆人带着他到各处去参观。

1　原载陈铨：《从叔本华到尼采》，重庆在创出版社，1944 年；上海大东书局，1946 年。

尼采要这个仆人带他到一个饭店，仆人误会了他，把他带到妓院里去。在多夷生的《尼采的回忆》里边，尼采自己说："忽然我发现我自己被一半打浓妆艳抹的东西包围，她们都充满期待地凝视我；有一会儿我站在她们面前，目瞪口呆；然后，好像被本能驱迫，走到钢琴边，那就是这一群里边唯一有灵魂的东西，弹了一两下。音乐加快了我的四肢，立刻我就走出去了。"

这当然证明，尼采对女人的态度，和一些恨女人的男子们，把女人完全看成玩具，男女的关系看成纯粹生理上的关系不一样。就算尼采在哲学上看不起女人，他对女人还是很尊重的。男女之间，还有重要精神上的意义。最强烈的证明，就是他在莱比锡大学的时候，他热烈地爱上了一名女演员亚柏。她是出色的艺术家。尼采非常喜欢她，写了许多诗来称赞她。尼采的妹妹说："弗雷慈诚实地爱恋亚柏，哈尔登很对，他说，她实现了女性的理想，这种理想，我哥哥一生都崇拜。"

接着尼采受了叔本华的影响，对于女性他发表了许多可怕的意见，自己不敢十分接近女人。有一次，他妹妹同他开玩笑，他叫道："啊，丽泽，这是什么无意识的玩笑！难道你想象我要订婚吗？上帝禁止我！"然而他妹妹还是说："尼采对女性'充满了最温柔的关切'。"他反对女性好像是指"完全抽象的存在，同我们女性没有任何的关系"。谈到雷歇尔夫人，他极端欣羡。在旁的方面，他对女人热情的崇拜，简直不像叔本华的信徒。假如有人怀疑，他崇拜的天使亚柏到底性格和生活方面是否是真正的天使，尼采就非常生气。

不管叔本华对尼采的思想有多大的影响，在婚姻方面，尼采和叔本华的观念和态度全不一样。1876 年，尼采向一名荷兰女子求婚。尼采并没有认识她多久，同她在金丽瓦散了四个钟头的步，立刻就对她写一封求婚的信："我亲爱的年轻的小姐：今天晚上，你替我写点儿东西（她抄写她自己朗费罗诗的翻译），我愿意也替你写一点儿什么。你必须要十分勇敢，才不会惊骇我要问你的问题：你愿意做我的妻子吗？我爱你，我觉得，好像你已经属于我了。不要批评我，说我的感情来得太唐突！无论如何，这不是罪恶，因此也不需要宽恕。但是，我愿意知道的，就是你是否有我同样的感觉——我们从来不是生人，没有一会儿是！难道你也不相信，我们两人在一起，都会比分开更能够自由，更能够好吗？所以让我们更进一步吧！你愿意敢和我肩挨肩走，就像同一个热心求自由改善的人，经过一切生命和思想的途径吗？"

在这一个青年小姐方面，这次求婚未免有点太冒昧了。尼采又写了一封信："亲爱的小姐：你够好了，居然肯宽恕我——我从你友善的信里感觉到你的宽恕，其实我不配承受。想到我残酷的行为，我感受这样的痛苦，对于你温和的友善，我不胜感激。我也不解释什么，我也不知道怎样为自己辩护。我只能表示我最后的愿望，假如你读到我的名字，或者再会见我，你不要想到我曾经给你的惊恐。我请求你永远相信，我一定高兴补救我的错误。"

这样，尼采第一次求婚失败了。然而，这一次的失败对尼采并不算什么打击，同时也没有什么坏处。尼采自己说："我应当感谢，事情这样发生。一个冒昧盲目的婚姻，结果不会比'便利的婚姻'更好的，唯愿上天把每个人都从那里解救出来。"

有一次，尼采的老朋友格尔斯多尔夫，听见有一个年轻漂亮的女子崇拜尼采。她有很多的钱，许多人都追求她，因为她爱上尼采，把好几个人都拒绝了。尼采得着消息的时候，正是他不想结婚的时候。他回信说，他不想结婚，因为他讨厌任何束缚。他想世界上没有女人有这样宽大的心胸来追随他思想的工作。他认为希腊哲学家的生活方式对他最适当。

尼采一生有一个最好的女性朋友，是麦森布女士。他们两人，完全是纯粹的友谊关系，麦森布对尼采的关心，有点儿像母亲对儿子一样。她再三催促尼采结婚，解决经济问题，辞掉教授位置，用全力来从事毕生哲学工作。麦森布女士到处去探访，写信去征求许多女子的意见，希望尼采的妹妹也一起帮忙。尼采似乎也同意这个办法。特别是因为他身体不好，从1875年圣诞节后起，他就失掉了健康，以后越来越坏。在病中，他写信给他的妹妹："我刚站得起来，麦森布女士又因为风湿病在床上躺了三天。在我们的痛苦中间，我们一块儿大笑，我在你的信中选了几段读给她听。……我们深信，我在巴勒的教授事业不能够长久，除非牺牲我更重要的计划，我不能继续。……在1878年复活节以后，假如那一种结合成功，一切就过去了——这是说我的婚姻。这名女子必须要适合我的脾味，但是她须要有钱——这是一个最要紧的条件。'良好，但是有钱'，照麦森布女士的话，我们高声大笑那一个'但是'。假如我结婚，以后几年我要住在罗马——一个对我的健康、交际和研究最方便的地方。这个夏天，这件事情就要在瑞士进行，所以我能够结了婚回到巴勒。"

但是这个计划，意思虽然很好，实现却非常困难。尼采这时的心境的确是非常寂寞，渴想有一个女人来陪伴他。他的朋友诺德结婚，据说很满意，相形之下，尼采更觉凄凉。他写信给诺德："亲爱，亲爱的朋友，我应当怎么说呢？我一想到你，就充满了感情；那天有人写信告诉我——'诺德的年轻太太，是一个最美丽的女人，她高贵的灵魂，在每个面容上照耀'，我甚至流泪了！"

在这种心情之下，尼采的朋友们都努力帮他的忙，后来锐伊博士和麦森布女士居然替他找着了。这名女子名叫萨罗蜜，年轻、美丽、聪明。尼采的朋友们都认为是尼采最好的伴侣，尼采很可以传授她自己的哲学。尼采很高兴，同这个小姐交往了五个月，然而结果双方都不满意。萨罗蜜不高兴做弟子，尼采也不喜欢做女人玩弄的东西。他们中间这一场公案，至今还没有人能够公平判决。萨罗蜜后来写了一本关于尼采的书，对尼采大肆攻击，尼采的妹妹也不让她，写了一些尖锐的批评文字。至于尼采本人也感到痛苦、失望。失望得厉害，也许正由于期望太高。尼采在给锐伊博士的一封信里边说:"我以为我已经找着了一个能够帮助我的人:这当然不仅需要高尚的智力,还需要第一流的道德。然而不是这样,我们发现的乃是一个只想娱乐自己的人物,她还这样不害羞,想象世界最伟大的天才是她玩弄的适合对象。"

这是 1882 年,尼采三十八岁时候的事情,这一次婚姻失败的确使尼采伤心,后来在《萨亚涂斯贾》的《坟墓之歌》,我们还可以发现尼采不堪的回忆。

然而这一次婚姻失败,虽然沉痛,并不是尼采对女人哲学思想的来源。事实上,初期的尼采,受了叔本华哲学的影响,对女人发表了许多可怕的议论,然而这些议论并没有使他改变追求女性的热情。我们可以说,尼采一生并没有像叔本华那样普遍地仇恨女人;我们绝不能说,尼采生平仇恨女人,所以他的哲学是仇恨的结晶;我们也不能说,尼采恋爱失败,所以发表偏激之论,因为他对女人的态度,在思想方面是一贯的。实际上,尼采不但不仇恨女性,而且尊重女性,爱好女性,因为他认为,女性在人生中有其特殊的地位、特殊的使命。就是在初期的叔本华影响最厉害之下的尼采,对瓦格勒夫人还是非常崇拜的。很多人甚至于猜想,尼采和瓦格勒决裂,都因为她。这当然是无意义的话,因为尼采离开瓦格勒,自有他思想上的理由。不过这至少可以证明,尼采很喜欢瓦格勒夫人。尤其奇怪的,就是在 1889 年 1 月,尼采忽然从图润[1]给瓦格勒夫人写一张条子,上面是:"亚锐德莱,我爱你!狄阿利秀斯。"

在思想方面,尼采认为男女是不一样的,男子代表力量,女子代表感情。征服一切,摧毁一切,建设一切,都靠力量。然而力量非有感情的安慰,不能休息,不能发展。所以男子的职务在战争,女子的职务在给男子感情上的安慰,使他保持战争的力量。女子对于男子是

---

1 现通译为:都灵。——编者注

绝对必要的，她的势力也是很伟大的。然而这种伟大的势力，并不在乎她自己独立的行为，而在乎辅助的行为。所以在《萨亚屠师贾这样说》里边，尼采说："男人的快乐是：我欲望；女人的快乐是：他欲望。"这就是说，女子帮助男子达到欲望的目标，她心中就有最大的快乐。这一种快乐，比她自己达到还要快乐得多。

在尼采的那个时代，欧洲因为工业发达，社会上的思想起了许多的变动。所谓妇女解放，妇女自由运动，也风行全欧。1879 年，易卜生出版《傀儡家庭》[1]，虽然引起许多的反抗，然而也博得不少的同情。以后这种运动愈来愈厉害。尼采对于这种运动，认为是根本错误的。因为这种运动是一种违反自然的运动。女子要自己管理自己的事情，无论在哪一方面，都要和男人一样。从前女子帮助男子的美德，现在认为是奴隶牛马的服从。女子不再把男子当作丈夫、甚至于不把他当作朋友，只把他当作攻击的对象、竞争的敌人。男女之间，没有合作，只有仇视。

假如男子所做的事情，女子都能胜任愉快，这一种运动固然有它存在的价值。然而，事实上许多事体，女子并不能代替男子的位置。而且因为权利、意志的伸张，独立精神的养成，女子对男子从前伟大的力量也无形缩减。所以尼采感觉，女子权利要求越多，她对男子力量就越小。

女子根本就是女子，女子极力要想做男子、就是违反自然。任何违反自然的行动，尼采都根本反对。近代的"女子"运动，实际上是"男子"运动。女子要变男子，在生理上是不可能，在事实上成了虚伪。社会上充满了"虚伪的男子"，一切的创造革命，无形中要受极大的阻遏。

尼采最恨这些"虚伪的男子"，这所谓"女权运动的先锋"。这就

---

1 现通译为：《玩偶之家》。——编者注

是为什么尼采书中有许多极端反对女人的话，如他说："你到女人那儿去吗？不要忘记你的鞭子！""一个有学问的女人，一定有一点儿什么生理的疾病。"尼采这种话并不是对一般女子而发，乃是对少数不自然的女子而发。尼采并不是看不起女人，事实上他尊敬、崇拜女人，但是一个女人不安其位，一心一意要想变成男性，尼采就看不起她了。尼采不但看不起她，而且很可怜她，因为她抛弃了自己的本性，失掉了对男子原有伟大的力量。在男人心目中，女人应当是一种绝对不同的性格，可望而不可即，难得了解，难得驾驭，一方面很可怕，一方面又很可怜，面子上是很软弱，暗地里是很强壮，她需要男子大量的帮助体贴，然而她却有这种本事，使男子非帮助体贴不可。这一种神秘、动人、饱含诗意的力量，经过所谓女权运动，多数的女子名义上是解放了，实际上，她们原有的力量也丧失了。所以女权运动，是消灭女子力量的运动。

在婚姻方面，尼采认为婚姻的结合，应当不是恋爱的结合，应当是友谊的结合。因为恋爱是暂时的，友谊是永久的；恋爱是情欲的，友谊是理想的。尼采说："婚姻应当是一种友谊，一种用另外一个理想来加强我们自己理想的方法；每一个人应当从他自己或者她自己，看见别人的理想。"他又说："婚姻中最好的成分就是友谊。假如友谊够强烈，它有力量超过甚至于抛弃性欲方面。没有友谊，婚姻使双方都小气和讨厌。"

对于将来的婚姻，尼采也有许多新颖的主张。尼采和叔本华不一样，他赞成结婚，赞成生育。他认为政府方面，应当订立一种法律，鼓励、强迫大家结婚。单身汉应当在纳税和兵役方面多尽一些义务。多生孩子的家庭，应当享受特别的权利。结婚以前，应当有医生的证明，地方官吏的签字，来防止娼妓化。尼采还赞成暂时的婚姻，法律上规定几年或者几个月，对于生的小孩，也应当有适当的保障。假如我们说尼采反对女权运动太守旧，那么这一些关于婚姻的主张，又太维新了。

平心而论，妇女运动经过了好几十年的时间，现在还没有一定的理论。如果男女在法律上应当平等，在生理上、精神上女子和男子到底还有许多不同的地方。到底女子在社会上应当取一种什么地位，对男子应当取一种什么态度，都还有郑重考虑的余地。尼采的主张，固然有许多偏激的地方，然而他分别男女的不同，划定双方的责任，也不失为一种有价值的意见。

代表女权运动的"娜拉"，二十年前就介绍到中国来了。有好些娜拉已经离开丈夫了，然而离开丈夫后怎么办呢？娜拉的自由，是否一走就可以得到呢？假如走出去仍然得不到自由，娜拉是否还愿意回家庭去呢？是否男女之间，除了娜拉的方法，还有另外更良好的方法呢？

在西方已经有妇女回家庭的运动了。在东方"虚伪的男子"，是否仍然要继续做男子呢？还是要做真正的女子呢？对于异性，是否仍然把他当作敌人，还是把他当作朋友呢？男女之间，是否应当互相仇视，还是互相帮助呢？

萨拉图斯达下山了，我们何妨去听听他。

尼采的道德观念[1]

历来第一流的思想家，都站在时代的前面。时代认为是的，他不一定以为是；时代认为非的，他不一定以为非。他凭他超越的眼光，深沉的知识，对于社会上一切制度、文化、道德、宗教，都要重新估定价值。在必要的时候，他不惜摧毁一切，来创造一个新的局面。

尼采就是这样一位思想家。

他的心目中，只有真理，没有感情，没有恐惧，没有任何顾虑。他最佩服叔本华，但是后来思想转变，他抛弃他了；他最爱敬瓦格勒，但是忽然发现瓦格勒的艺术不合他的理想，他和他立刻断绝关系。社会上的讥评、压迫、嘲笑、他完全置之不理。他一心一意，找寻世界文化的错误和补救的方法，使人类走入光明之域。人生再不是死气沉沉、腐化堕落的人生，乃是充满了热情生命、有声有色的人生。

只有尼采这样的人格和他大无畏的精神，才配得上批评传统的旧道德，建设超人的新道德。

就在尼采健在之时，他的道德观念，已经受很多人的攻击。他死后这样多年，一般道学先生，提起尼采，还不能不摇头吐舌，因为他们认为尼采是反对道德，或者不道德。其实，道学先生们所谓道德，和尼采心目中的道德，根本是两件截然不同的事情。

要说明尼采的道德观念，我们先要说明尼采的人生观。

在第一时期里，尼采接受了叔本华的悲观主义，对人生取否定的态度。人生是痛苦的，人类是可怜的，世界的存在，根本是一种错误，

1　原载陈铨：《从叔本华到尼采》，重庆在创出版社，1944 年；上海大东书局，1946 年。

解脱的方法，就在靠艺术或者遁世主义，来抛开生存意志。真正的道德，存于压制自己，怜悯他人，在别人生存中，发现自我，在自我生存中，发现别人，人我的界限消除，生活痛苦的连环，即无形消灭。但是叔本华这种人生观，尼采不久就抛弃了。

尼采认为人生不是求生存，乃是求权力，支配人生一切的，不是生存意志，乃是权力意志。我们对人生不应当消极地逃避，应当积极地努力。生活的意义，不在压制自我，而在发展自我；不再怜悯他人，而在战胜他人。世界必须要进步，人类必须要超越。所以叔本华消极的悲观主义，一变而为尼采积极的乐观主义。

根据这一种新的人生观，尼采不但对于叔本华的道德观念，而且对于数千年来许多传统的道德观念，都要发生激烈的冲突。

人生的意义，既然在发展权力意志，那么生活就等于是一场战争。在战争中，强者才配生存，弱者自然消灭。这一种淘汰的过程虽然残忍，然而却是不可逃避的现象。世界人类，如果还要进步，只有靠这种淘汰的过程。然而传统的道德观念，如怜悯、同情、爱邻居、人我合一，都是违反自然，压倒强者，扶持弱者。这样，世界不能进步，人类不能超过，人生还有什么意义呢？

对于传统的道德观念，尼采追溯它的本源。所谓"善"的观念，本来是指"高贵""伟大""勇敢"，所谓"恶"的观念，本来是指"弱小""谦让""柔顺"。但是由于历史的演变，弱者要保护自己，所以把原来的意义改变了。凡是对于他们有利的，就叫作道德；凡是对于他们不利的，就叫作不道德。其实道德分两种，一种是"主人道德"，一种是"奴隶道德"。现在所谓传统的道德，都是"奴隶道德"，尼采所激烈反对的，就是这一些道德观念，如怜悯、仁爱、谦让、顾虑，都是违反自然的情操，对于奴隶们感觉舒服的观念。在另外一方面，真正合乎自然的道德，就是权力意志的伸张，强者行动，弱者服从，首先就是庞大的力量，不顾一切的无情和勇敢。

假如有人仍然攻击尼采"主人道德"不是真正的道德，尼采有一个最好的说明。鹰认为吃羊是"善"，然而在羊的眼光看来就是"恶"。鹰当然不需要善恶的道德观念来约束它吃羊的行动；只有柔弱的绵羊，才需要一个禁止的规律，假如没有这个规律，它们也会创造一种规律来保护它们。所以真正需要道德观念的人，不是强者，乃是弱者；不是主人，乃是奴隶。真正的超人，绝不受任何人为的道德规律的束缚，他的行动超出善恶之外。他照自然的条理，发展自己的力量。道德的世界，不能压制自然的世界。

道德观念并没有神圣的来源。一切宗教的说明都是没有证据的假设。道德观念也不起于自然，因为自然本身，弱肉强食，本来是极不道德的。很明显，道德观念不发生于神，不发生于自然，而发生于人，发生于弱小无能的人，他们的力量不能保护自己，所以不能不耍弄名词的花头来保护自己。凡是相信这些名词的人，自己不是弱小无能的人，就是受了他们欺骗的人。

道德观念，也不如康德所说，根据人类的良心。在人类的批评和行为中间，固然良心占极重要的地位。他内心中间，似乎常常有一种声音敦促他依照道德的规律，假如他不顺从，那么这一种声音就要谴责他，使他痛苦，使他精神永远不得安宁。假如道德规律不是上帝安排的，不是自然本身的，那么是否从人类的良心发出的呢？

尼采认为，良心不是人类本能自然的声音，乃是遗传环境、教育习惯创造的结果。一个祖先影响不同的人，和另外一个祖先影响不同的人，良心是不一样的。两种环境下产生的人，良心也复不相同。并且一个时代有一个时代的良心，一个性格有一个性格的良心，到底哪一个良心是对的，哪一个良心是不对的呢？易子而食，析骸以爨，是否还有良心？项羽坑秦卒四十万，刘邦欲分乃翁一杯羹，是否还有良心？杀人不眨眼，卖人肉包子，是否还有良心？做了这样残忍行为的人，他们的良心，并不见得就谴责他们自己，然而愚夫愚妇，拜佛求神，一朝失慎，践踏蝼蚁，反可以因之寝不安席，食不甘味。良心的反应，这样不同，它怎么能够做道德的标准？

并且一个人的行动，用什么方法来判断它的是非呢？判断是非的标准靠得住吗？你说，我的良心告诉我是非。但是你的良心有什么权利来判断呢？你的良心不过是你整个自己的一部分。假如你整个的自己不是万能，那么你自己的一部分，怎么能够万能呢？假如你整个自己是不道德的，那么你自己的一部分怎么会是道德的呢？你依据什么标准来判断你良心的判断呢？凭你精神上的习惯吗？然而你精神上的习惯，不过是遗传和教育的结果。为什么你服从你的良心呢？你的服从，是真的还是假的呢？难道因为你是一个伪君子，所以你需要服从你的良心，把它来遮掩你的罪恶吗？难道因为你是一个懦夫，没有勇气，彻底调查良心的根底吗？或者你像一个军人，不加顾虑地服从长官的命令吗？你到底用什么态度来服从良心，你为什么一定要取这一种态度？

进一步考察良心的本质。你做一件道德的事情，凭你自己的判断，或者你说，凭你良心的判断，但是你是否曾经考虑：这个判断是完全纯洁的吗？不是自私自利的吗？尼采说："你拥抱你的邻居，对他说些温和的话。但是我告诉你：你对你邻居的爱，不过是你对自己的爱的虚伪表现。"尼采不但反对慈善情操的真实，而且不承认它有任何道德上的价值。做慈善事业，根本不是为人，乃是为己。我们爱别人，乃是想制服别人，或者引诱别人。换一句话来说，我们的爱，不过是我们权力意志换一个方式的表现。

尼采反对传统道德规律，最大的原因，就是它违反自然，压迫生命的活力。道德是人生的仇敌，是一切人生基础的仇敌。道德教我们做什么事情呢？反抗我们的本能，摧毁它们，摧毁生命的源泉，摧毁生命的条件。生命的目的，就是维持更多的生命。强壮的人，真正的人，爱人生，不怕人生，他爱人生包含的一切，人生的危险、人生的遭遇、人生的眼泪、人生的痛苦、人生的失望、人生的悲哀和人生的快乐，人生的胜利。激烈的感情不过是健康活力的符号，它要冲破人为的束缚，它要打破道德的制裁，它要找寻有价值的生命，整个完美的生命。在一个伟大的人那里，一切的感情都是合法的，都是必要的，因为没有它们，人生就无意义了。恨同爱一样重要，复仇和怜悯一样重要，欲望和贞操，愤怒和良善，同样在生命中不能缺少。

所以传统道德规律，照尼采看来，不是从上帝来的，不是从自然来的，乃是从人类来的。而且不是从伟大的人类来的，乃是从弱小无能的人类来的。弱小无能的人类，要保全自己，所以订下这些规律，来束缚、压迫伟大的人类。然而人生没有伟大的人类，就没有价值，没有意义，所以尼采认为传统道德规律是人生的麻醉剂。

这一种麻醉剂一天不取消，尼采的理想一天就不能实现，所以尼采不能不激烈抨击它。

平心而论，尼采对于传统道德观念的反抗，在欧洲思想史上，并不是唯一的人。远在两千多年以前，希腊的诡辩家卡里克里斯，已经就有强者权利的理论。他认为，道德和法律的限制不是源于自然，乃是源于知觉。法律是弱者、愚者和多数的人造的，来保护自己，反对强者，一切法律道德的规律，都是不自然的枷锁，强壮的人毫无顾忌，一点儿没有良心谴责，随时可以撕破，来满足他自然的意志。怀疑派哲学家安纳格萨卡斯（Anaxarchus）也极力忠告亚历山大打破一切的限制。中世纪的哲学家曾经说："没有一样事情是真的，每样事情都可以许得。"此外，如霍布斯、马希亚维利 [1]，对于道德问题，也有相似的议论。法国的卢梭反对近代文化，回到自然。

这一种反对传统道德的暗潮，在欧洲思想史上，始终没有断绝。然而尼采始终是第一个人，凭他自己对于世界人生崇高的理想，对于

---

1 现通译为：马基雅维利。——编者注

现代社会上一切文化制度思想，都有崭新的意见，不但破坏，而且建设，不但局部，而且整个。他对于传统道德的观念无情攻击，但是他攻击的原因，是因为他想树立一种更新的道德，因此可以创造更美满的人生。

处在现在的战国时代，我们是依照传统的"奴隶道德"，还是接受尼采的"主人道德"，来作为我们民族人格锻炼的目标呢？

萨拉图斯达的办法是：

> 他把船头掉转，离开"父母之邦"，经过深夜的狂风暴雨，泛游到辽阔的海洋，他达到'孩提之邦'，那儿有超人的虹霓和桥梁！

尼采的无神论 [1]

宗教在人类生活中，从最初一直到现在，都占有非常重要的位置。在古代的国家，宗教和政治，僧侣和统治阶级，差不多打成一片。宗教和政治分家，已经是很近代的事情，然而宗教的力量仍然到处表现。哲学尽管进步，科学尽管发明，人类对宗教的要求，并不因此减少，上帝的存在，人类死后的情状，永远是解不开的谜团。

在中国，儒家的势力支配了两千多年，但是因为儒家对于宗教问题没有满意的启示，所以到相当的时候，佛教、道教的潜势力不断伸张，成了多数人民内心的信仰。在欧洲，自从希腊灭亡、罗马崩溃以后，基督教的势力成了欧洲人生活的中心。以后虽然有文艺复兴、宗教革命、科学发达，基督教的影响并不因此消减。

尼采是一名基督教牧师的儿子，从小就在一个宗教氛围极浓厚的环境中生活，然而，他却是欧洲反对宗教最激烈的思想家。他对于基督教攻击的彻底，欧洲历史上找不出第二个人。如他所说："一个人要摸《圣经》，必须戴上手套，才可以免得弄脏了他的手。"又如像他说："人类两个最大的瘟疫，就是基督教和酒病。"这和马克思所说："宗教是麻醉人民精神的鸦片"，并没有什么分别。

为什么尼采对于基督教仇恨得这样厉害呢？

关于这个问题，我们可以依着重要的次序，分成三个步骤来分析讨论。第一步，是尼采的无神论；第二步，是尼采对人生的理想和基督教对人生的理想；第三步，是尼采对人类的教训和基督教对人类的

---

1 原载陈铨：《从叔本华到尼采》，重庆在创出版社，1944年；上海大东书局，1946年。——编者注

教训。然后看在各方面，尼采和基督教到底有什么不同的地方。最后我们再分析尼采的哲学本身是否是一种宗教，或者包含任何宗教的意味。在这一篇文章里，我们先讨论尼采的无神论。

尼采是主张无神论的，他曾经一再地宣布："上帝已经死了！"他说："近代最伟大的事情，就是上帝死了；可是知道这件事情的人，仍然一点不变地照样进行，好像没有什么事情发生一样。"

在《快乐的科学》中，尼采描写一个疯狂的人在白日里手里提灯笼，大声喊叫道："上帝在哪儿呢？我来告诉你。我们——你和我！已经把他杀死了，我们都是他的凶手！但是我们怎样做这件事情呢？我们怎样在海洋中间痛饮呢？谁给我们海绵把整个天边都洗刷了呢？当我们把地球从太阳那儿分开时，我们做了些什么呢？太阳走到哪儿去了？我们要走到哪儿呢？离开所有的太阳吗？我们不是不断地行动吗？向后，向旁，向前，在每一个方向吗？到底还有高处和深处没有？难道我们不是对着永远毁灭在进行吗？难道我们没有发现，这个庞大空虚的指示吗？不是更冷一点儿吗？夜不是越变越昏黑吗？难道我们不应当在正午点起我们的灯笼吗？不是已经听见掘坟墓人的声音，他们正在埋葬上帝吗？你已经嗅着全能上帝腐烂的气味吗？因为就是上帝也要腐烂的！上帝已经死了！上帝真的死了！我们已经把他杀死了！我们怎样会得着安慰呢，我们，凶犯中的凶犯？他，全世界认为最神圣最有力量的，在我们的刀上流血了——谁会把我们的血污洗掉呢？在什么水里我们可以洗清洁呢？我们必须要发明什么解脱的方法呢？难道不就是这个行动的伟大性对于我们太伟大了吗？我们自己不是要变成上帝，才配做这件事吗？这样伟大的一件事情，从来没有人做过！所有后来的人，就因为这个事实，要属于一直到现在存在的历史中更高的形式！"

说到这儿，疯狂的人停止说话，再看他的听众。他们也静默，不安定地看着他，最后他把灯笼扔在地下，碎成片片，一晌走开了。他说："我来这儿太早了。时间还没有到呢。"

一切的宗教，最重要的元素，就是要承认神或者上帝的存在。没有这个承诺，宗教就不成其为宗教。历来反对宗教的人，往往都是从形式、传说、功用各方面去攻击，所以始终不能够给宗教一个致命伤。尼采对于基督教的攻击却是从根本上下手，他明白大胆地宣布："上帝已经死了。"

基督教的上帝，在欧洲支配了整个中世纪，没有人敢怀疑他的存在，也没有人采用除了教堂解释以外任何的方式，来证明他的存在。笛卡尔是欧洲近代第一位哲学家，摆脱传统的解说，建设别开生面的证明。笛卡尔对于知识的寻求，要想取得一个最可靠的出发点。一切的事物，在他都要明白清楚，不能有任何神秘朦胧的气味。他从最简单的事物，一步一步地推论，到最后，他发现，除非有上帝的观念，一切的知识，都没有基础。其他的哲学家，马尔伯朗希[1]和伯尔克烈[2]，跟随他这一条路径，认为上帝的观念是视觉和知觉的来源。这样的思想对于宗教的传说，已经完全抛弃，但是他们仍然承认上帝的存在，因为人类寻求知识的欲望，需要上帝的观念来满足。

这一派的理论，后来渐渐站立不住，另外又有两派，取而代之。前一派认为，上帝的观念是人类理智的需要；后一派却认为，上帝的观念是人类情感的需要。人类求知识，尽管可以不靠上帝的帮助，但是在感情方面，没有宗教的信仰，就没有安静的时间。如巴斯卡[3]甚至推论到科学的研究，不仅靠人类的大脑，最要紧的还要靠人类的心。霍布斯主张神学的职务，不在描写上帝，不在证明上帝，乃在告诉我们，怎么样想象我们可以崇拜上帝。这就是说，神学一切的结论，不是源于人类求知的本能，乃是源于人类崇拜的意志。

---

1 现通译为：马勒伯朗士。——编者注

2 现通译为：贝克莱。——编者注

3 现通译为：帕斯卡。——编者注

其实到了这一个阶段，事实上等于已经承认，上帝的存在，不是人类理智的力量可以证明。康德在他的《纯理性批判》中确切地证明，人类对于世界的观念，并不需要上帝的帮助。不但在知识方面，人类不需要上帝，而且在行为方面，人类也不需要上帝。康德认为，人类在道德方面，自己尽可以负起责任，并且只有自己负责任，才是真正的道德。既然知识和行为两方面，人类都不需要上帝，那么人类是否可以整个不相信上帝呢？康德认为，还是有相信的必要，因为人类都有求快乐的欲望，他们忍不住希望一位上帝存在，他是人类快乐的源泉，他预备道德行为快乐的结果。这当然不是理论上的证明，乃是事实上的需要。上帝的功用，到康德手里，已经缩减到仅仅使人类快乐了。

希莱玛黑继承康德，认为上帝的存在不是思想的必须，乃是情感的必须。上帝不是可以知道的，只是可以感觉的。费尔巴黑[1]认为上帝没有客观的存在，他是人类理想的结晶。人类是中心，不是上帝。人类的价值，就是上帝的价值。关于上帝的感觉，就是人类自身的感觉。关于上帝的知识，就是人类自身的知识。在费尔巴黑看来，上帝是人类最高理想的化身，是一个有益无害的幻想。

欧洲的思想，自从文艺复兴以来，有一个极明显的趋势，就是人类的尊严越提越高。文艺复兴，根本就是对于中世纪传统思想的反抗。中世纪注重灵魂，文艺复兴注重肉体；中世纪注重天国，文艺复兴注重世界；中世纪注重上帝，文艺复兴注重人类。人类要自己管理自己的事情，不要外来的力量来帮助他，就算得了帮助，人类仍然不能失掉他自己的重要。从笛卡尔到费尔巴黑，欧洲的思想家，就算他们承认上帝，他们也不过是利用上帝来达到人类某种的目的，他们不但没有失掉他们自己，人类的尊严，反而因此更见增加。

---

1 现通译为：费尔巴哈。——编者注

费尔巴黑把人类与上帝合而为一，已经算是登峰造极了，尼采继承这一种潮流，还要在百尺竿头更进一步。他根本反对上帝的存在，他要人类和上帝断绝一切的关系。人类一切的行动，完全靠他自己，他要充分地生活、创造、进步，自己超过他自己，不受任何限制，不借任何帮助。这样，人类才有全部的光荣。所以尼采敢于正式宣布："上帝已经死了！"谋杀上帝的凶手，就是我们！

在学生的时候，尼采对于基督教已经开始怀疑。他同他的朋友多夷生有一天讨论司乔士的《耶稣传》，多夷生表示赞成这一本书，尼采立刻答道："这个问题是很重要的；假如你牺牲耶稣，你必须也要牺牲上帝。"后来尼采的妹妹，和他讨论信仰的问题，尼采回了一封信，他的结论是："这样人类的歧途，就指明了。假如你愿意灵魂的安静和快乐，你就信仰！假如你愿意做真理的信徒，你就怀疑！"

一直到这个时候，尼采心里虽然有许多怀疑，但是对于上帝是否存在，还没有十分确定。后来在莱布慈，有一天，尼采得到读叔本华《意志和观念的世界》的机会，从此以后，尼采旧式的宗教观念完全打破，无神论是他终身的伴侣。他写信给他的妹妹道："我们找什么呢？是安静还是快乐？不是，只是真理，不管它怎样可怕和恶毒。"

为了真理，尼采不能不牺牲他的上帝。上帝死了，尼采更寂寞了，他说："一个深沉的人，需要朋友——除非他还有他的上帝。"然而他内心却已经有另外一种新奇的境界。在《快乐的科学》里边，他说："我等哲学家和自由思想者，当我们接着报告'那位年迈的上帝已经死了'的时候，感觉自己好像被黎明照耀了一样；我们的心满溢了感谢、惊异、预料和希望。最后，天边就算还不十分明亮，又重开了；我们的船至少可以驶出海洋，去冒每种的危险；每种的危险又允许给观察的人；海，我们的海，又在我们的前面展开；也许从来没有这样'开阔的海'存在过。"

以后时间越久，尼采对于上帝观念越是取不妥协的态度。尼采最反对基督教的上帝观念，因为它根本同人生冲突。他说："基督教的上帝观念——上帝是病者的神，上帝是蜘蛛，上帝是灵魂——是世界上所有上帝观念中最坏的一个。也许它代表上帝模型在进化潮流中最低的水准。上帝退化成为人生的反面，不是人生的变形和它永远的肯定。"他又说："一位全知全能的上帝，他甚至不注意使他的生物明白他的意思——他还能够算一个良好的上帝吗？一个上帝让数千年以来，无数的怀疑犹豫继续不断，好像它们和人类得救没有什么关系，但是他却宣布最可怕的判断，来对付任何误解他的真理的人——他自己占有真理，还能够安静地想到人类，在一种可怜痛苦状态之下，忧愁心志，寻求真理，难道他还不算是一个暴虐的上帝吗？"假如真有上帝，尼采想象中的上帝，就是这样："他是一位隐藏着的上帝，充满了秘密，确实他除了用秘密方法，否则不到他儿子那里来。在他的信仰门前，站立着淫乱。当他年轻的时候，这一位东方的上帝，他残暴仇恨，为了要讨他幸臣们的喜欢，他建设了一座地狱。但是最后他变老了，温和、仁慈、怜爱，不像一个父亲，更像一个祖父，但是最像一个蹒跚老迈的祖母。在那儿，他蜷缩地坐在炉灶旁边，因为腿弱，常常发脾气，世界疲倦，意志疲倦，有一天，他太大的怜悯，居然把他窒息死了。"

上帝就是这样死掉了的。从笛卡尔起，上帝已经一部分一部分地死掉了，现在尼采正式宣布上帝全部死掉。宗教上的传说，哲学家的辩护，尼采通通抛弃。老年的上帝不能不死亡，因为他压迫人生，反对人生，人生要充分发展，上帝就不能存在了。假如宇宙间还有上帝，真正健康强壮的人类，就会不能忍受，他自己不是上帝。

照叔本华的观念，宇宙间根本没有什么全知全能的上帝，一切的一切，存在的基础，支配的力量，都由于"生存意志"，怎样摆脱生存意志，是叔本华哲学中最重要的问题。尼采认为，人生一切推动的力量，不是"生存意志"，人不怕没有生，就怕没有权力的生，换句话来说，我们对人生能够快乐肯定，就是因为我们有求权力的意志。所以尼采说："世界就是权力意志，没有别的。"世界就像海水一样。"什么地方都是力量，力量和力量波浪的游戏，同时是一个，又是许多，这儿起来，那儿下去，一个无数力量的海，汹涌澎湃，永远变迁……只有形式不断地变化。"

世界是力量的世界，人类生存的目的，就是怎样争取力量。世界不是机械的，不是理智的，不是上帝的，没有任何预定的程序，要人类逐渐走向某种的目标。这些解释，都会减少人类争取权力的意志，整个的人生就要变得死气沉沉。尼采想象的世界，是一个虚伪、残酷、矛盾、诱惑、毫无意义的世界；然而尼采不但不因此悲观，反而因此更增添他竞争的勇气。

尼采最需要的世界，是一个不完美的世界，一个还在创造过程的世界，在这个世界中间，人类有努力的机会，他的努力是被需要的，有价值的，有成绩的。人类是主动的，不是被动的。他不能像傀儡一般听人摆布。因为尼采把人类的地位提得这样高，所以旧式的上帝观念，绝对不能接受。事实上很明白，假如上帝对于世界还有支配一切的力量，人类尽可以稽首皈依，由他摆布，近代的文化，可以取消，中世纪的文化，应当是我们最高的理想，人类还有什么尊严可言？

所以，尼采的无神论是他思想自然的结果，是人类要求进步超越不得不然的趋势。假如我们不接受基督教上帝存在的假设，那么尼采的思想就更值得我们注意了。

尼采与近代历史教育[1]

1 尼采与历史进化的观念

1871 年，德国的军队在俾斯麦的领导之下，长驱直入巴黎，造成了德国历史上最光荣的一页。这一次战争的成功，主要的原因到底是什么呢？尼采曾经亲身到德国军营中去服务，他认为，德国军队能够胜利，完全靠德国民族诚实、勇敢。但是在德国许多思想家的眼光看来，这不仅是德国民族诚实勇敢的胜利，同时也是德国文化的胜利。尼采认为这是极端错误的见解。因为据他看来，德国民族根本还不知道文化的意义，德国根本还没有文化。因为文化是活的，不是死的；是整个的，不是零碎的；是人生，不是知识。德国一般人之所谓文化，大部分从德国近代历史教育得来。这一些历史家告诉他们许多历史上死的、零碎的知识，有了这些知识，他们以为就有文化了，其实这一些知识不但不能够帮助他们前进到更光明活泼的人生，反而使他们的人生停滞、黯淡、腐化、消灭。

我们想来还记得，中国新文化运动最高潮的时期，有一个外来的观念，曾在中国思想界发生剧烈的影响，就是"历史进化"的观念。这一个观念，有人曾经把它当成神圣的经典，顶礼膜拜，尼采却认为它是最不长进的思想，痛恨并加以攻击。尼采以为世界的过程，根本就是错误的幻想；进化的观念，根本就是进步的障碍。历史只能为少数人，不是为大多数人，为成年人，不是为青年人，为伟大的人，不是为平庸的人，它才有相当的功效；因为前一种人，能够驾驭历史，

---

1 原载 1937 年《中山文化教育馆季刊》第 4 卷第 3 期。

后一种人往往被历史驾驭，历史学得越多，他们越糊涂，对过去越回顾得厉害，他们也越不能摆脱。他们只觉得他们是前人的后人，历史进化的一部分，因此，他们忘记了自己，失掉了独立的精神、前进的勇气。并且，尼采发现人类建设一切最伟大事业的时候，往往是"前无古人，后无来者"的时候，就是忘记了历史，摆脱了历史上一切的束缚的时候。只有忘记了历史，我们才能觉得我们不是前人的后人，我们是我们自己，我们才有打破一切推、翻一切，重新估定一切价值，建设创造一切的勇气。

尼采并不是说，他根本不要历史。他是要我们不要因为历史的知识，忘记了活泼的人生。我们在破坏、建设的时候，应当时时刻刻都有摆脱历史束缚的能力。这样，历史才能够帮助我们，不至于阻碍我们。

尼采是一个"人生"的哲学家，也是一个"文化"的哲学家。他不愿意人生的发展受到任何方面停滞腐化的影响。他认为，欧洲的文化已经到了日暮途穷的末路。基督教的上帝已经死了，科学客观冷静的研究也把人类创造的热情、丰富的幻想、活泼的生命摧残了，他一生整个的努力，就是想创造一种新文化。这一种新文化，一定要充满了生命，充满了创造，充满了幻想，充满了自由。科学的知识，不能冷静它；历史的事实，不能束缚它。这样，人生才可以达到最光明的境界，文化才可以达到最高尚的理想。

中国有五千多年的历史，我们现在处于生存竞争的时代，对于这过去五千多年的历史，应当采取什么态度？中国现在正在突飞猛进地吸收西洋的思想，对于西洋这两千多年的历史，又应当采取什么态度？中国的传统文化有许多地方不适合于现代，然而西洋的先知先觉，对于他们自己的文化，也发现了许多的危机，我们对于将来文化的创造，应当取什么态度？在这种地方，我觉得尼采的讨论，很可能帮助启发我们的思想。我们也许不赞成尼采的主张，但是，尼采的主张至少可以做我们最好的借镜。所以，我把他对于近代历史教育的思想，用浅明的字句介绍给中国的读者。

2 不历史与超历史的态度

尼采一开场，就教我们望望对面山上的羊群。它们从早到晚，行动休息，有时喜欢，有时埋怨，它们没有深厚的悲哀，也没有十分的满意，它们不知道过去，它们也不忧虑将来，它们只知道现在。人类虽然自己觉得骄傲，但是对于这一种禽兽的快乐，总不免有嫉妒的心情，有时甚至于想学它们那个样子，但这是办不到的事情，因为人类始终不能忘记过去的经验，总是如影随形地跟着他。不管他跑得怎么样快，历史的锁链，他始终不能摆脱。这真是最奇怪不过的事情，在一刹那间，当时此地的经验，立刻就成为过去，而且这一个过去，立刻又会转来麻烦第二个刹那。时间就像一株树，生命的叶子不断地掉下来，忽然一阵微风，把一片叶子吹在人的怀中，于是他就说："我记得……"就在这一个顷刻，过去的锁链立刻又重重叠叠地加在他的身上了。

人类和禽兽最大的分别，就是人类生活有历史，禽兽的生活没有历史。禽兽只知道现在，人类却时时刻刻都要支持过去的重量，把他压迫得气都喘不过来。只有在小孩的时候，他还能够在过去和将来中间，快乐游戏，但是只可惜他的游戏不能长久，他很快就明白了"有一次"是什么意义，这个"有一次"给人类带来了无穷的斗争疲倦和痛苦，使他们知道，他们的生存永远是过去，不是现在。一直到最后，死亡才赐给他们所想望的忘记，但是生命也随着消逝了。

如果我们在人生里边还要想寻觅快乐，那么"忘记"确是最重要不过的本事。假如一个人在一段时间里，不能够忘记过去，像胜利之神一样，站在一点面积上面不头昏，那么他永远也不会快乐，永远也不会做什么事情来使别人快乐。最坏的程度，他可简直不能够相信他自己的生存，他只看一切的事物都风驰电掣地变化，他自己完全迷失在这种变化潮流中间。最后他就像黑亚克利突斯的弟子一样，简直不敢举起他自己的手指。忘记不仅是快乐的泉源，同时也是动作的基础。就像光明和黑暗，两种对于生物都有密切的关系。一个人感觉每样的事物的历史性，就会像一个人不敢睡觉，一个禽兽不敢停止饮食一样。所以没有记忆，才有快乐的生活。拿真正的意义来说，没有忘记，生活简直是不可能。在某一程度中间，历史的观念就好像失眠症一样，可以摧残、毁坏一种生命，一个民族或者一个文化的系统。

固然人类同禽兽不同的地方，就在他能够利用过去的知识，来帮助解决现在的困难，但是历史太多的时候，又往往使他对于自己没有把握，完全没有进取的勇气。世界上凡是伟大的事情，都只有忘记了历史，摆脱了过去一切的束缚，才能够成功。假如一个人处处顾忌这样，顾忌那样，那么他一步也不敢动了。举个实际的例子来说：我们常常看见一个人对于一个女人或者一种理论发生了强烈的感情的时候，他的世界立刻就完全变了。背后的事物，全看不见，新来的声音，也毫无意义。但是，他的感觉却比平常有十倍百倍的锐敏，一切的颜色、光线、音乐，他都明白感觉，他好像五种器官同时并用，来抓住它们。他以前所有价值的判断，通通要不得了，许多东西他不能再认为有价值，因为他不能再感觉它们。他很奇怪，他从前会这样久地做别人言论意见的傀儡，他的回想只不断地绕着过去兜圈子，但是一步也不敢离开。他现在的情形是最没有保障的，对于过去一点也不感谢，一切的警告他都置之不理，他只让他自己浮沉飘荡在黑夜和忘记的大海中间。这一种情形当然是不历史的，甚至于是反历史的，但是它却是世界上一切伟大事业的摇篮。没有一个艺术家画他的图画，没有一个将官赢得他的胜利，没有一个民族恢复他的自由，不希望出现这一种不历史、反历史的状况。如果照歌德的话，一个实干家没有良心，那么他也没有知识。他忘记了许多事情来做一件事情。他对于过去往往不公平，他心目中只有一条规律，就是现在生存的规律。所以他对于他的工作有过甚的爱，世界上一切最好的工作，都全靠过甚的爱来完成，爱的对象是不是值得，反而无关紧要。

假如我们分析过去伟大事件发生时那一种不历史的状况，冷静地观察研究，那么，我们也许可以采取一种"超历史"的态度。我们可以发现这一些事件发生时一切不公平和盲目的观点，我们会变成"超历史"，因为我们不会从历史里边得到一种新的激励来建设将来的事业，因为我们根本就不会把历史来认真对待。如果我们问几位朋友，他们是否愿意重新回到过去的二十年生活，他们一定都会说不愿意，但是他们不同的理由，却表明不同的态度。一种人一定说他不愿意回到过去的二十年生活，他愿意在以后的二十年生活。这一种人就是有历史观念的人，因为过去的记忆，引起他们将来的希望。他们总想公理会有最后的胜利，快乐就在他们攀登山峰的后边。他们相信人生的意义，随着世界的进化，会越来越清楚。他只是回想过去来明白现在，希望将来。他们不知道，他们天天讲历史，他的思想行动却一点儿不历史，他们脑子中横亘着进化的观念，实际上并不是为科学的真理，乃是为人生的要求。

但是同样否定的答复，也可以用旁的理由来解释。这就是"超历史的人"的解释。他在历史进化途程中，看不见解脱，世界是完全的、每一个顷刻都在完成它自己的目标。过去的二十年不能吸取教训的，将来的二十年也一样不能吸取教训。到底教训的目的，是快乐还是抑制，是道德情操还是追悔，历来"超历史的人"都没有共同的结论，但是有一点他们是共同的，就是过去和现在外貌虽然不同，根本却是一样。它们共同造成永远不变价值、永远存在的形式。就像千百种不同的语言，根本都是用来满足人类最基本的需要。一个真正明了这种需要的人，在语言方面，实在是找不出什么新的东西。同样"超历史"的哲学，对于各国民族个人的历史，从内面观察，结果也没有分别。他明白了事物的内心，他简直对于频来的事实感觉厌倦。所以，最勇敢的人到最后也许心中会感觉：人生没有任何事情值得我们努力，世界上没有任何的痛苦，值得我们吁嗟。我们尽可以镇静，不必空着急。

但是，我们尽可以不用管"超历史"的人的聪明智慧，我们宁肯今天做一个快乐前进的实干家。只要我们把历史变成我们生活的工具就好了！只要我们能够比"超历史"的人得着更多的生活，那么我们很愿意承认他们的聪明智慧。因为在那种情形之下，我们的愚昧比他们的聪明还有更伟大的将来。

总括起来说，尼采对于历史的意见，是这样的：

一种历史的现象，完全了解，归纳成知识的一部分，在知道这种历史的人方面，是一种死的知识。因为他已经发现历史上的疯狂，不公平，盲目的感情，以及一切不合理支配人生的力量。但是，这一种力量一经认识，立刻就变得没有力量了。历史的教育，如果对于将来要发生影响，一定要依着一种人生的势力，这一种势力应当支配历史，历史不应该支配它。因为历史必须要受人生的支配，要受一种不历史的势力的支配，所以历史绝不能像数学一样，成为一种纯粹的科学。人生到底需要多少历史，这真是一个最严重的问题。因为历史太多，人生就要摧残、腐化，历史太少，人生就要冷静、灭亡，两种途程都不是人生应当有的现象。

3 历史对于人生的需要

人生需要历史的帮助，可以从三方面的关系来说：第一，就是人类的行动和斗争；第二，就是人类的守旧和尊敬；第三，就是人类的痛苦和他要求解放的欲望。因为这三种性质不同的需要，我们就有三种性质不同的历史：第一种是"碑铭"的历史，第二种是"古代"的历史，第三种是"批评"的历史。

历史对于一个实践家，一个预备要奋斗牺牲的人，是很需要的，因为历史可以供给他一些先例，一些师表，一些安慰。他不能够在现代人里边找出这样值得仿效的伟人来。诚如歌德所说，我们的时代是这样坏，诗人在活人中间撞不着可以帮助他的天才。颇立毕渥斯[1]认为，政治的历史是统治国家的人的预备。因为历史可以帮助我们忍受不幸的事情，它告诉我们，别人曾经受过什么痛苦。

假如一个人认识了历史这种意义，他一定会痛恨那些无聊地游览古迹的旅行家，徘徊博物馆的参观者，因为这些人不过想凭吊过去的兴亡，他却要在古人那里，得到奋斗的勇气。他的目的是快乐，也许不是自己的快乐，往往是一个民族的快乐，或者全人类的快乐。他不愿意安居乐业，他利用历史来做反抗惰性的武器。除了名誉以外，他不希望什么报酬，这就是说，他只希望在历史的庙子里面得到一个神龛，好做后人的模范。他们相信，人类的伟大是会永远存在的，人生最高尚的事业还留待后人，因为他们有这一种相信，所以他们要求"碑铭"的历史。

但是，假如我们真正要想在历史上面去找一个模范，这是多么困难的事情！只要这一个模范能够给我们奋斗的力量，其他和我们一切不同的地方，我们都不管了，我们只想从前可能的事情，现在也应当可能，但是我们忘记，世界上绝没有这样完全凑巧的事实。除非天上的星辰，仍然在同样的位置，地上的人事，完全一丝不差，我们绝不能希望历史上伟大的陈迹，像戏剧表演一样，第五幕终结以后，又从

---

1 现通译为：波利比乌斯。——编者注

第一幕重新开始，而且在紧要的时候，同样有观世音菩萨出来搭救。这就是为什么仿效历史的人，千千万万都可怜地失败，同时少数仿效成功的人，他们也并没有证明历史上的真理。动机和时候，结果和原因，历史上都不会相同，我们想勉强在历史上去寻同样的事实来做我们的模范，简直等于刻舟求剑。

因为我们要利用历史来做我们仿效的模范，所以，我们往往不知不觉地把历史上的事实进行改变、修饰，成为一种小说。所以有时候"碑铭"的历史和神话的小说，简直没有什么区分。大部分的事实都像河水一样漂流过去了，我们所看见的，只是这儿那儿一些美丽鲜明的小岛。大人物的性格中间，似乎都有许多不近人情的地方，我们所看见的，只是令人惊异的伟大。"碑铭"的历史，多半不是正确的历史。它使勇敢流于鲁莽，热心变成疯狂。帝国被推翻了，君主被弑害了，革命爆发了，因为能干和有野心的人，想仿效历史上伟大的陈迹。至于"碑铭"的历史落在昏庸懦弱的人手里，那么，流毒更不堪设想。

第二种历史——"古代"的历史，对于守旧虔敬的人，也是很需要的，因为他们回顾他们生存的来源，产生爱情与信仰，他们对于生命充满了感谢的情绪。他们很小心地保存前人遗留下来的东西，好再遗留给后人。祖先的遗产改变了他们精神的状况，因为他们整个精神只想着祖先的遗产。一切重要不重要的东西，在他们看来，都是神圣不可侵犯的。祖先的历史，成了他们自己的历史，一切城池、宫殿、河山，一切过去的喜怒哀乐，都好像是他们目前经历的事实。他们整个的努力，就是要想保持祖先的光荣。过去的回想，给他们精神无限的安慰。

这一种精神上的安慰，就是"古代"的历史对我们最大的贡献。有时候，国家的情形，个人的地位，尽管不可形容的危急、腐败，但是一想着过去，心中就不感觉悲哀。这就是为什么著名的历史家尼布尔，只要拿着一本历史书，可以在一个泥坑里同一群没有知识的农夫，快乐地生活，不感觉生活上缺乏什么。这样历史就可以把一群没有出息的民族，安置在他们祖先的家庭风俗中间，安居乐业，不求长进，因此免掉一切竞争奋斗的痛苦。这一种守旧的势力，使人类停滞不变，好像不合道理，但是，确是一种健康的不合道理，对于社会是很有利的。我们都知道，移民和探险可怕的结果，我们常看见一个民族，对于过去失掉了信仰，不休无止地去寻求新的事物，生活是那么地不安定。就像一株树一样，感觉它的根子，一个民族也回想到他的过去，过去的光荣，粉饰了其现在的生活，这就是我们现在所喜欢讲的"历史的观念"。

就像"碑铭"的历史一样，"古代"的历史也不是准确的历史。因这两种历史，都是利用历史来达到人生的目的，所以对于历史上的事实，一定有许多的改变、错误，因为他们根本就看不清楚。就好像一根树一样，它看不见它自己的根子，它只能感觉它自己的根子，而且就在这一种不清楚状态之下，它更能够得着根子的利益。

但是，"古代"的历史，也有它的危机。过去的一切，往往不分轻重，都认为有最大的价值。谁要是对于过去不肯遵从，谁要想发起一种新的运动，同旧的思想相反抗，那么一般的人一定会激烈地排斥攻击，把他当作公共的仇敌。在这一种情形之下，新的思想不能采纳，旧的思想已经陈腐，历史对于人生，就不能使它达到更高尚的境界。所谓历史的观念，不能保全旧有的生命，只能僵化旧有的生命。也像一棵树一样，枝叶先行枯萎，到后来根子也随着死亡。"古代"的历史，只要不能给人类精神一种新的鼓励，使他去创造现在新鲜的生命，它本身就没有什么价值。一般好古的人，只在陈腐的土堆中寻古物，他们呼吸污浊的空气，他们随便得着什么，都很满意，古籍的桌子上随便掉下来了一点儿东西，他们就抢着狼吞虎咽。

就算"古代"的历史，没有腐化到这一种程度，就算它还能够对现代生活，有相当的利益，但是，假如它太有力量，也会发生许多的危险。因为它只知道保守人生，不知道创造人生，所以，它是新事物创造冲动的阻碍。因为它在过去已经存在了许久的时间，所以它要求将来永远的存在。我们只消想大家对于过去的风俗习惯、宗教信仰、政治主张，曾经如何地崇拜尊敬，现在一旦要拿一种新的事实来代替它，一般的人，当然会认为这是大逆不道的举动。

所以前两种历史，虽然有它们的长处，也有它们的短处，要弥缝它们的短处，我们不能不有第三种历史，就是"批评"的历史。"批评"的历史对于人生，也有极大的帮助。

人类必须有摆脱过去的力量，而且必须应用这一种力量来生活。他必定要能够把过去的事实，拿来评论判断，最后毫无留恋地批评它。每一个过去都值得我们批评。人生的事实就是如此，它里边一定包含有人类的力量，同时也包含得有人类的弱点。这里并不是用公理来判断，也不是用仁慈来批评，乃是人生，乃是那一种朦胧驱迫的力量渴望我们这样。它的判断常常都是不公平的，不仁慈的，因为它并不是从纯粹的知识得来，但是它判断的结果，同公理判断的结果，往往也是一样。因为每件生存的东西，都是值得破坏的东西，最好是没有东西生存。我们需要最大的力量来生活，同时又忘记生活和不公平是同一的东西。马丁·路德说，世界是上帝不小心创造出来的，假如他早梦想到世界会像这样不公平，他绝不会创造它。同样，需要忘记的生活，有时也需要破坏。因为假如一件不公平的事情，到了某种明白的程度，如像一种包办、一种阶级、一个朝代，那么它就应该倒台。它的过去，要受批评的研究，它的根子，要受利刃的宰割，它所受的光荣、尊敬，就要无情地拿来放在脚下践踏。

但是这一种过程，常常都是很危险的，甚至于对人生本身都发生危险，因为用批评过去、破坏过去来帮助人生的人，常常对自己、对他人，都很危险。因为我们是前代人的结果，我们也是他们错误感情罪恶的结果，摆脱这一些枷锁，差不多是不可能的事情。我们尽管批评他们的错误，我们以为我们自己可以逃掉他们的错误，但是我们不能逃掉，因为我们就是从这些错误里边发生。所以我们天生遗传的性情和我们新得的知识，古代的习惯和严厉的训练，常常发生极大的冲突，因为我们极力去培养一种新的本能、新的性情、新的生活方式来代替旧的一切。这当然是很危险的事情，因为新的天性习惯，总没有旧的有力量。所以我们常常知道更好的理论，却是不能够实行的。不过，新的理论也有战胜的时候，奋斗的人因此也喜不自胜。"批评"的历史，对于人生是这样的需要，所以我们冒危险、遇困难也得要利用。我们的安慰，就是"第一种天性"曾经是第二种，第二种战胜的天性，也可以成为第一种。

4 近代历史教育对人生的五害

以上尼采说明历史对于人生的需要。每一个人，每一个民族，都需要过去的知识，不管它是"碑铭的""古代的"或者"批评的"历史，这完全看他自己的力量和需要来决定。但是，这一种需要，并不是少数学者求知识的需要，得着知识便心满意足，这一种需要常常都和人生的目的有密切的关系，而且绝对要受人生的支配。这就是一个时代、一种文化、一个民族，对于历史自然的关系。饥饿是它的源泉，需要是它的基础，内心的力量给它相当的限制。过去的知识，是要来辅助现在和将来，不是拿来软化现在，推翻将来的生命。

这一些道理看起来都很简单，只要头脑清楚，没有特殊嗜好的人，都很容易相信。但是，看看现代的历史教育，尼采却很惊异地发现许多奇怪的现象。

历史同人生的关系，完全消灭了。大家对于历史教育所要求的，只有一个口号，就是"科学"。历史必须要变成科学，人生倒成了不重要的事情。受过近代历史教育的人，脑子里边充满了各式各样、互相冲突、互相矛盾的事实。他们时时刻刻都卑躬折节地去欢迎外来的宾客，请他们坐到上座，尊敬崇拜他们，有时这些宾客们打起架来，他们也没有办法。近代的人肚子里边，好像吃了许多生硬的石头，不断地在里边嚓嚓地响，这种响声，就是近代历史教育的成绩。他们并没有饥饿，他们吃了许多的东西。但是他们还自鸣得意，说我现在已经有材料了，我所需要的只是形式，但是这同生存的原则刚好相反。所有近代的文化，根本不是生存的文化，乃是一种文化的知识，它一切行为的动机，不过是一种习惯、一种仿效、一个可怜的笑话。受过近代历史教育的人，他感觉像一条蛇，活吞了一只兔子，在太阳里边躺着，除非有十分的必要，他动也不想动。因为他们所得的始终不过是不消化的知识，没有内心的生活来支配它，然而没有内心的生活，历史的教育就是毫无价值的教育。

假如一个希腊人再到现代的世界，他一定发现，近代所谓"教育"，差不多简直就等于"历史的教育"，因为我们整个教育的时间，都花费在记忆过去的事情。假如这一个希腊人告诉我们，教育不一定要历史，那我们一定要耻笑他。但是希腊的人，他们能够凭他们最高尚的教育去创造一切，却完全靠他们"不历史"的观念。拿他们来同近代的人相比，我们也许发现他们历史的知识比我们相差得很远，但是他创造生活的能力却不是我们所梦想得到。因为我们什么都知道，但是我们自己本身却没有东西。我们的脑子里，充满了历史上的风俗、艺术、哲学、宗教、科学的知识，简直可以算是"行动的百科全书"！材料和形式、内心和外物，完全分离独立，我们不是真正有文化的人，因为有文化的人应当是一个"生存的统一"，不能达到这种统一，根本不配谈历史教育。

尼采认为，顽固不化的历史知识太多，对于人生，有五种害处：

第一，是内心和外物的分立，没有崇高的人格来统一它们；第二，现代的人容易骄傲，以为他们比任何时代都公平；第三，一个民族的本能，因此遏制毁坏，不能成熟发达；第四，我们相信，我们是人类的老年时期，我们不过是前人的后人；第五，我们养成一种旁观的态度，因此消灭我们活泼的力量。

就第一点来说，近代的人受了过多的历史教育，内心和外界分立，没有高尚的人格来统一它们。从前罗马人，因为征服的地域太宽广，外国的风俗习惯不断地涌进罗马来，因此失掉了他们原来罗马的风格。近代的人也是如此。他们不断地看见世界各国复杂的现象，历史学家不断地把新材料供给他们。因为他们看得太多，感觉逐渐迟钝，到后来简直成了旁观者，连革命战争天大的事情，都不能感动他们。一个战争还没有终结，已经印成几千几万页的历史，一般读历史的人，因此也感觉不到这个是战争，只觉得它是历史。这样人事上一切的经验，转瞬都在历史中死亡，对活人再没有任何的影响。有许多事情，连小孩子都看得见的，受过完备历史教育的人，反而看不见。他尽管额上都起了皱纹，但是他的头脑比小孩子还简单，因为他的本能已经被历史摧残尽了，他的个性也摇动了，他自己对自己再没有信心，他得了许多零乱的知识，但是他没有崇高的人格来支配。

从前历史是要教我们诚实，现在的历史只教我们虚伪。我们只学了一些外表，我们并没有真诚。我们的言行完全不一致，艺术宗教因此也不能帮助我们打破陈腐的习惯、虚伪的风气，使文化适合我们真正的需要。近代历史的教育，只教给我们关于这些需要，说许多的谎话，连我们自己都成了"行动的谎话"。

近代历史教育是这样虚伪，这样不自然、无价值，所以科学里面最诚恳的科学——哲学——简直没有立足的余地。在这一种勉强的世界，外表相同的世界，哲学只是寂寞浪游人的自语。没有人过哲学的生活，没有人不鄙弃哲学。就算还有人在研究析学，但是他们所谈的哲学，也不过是"从前有一次"的死知识，在真正教育中间，却不能有任何的地位。近代的人也许还需要哲学来装点门面，但是他们早已经不知道哲学是什么东西。我们看见近代的哲学家，我们忍不住要质问："他们到底是人呢，还是思想著作谈话的机器呢？"

歌德讲莎士比亚：没有人像他那样鄙弃衣服的准确，但是他太知道一切人类所穿同样内心的衣服。大家以为他善于描写罗马人，其实，他描写的乃是有血有肉的英国人。但是，无论如何，他们从头到脚都是真正的人，穿上罗马的衣服，也没有什么不可以。但是我们能够把现代的人，穿上罗马的衣服吗？尼采认为这一定办不到。因为现代的人都不是真正的人，他们只有人的形状。就算他们还有点儿个性，他们的个性已经堕落到了这一种程度，永远也不能再立起来。这都是近代历史教育的结果，使近代的人，完全失掉了他们自己的个性。世界上只有坚强的人，才当得起历史；个性薄弱的人，遇着历史，好像遇着一阵狂风，把他整个的身子都吹走了。一个人自己不能够相信自己，只想在历史中去找寻忠告，他对于目前应该怎样对付，怎样感觉，这样胆小，当然不配做什么大事情，就算做也一定会失败。历史渐渐同这种人的关系完全断绝了。因为历史上老是伟大的人物，他自己没有个性，当然不能仿效成功伟大的人物，历史上无论哪一位伟大人物，在他都是一样，就像一位受过宫刑的人，无论哪一个女人，对他都是一样没有意义。

离开第一种懦弱的人，我们来讲一讲近代所谓强壮的人。这就是历史对于人生第二种害处，近代的人容易骄傲，以为他们比任何时代都公平。到底他们是不是公平呢？到底所谓对历史的客观态度，能不能够给他们公平的观念和习惯呢？也许他们自以为公平，其实就是偏见呢？苏格拉底认为，一个没有德行却自以为有德行的人，简直和疯狂差不多。这样的想象，比真正的罪恶更有害。因为罪恶还可以补救，想象只能使他一天天地变坏，一天天地不公平。

近代所谓公平，不过是对于历史上的人物事实，发表一些冷酷无情的判断。他们自己以为客观，其实是偏见；他们自己以为诚实，其实是糊涂；他们自以为公平，其实是最不公平。因为判断是最不容易的事情。只有最高尚的人，才能给出最准确的判断，天资低下的人，只应当宽容，如果他们也要自以为公平，那么他们就很容易成为世界上最不公平的人。并且大家通常以为只要一个历史学家，能够客观地去寻求事实，他就算公平，其实，同样地寻求事实，有各种不同的动机，因此就有各种不同的判断，我们怎么敢说客观求事实的历史学家一定就会公平呢？近代的人，总喜欢把他所处时代中一般流行的意见，用来批评历史上的事实，他们以为现代大家都承受的议论，自然是客观的议论，他们以为这儿一定是真理。他们的工作就是用现在来衡量过去。如果一种历史不用这些标准来写，他们就说这是"主观"的历史。

真正的客观，需要一种幻想。历史学家对于过去的事情、动机和结果，看得非常清楚，因此个人的人格，不至于影响他的判断。这差不多同一个画家画画时，完全摆脱自己一切的关系，忘掉了自己，全副的精神都放进一个迅雷暴雨的景象里，完全一样。一个历史学家，对于他的对象，也需要这样的专心和想象。但是在这种情形之下，我们仍然不能说，画家和历史家所得的景象是事物的本来面目。因为这种时候，本来是艺术家创造艺术的时候，他所得结果，当然也不是历史上真实的图画，乃是艺术上真正的图画。拿这种意义来说，对历史客观的思想，是戏剧家的事情。历史家必须像戏剧家那样，从这件事情联想到那一件事情，把所有的事实组织成一个整体，假设历史中间一定有一种统一的计划，假如这个计划不在那儿，你也得放进那儿。这样，人类才可以战胜过去，表现他对于艺术的冲动，但绝不是对于真理和公平的冲动。

所谓客观的态度和真正的事实，通常的人都以为有密切的关系，其实不然。世界尽管有许多的历史，里边完全没有一点儿真正的事实，然而大家仍然可以说，它们有最高程度的客观。格锐拔慈甚至说："历史不过是人类精神想明白对他不清楚事实的态度。他把事实联系起来，这一些事实的关系，只有天才知道。他把不懂的事情，改换成懂得的事情。他把自己因果的观念，放进外面的世界，外面的世界也许只能从里边来解释。他假设机会的存在，也许那儿有千万的小原因在影响。每个人都有他特别的需要，所以千千万万的趋势，都跑拢来，直的、弯的、平行的、交互的、前进的、后退的、互相帮助的，或者互相阻遏的。它们都有机会貌似，使我们要离开它们自然的影响，去建设关于过去必定发生的事情的普遍的规律，这简直是不可能。"这一个"必定"发生的"必定"本来是没有法子知道，但是，所谓"客观"的历史学家，总想把它明白地表示出来。历史上主观的成分，既然这样不可逃避，那么所谓纯粹客观的历史，也不过是一场幻想。

历史本身既然不能够纯粹客观，但是一般的历史学家却又要努力去追求客观，所以结果只养成一种冷静旁观的态度。大家总以为越冷静就越客观，所以，对于历史上发生的事情，丝毫不产生任何的感动。最枯燥的句子，他们以为是最正当的句子。他们认为完全不受过去影响的人，才是正当描写过去的人。这样一来，历史同人类完全不发生任何的关系，这就是他们所说的"客观"！

不要以为自己公平，不要以为自己会判断。公平判断，是最不容易的事情，假如你没有生成这一种天才，那么你最好不要胡乱去尝试。对于前代的判断，并不一定就是后代不可缺少的工作。后代的人，很少有真正能够对前代公平的人，只有最少数的人才有这一种资格。谁强迫你去判断？假如你自己愿意，那么，你就应该首先证明你能够公平。你既然是判断的人，你就应该比被判断的人站得高些。但是，你是后来的人，照例认为后来的宾客应该坐末席。你如果要想坐首席，那么，你必定要先做一两件伟大的事业。英雄识英雄，好汉识好汉，你自己要不伟大，你有什么资格来判断伟大？

历史通常都勉强去建设普遍的规律，然而，这些规律又往往都是大家早已经知道了的规律。他们费了无限的精神，无数的时间，结果告诉我们的，不过是一个普通的人，稍微经历一两件事实，就可以知道的原则。那么，历史的研究，从根本上来说，又有什么意义呢？假如一本戏剧，它的价值完全在第五幕，那么以前的四幕，岂不是太费工夫、太无作用了么？真正伟大的历史学家，同真正伟大的艺术家一样，应该能够从过去事实中，发现深厚的意义，一般人从来没有听见过的事情。肤浅的历史学家，没有伟大个性的历史学家，无论他如何勤勉，无论他脑子里堆积了多少的知识，他仍然不能达到伟大的程度。历史只能让有经验、有个性的人去写。一个没有经历过比别人更伟大、更高尚事实的人，根本就没有资格去判断过去伟大高贵的事实、人物。过去的事实，都是将来的预言。只有建设将来的人，才配得上判断过去。一位伟大的人物，应该时时抱着伟大的希望向前奋斗，自己成了映照将来的镜子，完全忘记自己是前人的后人的迷信。他想着将来，他已经够有许多思想的余地，他用不着去请教历史告诉他方法、工具。假如他要传记，他不要"某某和他的时代"那样的传记，他的传记应当是"某某反对他的时代"。假如有一百个这样的人，受过反对现代的教育，沉浸在伟烈的言行中，并达到了成熟的时期，已经够永远解决现代喧嚣卑鄙的历史教育。

过度的历史对于人类的第三种害处，就是它遏制、毁坏一个民族的本能，使它不能成熟发达。主要的原因，就是历史观念没有限制，可以破坏一个民族靠着生存的幻象。所谓历史的公平，就算用纯洁的心来使用，也可能发生这种的危险，因为假如历史观念后边没有积极的冲动，假如破坏行动不是建设的预备，假如判断只是为判断而判断，那么，一个民族创造的本能，一定因此要受到遏制、摧残。即如一个宗教，假如变成仅仅一种历史的知识，用科学方法来研究，用公平的态度来判断，那么，这一种宗教立刻就会失掉它的意义。因为历史科学的研究，可以找出许多宗教上虚伪可笑、凶恶残酷的事实出来，虔敬的幻象，不能不归于消灭。但是一种事物，没有虔敬的幻象就不能生存。因为一个人只有在爱的幻象中间，只有在无条件信仰完美至善中间，他才能够创造。任何事物，只要强迫一个人抛去他无条件的爱，同时也斩断了他力量的根基，他一定要枯萎凋谢。艺术和历史，在这个地方刚好相反。也许只有历史变成艺术的时候，它才能够保持鼓励人类的本能。这样的历史一定不是现代科学分析的历史，也许一般人会说，他不是正确的历史。但是，假如一种历史，只能破坏，不能建设，那么，这一种历史又还有什么存在的价值呢？

基督教现在已经渐渐变成历史的知识，它的生命因此也被摧残。其他一切生存的东西，假如经过历史的解剖，也要遭受同样的命运。一切的生物都需要一种空气，一种神秘的云雾来围绕着它们。假如这一个面纱取掉，它们也立刻就要枯萎消失。伟大的事物，没有幻想不能发达，德国的诗人项斯萨格斯早就这样说过了。每一个民族，每一个人，都需要这样一个幻想的面纱、保护的云雾。但是，现代的人痛恨这些东西，他们把历史看得比生命还重要。他们大声呼喊："科学现在开始治理人生。"这也许是可能的事情，但是这样一个被治理的人生，根本就没有多少价值。因为这种科学领导的人生，对于将来，没有从前那样本能和幻象领导的人生那样伟大。现在的世界，不需要人格，只需要机器，人类不久也会完全变成机器一样。一般少年的人，都是盲目的，对于一切的事情只知道承受，过去的历史对于他们不产生什么影响，他们都是无家可归的人，他们怀疑一切的理想、一切的道德，他们懂得各时代的观念，但是他们自己是怎么一回事，他们完全不懂。他们只想做真理的奴隶，他们忘记了自己的人生。

现代历史教育对于我们第四种害处，就是我们相信我们是人类的老年时期，我们不过是前人的后人。在这个地方，尼采对于黑格尔相传下来的"历史进化"的观念，激烈反对。黑格尔在他的历史哲学里，认为人类的历史是人类精神向绝对自由前进的表现。所以人类历史总是进化的。黑格尔把世界文化分成三个时期：第一个是东方文化，为幼年时期，在里边只有一个人自由；第二个是希腊文化，为少年时期，里边有少数人自由；第三个是日耳曼文化，为老年时期，里边每人都自由。这一种分期的方法，把日耳曼文化认为登峰造极，日耳曼现代的人不过是进化的结果、前人的后人，这是尼采所最反对的。尼采是最崇拜希腊文化的人，他认为，日耳曼民族本身，除了希腊文化、基督教文化以外，根本就没有文化。但是，希腊文化之所以这样富于创造能力，完全因为它"不历史"的性格，它能够不受过去的束缚，自己认识自己。假如希腊的人，也像黑格尔那样，认为他们的文化登峰造极，他们是进化的结果、是前人的后人，那么他们对于世界早已经不会有那样大的贡献了。

所以历史进化的观念、把自己看成前人的后人，尼采认为是最不长进的思想。尼采以为谈历史进化的人，他们都不谈创造，只谈改良，不谈革命，只谈适应环境。但一个人只想改良，只想适应环境，久而久之，就好像点头点惯了的木偶，随便对着什么东西都点头，他身体的活动，完全照牵线人手势的轻重。他们以为历史上每一个成功，都有理智的力量；每一件事实，都有逻辑的胜利。所以，他们赶快对历史磕头，五体投地地佩服。宗教神话，对于现代都没有力量了，但是历史进化的观念，对于现代，却有这样大的魔力。

最后，现代历史教育对于我们第五种害处，就是我们养成一种旁观的态度，因此消灭我们活泼的力量。现代的人，都不能摆脱历史的束缚，都承认历史上发生的事情有不得不这样的原因。既然一切都是不得不这样，那么，还有什么努力奋斗的必要？结果他完全抱一种旁观讥讽的态度。他美其名曰："消灭我自己的人格来完全皈依世界的过程。"这一种人还有什么人格？他有的不过是蚯蚓的"人格"而已！历史是进化的，现代人类是进化最高的结果。历史的想象，从来没有像现在这样厉害，历史学家甚至于在黏土里面，发现他们自己进化的来源。人类的历史，不过是黏土植物、动物的继续，人类站在进化尖塔上面，心里说不出来的满意，因为他们自己以为，他们是自然最完美的东西。他们还要什么努力，什么创造，什么伟大的事业，他们自己已经够伟大了。

其实，他们这样的历史知识，并不能帮助他们自己成为自然最完美的东西，他们的知识，只能摧残他们自己活泼的力量。世界一切的事物都是演化的，他们就完全消灭在演化中。他们只是随着演化潮流浮沉起伏，他们完全不知道还有他们自己。他们也立志不要他们自己。哈德曼有名的"不自觉的哲学"，就是这一种旁观态度的结晶。他认为，就算人类完全厌倦这一种生存，我们的时代也只能像现在这样，人类已经到了老年，只有中等人才才能够胜利。艺术是柏林经济家晚间的娱乐，现在的世界已经不需要天才，或者是因为像把珠子抛给猪仔，或者因为我们的时代已经进步到了天才不关重要的程度。在这种社会进化状况里，每一个工人都过着舒服的生活，剩余的时间都拿来培养他的知识。这样一来，天才是牺牲了，中等人才是胜利了，世界的末日也快到了！

真正理想的世界，不是袖手旁观可以达到的，而是要牺牲一切才可以奋斗出来。不要无知的群众，要伟大的个人，才可以担当这个繁重的责任。他们只是振作精神，快乐地向前迈进，让那些千万的侏儒在地下爬着走。历史的工作，就是要传达这一个使命，供给动机和力量来产生这样的伟人，人类整个的目的，就是为着要产生这样的人物。世界的过程，不过是一种笑话；进化的观念，是最不长进的思想；旁观的态度，是消灭人生的态度。我们不要黑格尔，我们不要哈德曼那样的思想领袖，我们不要一切减少人类活泼力、创造力的历史，我们要伟人，我们要人生！

5 尼采对于青年的希望

　　最后，尼采对于青年，抱着无穷的希望。青年人有活泼的生命，有进取的精神。他们才了解为什么尼采要这样激烈反对近代的历史教育。因为近代历史教育，只堆积一些无意义的知识，不仅不能帮助人生，反而对人生增加许多的祸害。近代的历史学家都以为文化不过是知识，这完全是肤浅错误的观察。文化应该直接从人生里边出来，人生是一切的泉源，一切的推动力。抛弃了人生来谈知识，来谈文化，来谈教育，都是可怜的笑话。

　　近代的历史教育，都是从这一种错误的文化观念出发。它的目的不是要养成一个受了完全教育的人，而是要养成一些教授、专家、科学家。这一些人，只想赶快站在旁边，好清楚地观察人生。他们对于历史上、科学上各方面的知识，应有尽有，他们好像一个接收印象的机器，一点儿不漏。他们又像一个永远吃不饱的大肚子，无论它吃了多少，始终就不知道饥饿是怎么一回事情。这样教育的目的与结果，根本上是违反人性的。只有还没有十分沉溺在其中的人，才能够感觉。只有青年才能够感觉，因为他们还有自然的本能，教育还没有完全摧残干净。但是谁要同近代历史教育宣战，一定要先把青年人抓住，使他们完全了解。但是要如何才办得到呢？

　　主要的方法就是破除这一个迷信，认为这一种教育是必要的。近代教育制度，尽管有种种的改变，但是对于这一个基本观念，却始终没有改变，就是一个"受过教育的人"，应该有多少文化的知识。所以他们教育的起点，不是"人生"的知识，而是"文化"的知识。这种文化的知识，用一种历史知识的形式，来强迫灌输进青年的思想中，使他们的头脑充满了观念，这都是间接地从过去的时代、民族中得来，而不是直接从人生得来。他想自己去体验人生，但是，他感觉一种严密组织成系统的经验，在他脑子中成长。他自己的欲望因此就埋没了。这好像引导一个学画的人到博物馆里边去参观，而不引导他到画室去练习。人生是一种手艺，不经过勤勉的练习，是没有希望成功的。

近代历史教育，就像一种疾病一样，已经深入人生，不经过一番刻苦的努力，没有法子摆脱。近代的青年如果能够明白认识这种不健康的状态，如果能够相信强壮的身体是可以恢复的，那么他们就可以不仅不受历史的祸害，还能够利用历史来做他们力量的补品。但是他们怎么样才可以达到这个目的呢？有两种方法：一种就是"不历史"，一种就是"超历史"。这两点在上文都已经说过了，尼采重提这两点，来终结他这一番讨论。

"不历史"就是忘记的方法，在自己的周围画一个圈子，暂时不管圈子以外的事情。"超历史"就是一种方法，能够从变化的过程中间到一种永久稳固的状态，就是达到艺术和宗教。科学对于艺术、宗教和忘记的方法都持反对的态度，因为艺术、宗教是继续的、永久的，科学是完结的、历史的。它尤其恨忘记的态度，因为忘记是知识的死亡，它极力想要把人类这个圈子破坏，把它扔无边无际的大海。

假如人类能够在这个大海上生存，那也没有什么，但是海上建筑的屋宇根本就没有稳固性，风浪一起，立刻就化为乌有。人类如果不相信永远稳固的东西，人生就没有基础，渐渐就变得虚弱无生气。到底人生要紧一点呢？还是知识要紧一点呢？当然是人生要紧。一种知识，如果它要消灭人生，它也只好消灭自己。没有人生，就没有知识，所以知识也必须要维持人生。科学也要善于应用，假如它要危害人生，我们就得要用"不历史"和"超历史"的方法来抵抗它，因为它们是医治历史疾病最好的药品。用这种药品的时候，我们也许稍为感觉一点不舒服，但是这并不能证明我们医治的方法有什么错误。

在这里，尼采希望青年人做第一时期屠龙的战士，他们的努力可以获得更美丽、幸福的文化，但是他们自己却不能享受。他们一方面受疾病的痛苦，一方面又要受医药的痛苦，但是，他们相信自己的健康和力量。他们的工作就是推翻现代的基础，他们不用现代一切的口号来表示他们的生存，他们战争破坏的行动，使他们相信自己生存的力量。你也许可以批评说，这些青年人没有历史的教育，但是，青年人绝不会顾忌你的批评。你也许可以批评他们粗鲁横暴，但是他们还不够老，不能够安安静静。他们享受青年人一切的权利，一切的安慰，特别是勇敢的诚实，热烈的希望。

在起初的时候，也许他们在科学方面不能同受过近代历史教育的人相比，但是他们渐渐就会成熟，就会超越。他们的方法就是"知道自己"。在有一个时期，希腊人也犯了同样的弊病，他们也被过去和外来的历史压倒。他们的文化也是乱七八糟，内容复杂冲突，但是希腊人不久就学会组织这一种紊乱，他们听从阿婆罗的忠告，自己想着自己，自己找出自己真正的需要，那些虚伪貌似的需要，通通置之不理。这样他们自己找寻着了自己，他们不是侵入他们东方文化的后来人，他们摆脱过去遗产的压迫。经过激烈的战争以后，他们成了自己的主人，他们成了后来文化国家的模范。

在近代历史教育之下，我们每一个人都应该回想自己，找出自己真正的需要，我们要诚实，我们要稳定，我们要反对一切间接的思想、间接的学问、间接的行动。我们要明白，文化不仅仅是人生的装饰，因为一切装饰的东西，都隐藏着虚伪的东西。新文化的观念，应当是一个高尚的人格，没有内心和外界的区分，没有传统的习惯，没有虚伪，是思想和意志的统一，是人生和现象的联合。我们还应当知道，希腊人之所以成功，完全是靠他们道德的力量，每件诚恳的事情，都是走近真正文化的一步。也许这一种诚恳，不合乎近代历史教育的理想，甚至还会推翻近代整个装饰文化的系统。

尼采与红楼梦[1]

1

1764 年，曹雪芹完成他前八十回的《红楼梦》，一百二十年以后，1884 年，尼采完成他的《萨亚屠师贾这样说》。两位哲人都曾经用毕生的心力，对世界人生作深刻的探讨。他们的著作逐渐风行，成千成万的人，都受他们的影响。一个是东方文化的结晶，一个是西方思想的反抗。他们都是不出名的天才，他们对人类社会建立了不朽的事业，然而他们遭遇的命运，也正相同。他们都是很寂寞的，在活着的时候，并没有受多少人的了解和欣赏。

《红楼梦》作者的思想，和叔本华有许多相似的地方，在本书前一节《叔本华与红楼梦》中，已经有详细的讨论。假如叔本华的哲学同曹雪芹一样，在消除生存意志，对人生求解脱，那么，起初受叔本华影响最大、后来反对叔本华最激烈的尼采，他的思想过程，正是批评《红楼梦》最好的资料。因为研究叔本华，我们只能解释《红楼梦》；研究尼采，我们就可以进一步批评《红楼梦》。根据叔本华来看《红楼梦》，我们只觉得曹雪芹的"是"；根据尼采来看《红楼梦》，我们就可以觉得曹雪芹的"非"。尼采和曹雪芹，代表对人生态度极端相反的两个方向，他们的是非，我们当然不能够凭空决定，然而时代的关系，自然会呈现出一个判断的标准。

---

1 原载《文学批评的新动向》，正中书局，1943 年 5 月。——编者注

2

　　《红楼梦》作者对人生的态度，是否定的。佛家出世的思想，是全书主要的题材。书中的主人公贾宝玉，对于功名富贵，视如浮云，儒家传统的入世思想，成了他解脱的障碍。男女之欲，魔障最深，经过种种难关，居然一齐解脱。生活到了无欲的境界，心身如槁木死灰，没有黏滞，没有蒙蔽，看清楚宇宙人生本来面目，精神上享受绝对自由，佛家最高的理想，在《红楼梦》里得了充分的表现。

　　叔本华临死的时候，叹息他没有工夫达到"涅槃"。贾宝玉看穿一切，抛弃一切，离开家庭，摆脱人生，正是叔本华所没有达到的境界。叔本华一生梦想解脱，但是为了一个"名"字，愤世嫉俗，仇视黑格尔，痛骂当代哲学家。最后十年，举世崇拜，他每天只想读报章杂志上称颂他的文章，费许多时间，接待新闻记者和远道拜访他的人。他的胸襟气魄，远在贾宝玉之下。叔本华提倡解脱，自己并没有解脱；贾宝玉寻求解脱，居然得着解脱。叔本华的著作，虽然风行一时，转瞬也就衰弱，他能够影响尼采，并不能够长期抓住尼采。至于《红楼梦》，却永远流行，东方人生活的态度，随处都染上《红楼梦》浓厚的色彩。

　　人类不是前进，就是后退；不是积极发展生命的力量，就是消极压制生命的力量，只有在这两个积极的方向，智力最高的人才有安身立命之所。中庸之道不是天才的作风。世界上尽管有提倡调和妥协的哲学家，但是他们所能的影响教育的，多半是中材之士和庸俗的人。带煞气的英雄、天资卓越的智士，永远走极端的途径。

　　曹雪芹和尼采，是人生两个极端：《红楼梦》和《萨亚屠师贾这样说》，始终对天才说法。天才是人类的精华，是推动文化社会进步的原动力，是指挥群众的司令官。他们到底采取曹雪芹的态度，还是尼采的态度；愿意做贾宝玉，还是愿意做萨亚涂师贾；愿意过消极解脱的人生，还是愿意过积极精彩的人生，就是社会文化上最严重、最迫切的问题了。

3

尼采是一位"文化哲学家"，文化的兴衰，是他最关心的问题。人类的文化必须前进，是他一生没有动摇的信念。就在他思想的第一期，虽然他接受叔本华的悲观立场，他的出发点已经和叔本华根本不同。尼采恨极了当时欧洲一般人肤浅的乐观主义，因为这种乐观主义，会使欧洲文化堕落、腐化。尼采要提高人类的理想，所以他先要让大家知道，像大魏司乔士那一类的乐观主义，没有深厚的根据。人生是痛苦的，我们必须要清楚地认识人生，再鼓起勇气来承受它。这就是尼采所提倡的希腊的悲剧精神，和叔本华悲观主义的精神，已经两样。

在思想的第二期，尼采毅然抛弃叔本华。初听好像令人惊异，细思却极自然。尼采对人生的态度，自始至终是积极的。叔本华否定的人生观，经过尼采希腊悲剧精神的融合，早已经成了肯定的人生观。不过，这一种从悲观主义出发肯定人生观，并没有稳固的基础。尼采很快就发现，叔本华的哲学是不健康的。他称颂的遁世主义，不过是麻醉剂，使人类暂时走进无欲的境界。就是希腊的悲剧精神，也是"知其不可而为之"，人生真正是不可为，为的勇气，也同样地勉强。

尼采不要麻醉的状态，不要勉强的勇气，他要明明白白地了解人生，接受人生。"快乐的科学"是尼采第二期的主张。"科学"是清楚的观察，"快乐"是肯定的情怀。人类文化必须要前进，必须要有乐观主义做根基。不过，尼采的乐观主义并不是大魏司乔士的乐观主义，因为后一种肤浅，前一种深刻；后一种建筑在文明的发达，前一种建筑在科学的真理。

然而科学的真理，很不容易寻求，就算能够寻求，也不一定能够帮助人生。而且科学全凭理智，理智并不是生命的源泉。本来研究科学，为的是要促进人生，现在为着科学，反而毁灭人生，那么理智主义也和悲观主义同样地不可靠。

尼采对人生的态度，始终是肯定的。他要的是人生，真理可以牺牲，人生不可以牺牲。人类最大的问题，不是什么是真理，乃是怎样发展人生，假如真理能够解决这一个问题，真理就值得我们采用；假如真理不能担任这一个使命，真理就是一个无用的东西，要不要根本毫无关系。

生命的源泉，不是理智，而是意志。理智是奴，意志是主，理智是工具，意志是主宰，这一点在叔本华哲学系统中，已经得到无数的阐明。人类意志中最主要的，莫过于"生存意志"，人类不但要为本身谋生存，还要替种族谋生存，生存意志的摆脱，是一件最艰难的工作。

意志是推动人生一切的力量，叔本华这个理论，第三期的尼采完全接受，但是"生存意志"，照尼采的眼光，不占人生最重要的位置。叔本华哲学中最严重的问题，就是怎样摆脱意志，尼采哲学中最严重的问题，就是怎样鼓励意志。尼采发现，人类除了生存意志以外，还有一个最伟大的生命力量，就是"权力意志"。人类不但要求生存，他还要求权力。如果没有权力，生存就没有精彩。权力意志最强烈的时候，人类可以战胜死亡，生存意志再也不能支配他。要解除人生的束缚，不应当勉强地摆脱生存意志，应当强烈地鼓励权力意志。

文化必须要进步，人类必须要超越，进步、超越全靠人类权力意志的活动。世界是一个战场，人生是一场恶斗，只有在斗争中，生命的力量才可以充分发展，一切拙劣平庸的分子，都归天然淘汰，文化进步到最高峰，世界进化到超人处理的世界。

尼采痛恨七种东西：悲观主义、道德、基督教、社会主义、民治主义、理智主义、女性主义。这是人类的七毒，七毒不除，文化一定要平庸、堕落、腐化、崩溃、消灭。尼采要看清欧洲文化的危机，因为工业化的结果，物质生活享乐主义的流行、发达，欧洲的人类，已经不是发扬踔厉的人类，乃是疲疲沓沓、宴安鸩毒的人类。一切都是平庸，一切都是享乐，人类是平等的，世界是和平的，人生是痛苦的，奋斗是痴愚的，这样无生气、无颜色的世界，不是尼采理想的世界。

他苦心孤诣，要向人类传布他的新宗教、新教训、新理想，就是他的超人主义。他的超人，要肯定地接受人生，抱乐观主义；有积极的精神，充分发展这生命的力量；伸张他权力的意志，不受传统观念的束缚；他聪明，他知道怎样支配人类世界打开崭新的局面；他喜欢战争，时时刻刻，他都是一员勇敢的战士；他没有死亡的恐惧，因为他能够战胜死亡；他是整个人类生命的象征，他是世界文化进步的标志。

4

尼采绝对乐观、绝对肯定的人生态度，拿来同《红楼梦》的理想比较，真像北极和南极的距离。《红楼梦》的中心问题，和叔本华一样，就是怎样摆脱生存意志。书中千头万绪，无非要烘托出这一个题目。贾宝玉怎么解脱呢？他根本消灭生存的意志。人生、意志、痛苦——三个解不开的连环，贾宝玉经过千辛万苦，轻轻一锤击破。

连环是解开了，但是连环也被击破了。贾宝玉逃避人生，解除痛苦，人生也随着灭亡。这固然是釜底抽薪的办法，同时也是极不自然的办法。人生是一场戏，既然粉墨登场，要想下场不唱，戏院老板和观众都不允许，你为什么一定要固执不唱呢？尼采的想法和曹雪芹不同。曹雪芹是不主张唱的，尼采不但主张唱，而且主张唱得异常热闹，异常精彩。

到底人生的戏应不应当唱，站在个人的立场，本来没有什么是非，站在戏院老板和观众的立场，恐怕就要赞成尼采，反对曹雪芹了。戏院老板就是"自然"，观众就是"社会"，自然赋予人类生命的力量，曹雪芹要压制他，社会需要天才领导，曹雪芹要毁灭他，自然和社会怎样会高兴呢？

在太平盛世，一个国家多有几个悲观遁世的贾宝玉，本来也无足轻重，在民族危急存亡的时候，大多数的贤人哲士，一个个抛弃人生，逃避责任，奴隶牛马般的生活，转瞬就要降临，假如全民族不即刻消亡，生命沉重的担子，行将如何担负？

中华民族几千年来受佛家、道家的影响，毁灭民族生命的力量，远过尼采沉痛攻击的七毒。《红楼梦》是佛家、道家精神的结晶，它完整的艺术形式使悲观厌世的思想、极端的个人主义深入人心。处在现在的中国，假如我们的心还没有全死，假如我们感觉人生的戏剧不能不唱，假如我们清楚地认识生命不可消亡，那么《红楼梦》作者的人生观、宇宙观，我们就不能再表示同意。

文化必须要进步，人类必须要超越，这是六十多年以前尼采对世界人类的呼声。对于现代的中华民族，这一种呼声太有意义了。尼采的思想固然有许多偏激的地方，他积极的精神却是我们对症的良药。

贾宝玉出家了，萨亚涂师贾下山了，他们走着完全相反的道路。

我们应当走哪一条道路呢？我们仔细想过没有？

附录一：书评

国际黑格尔联合会第二届大会[1]

马克思主义唯物主义、阶级斗争学说，震撼了 20 世纪的思想。但马克思的学说受黑格尔的影响最深。所以研究唯物主义者，莫不推崇黑格尔。11 月 14 日为赫格尔逝世百年纪念，《大公报》文学副刊 201 号及《北京晨报》副刊等，皆有专文纪念。而欧洲各国学者去年曾有国际黑格尔联合会之组织，从事研究黑格尔哲学。本年 10 月 18 日在德国举行第二次会议，各国学者皆有专门演说，诚国际一有价值之学术团体也。

编者

黑格尔是康德后欧洲第一个大哲学家。他的哲学系统，不但解决了康德遗留下来的问题，使德国唯心派的哲学到了登峰造极的地步，同时对于后来的思想以及各种科学，都开了新颖的途径。在 19 世纪的初叶，正是黑格尔影响最大的时期，德国的思想完全受黑格尔哲学的支配。叔本华当时不服气，特别把自己的哲学演讲课程表与黑格尔排在同一时间，他满心以为学生一定会全体抛开黑格尔来听他，然而结果却正得其反。叔本华虽然一肚子的气愤，却也无可如何，只有在自己著作中痛骂黑格尔。

叔本华的攻击谩骂，不能减少黑格尔在当时的影响，然而，1821

---

1 原载《国闻周刊》(天津)，第 8 卷第 49 期，1931 年 12 月 14 日。——编者注

年，黑格尔没有叔本华那样聪明，没有逃掉瘟疫，呜呼哀哉以后，时代的变迁，却把黑格尔的哲学渐次置于遗忘的地步。叔本华的悲观主义盛行一时了，唯物主义渐次盛兴了，马克思打番天印了，达尔文的物竞天择家喻户晓了，基督教的势力渐次站不住脚，尼采第一次发现欧洲的无神论，转而创造鼓吹提倡他"超人"的宗教了。全欧洲是这般的热闹，大家是这样的匆忙，谁还有工夫平心静气来研究艰深晦涩的黑格尔？

但是欧洲的大战，正如一声霹雳，万壑齐开。由叔本华的悲观主义，加上达尔文物竞天择的学说成功，尼采的超人主义的流弊渐次发现，同时唯理主义、物质万能、科学万能的学说，也不能满足一般人心灵的要求，马克思的番天印虽然一时成功，然而大家渐次发现，他学说的渊源仍然处处逃不了黑格尔，而对心物问题的根本解决，黑格尔实在比马克思彻底得多。因为这个关系，大家对于黑格尔的哲学又重新发生极大的兴趣，"黑格尔哲学的中兴"渐次成为时髦的口头禅。

当然问题不是这样的简单，黑格尔的哲学也不是这样容易地了解。不过，在这个重新估定一切价值的时代，凡是抱真正求真理态度的人，对于一个问题，总不能以片面的学说，自为满足的。究竟黑格尔的学说是否真能够中兴？究竟他这样一种哲学对未来的世界发生多大的影响？如果能够发生一种影响，究竟这一种影响是好是坏？这些都是不能随便解答的问题，同时也不是能随便忽略的问题。不要以为国际黑格尔联合会里面，大部分都是些白发苍苍的老教授，开会所讨论的又是一些空幻枯燥的形而上学的问题。所以对于实际问题，不会产生什么影响。我们要知道实际是思想的产儿，世界上往往许多惊天动地的事情，其最初不过发端于一二人的思想，写出来简简单单的几篇文章。我们只消想一部新的全书，灌注了一千九百多年来世界上多少灵魂？一部《中庸》《大学》消耗了中国两千多年来多少头脑？一部《资本论》

引起世界上多少的阶级斗争？一部《三民主义》牺牲了多少的头颅热血？五千字的《道德经》造就了世界上多少的谜团？所以这一次国际的黑格尔联合会，我认为有很重大的意义。

这一个会成立的历史，到现在也不过才一年多，最初主动发起的，倒是荷兰的人，因为对黑格尔的哲学，荷兰人研究的热烈程度，在世界任何国家之上的。所以，在 1930 年 4 月 24 日，国际黑格尔联合会第一次在海牙开成立会。因为是第一次开会，所以会序大部分是各国代表报告黑格尔哲学在各国的情形，当时赴会的有德、英、法、意、荷及其他斯拉夫民族各国家的代表。所以今年在柏林第二届大会，实在可以说是第一次正式开会，就是说，第一次对于黑格尔哲学的内容做公开演讲。

这一次开会的人数比第一次多，规模也比第一次大，总计除听众外，赴会的人数有三百余人，代表的国家有德、法、英、美、意、荷、俄、中、日、罗马尼亚及其他许多小国家。开会的时间是由 10 月 18 日到 10 月 22 日。地点是在柏林大学的旧礼堂，开会的语言是德语，到会的著名哲学家如意大利与克罗竭[1]齐名的根蒂勒（Gentile），荷兰的威格斯马（Wigersma），德国的克诺勒（Richard Kroner），哈忒曼（Nicolai Hartmann），纳松（Lasson），格罗克勒尔（Glockner），都是现在全世界对黑格尔哲学最有研究的人。除讨论会以及宴会外，演讲的题目次序如下。

（1）克诺勒（德国克尔大学教授，本会对外会长）开会辞：黑格尔与现代。

（2）赫润（Haering）（德国图丙恩[2]大学教授）：变化的黑格尔。

（3）白利（Baillie，英国里兹大学教授）：精神现象论的意义。

（4）赫生（Hessing，德国彭勒空大学教授）：黑格尔哲学中的

1　现通译为：克罗齐。——编者注

2　现通译为：图宾根。——编者注

真实。

（5）卡罗格诺（Calogero，意大利罗马大学教授）：黑格尔逻辑中的问题。

（6）哈忒曼（Nicolai Hartmann，德国柏林大学教授）：思想与实际。

（7）威格斯马（Wigersma，荷兰哈勒蒙大学教授）：或然观念的导言。

（8）白尔（Baer，德国哈勒大学教授）：黑格尔与数学。

（9）根蒂勒（Gentile，意大利罗马大学教授）：黑格尔与国家。

（10）纳润滋（Larenz，德国葛廷恩大学教授）：黑格尔与私有财产。

（11）格罗克勒尔（Glockner，德国海德布尔格[1]大学教授）：黑格尔哲学系统中的美学。

（12）渥尔夫（Wolff，德国汉堡大学教授）：黑格尔与莎士比亚。

（13）系腾润尔（Stenzel，德国克尔大学教授）：黑格尔对于希腊哲学的观念。

（14）纳松（Lasson，德国柏林，本会对内会长）：黑格尔的宗教哲学。

我们看一看演讲的题目，就知道这一个会完全是一种学术的性质，完全是一种想从根本上去彻底研究黑格尔学说的会。在会的人，并不在乎急急地要想借黑格尔哲学来解决现代的问题，但他们却想用谨慎的态度，由研究黑格尔去找一种妥当可靠的方法，来根本解决现代的问题。这一种虚心的精神、科学的精神、不怕难的精神，正是中国人应该仿效的。

第一次开会演讲录已经印出，这一次的也要印行出集。第三次的大会是在两年后的罗马。关于该会一切详细的情形，可以用德、英、

---

1 现通译为：海德堡大学。——编者注

法或意大利文写信给该会书记荷兰忒尔德博士探问（Andas Sekretariat des Internationalen Hegel-Bundes Z. H. des Bunder-Sekraetärs Dr. B. M. Telders, Haag Manritskade 19, Holland）。

评格罗克勒的《黑格尔辞典》[1]

　　从 19 世纪初叶一直到现在一百多年中间，黑格尔的哲学，差不多兜了一个大圈子。

　　在 1831 年黑格尔去世的时候，他的哲学刚到了全盛时代。他是第一个哲学家，把从康德以后德国的理想主义，造成严密的系统；他调和了康德遗留下来连费希忒、薛陵都还不能调和的二元论。他是第一个把各种科学知识综合起来的哲学家，给它们一种新的意义，这种新的意义，对各种科学又产生了极大的影响。在那个时候，德国的思想界谁都觉得黑格尔是一种伟大的力量，除了少数像叔本华那样专门闹意气的哲学家，无论赞成他或者反对他的人，对他的哲学都不能不承认它的精深博大，对黑格尔表示相当的敬意。所以，在 1831 年 11 月，他辞世的消息传出以后，德国的思想界感觉到这是一种莫大的损失。法哈根（Varnhagen von Ense）在 1831 年 11 月 16 日，写了一封信给一位朋友，讲黑格尔的噩耗，对柏林一般思想家所造成的印象。他说："我们面前，现在裂出了一道可怕的鸿沟。我们越注意这一道鸿沟，它越不断地变得更大。他（黑格尔）实在是现在大学的柱石。在他身上，建筑了全部的科学，在他心中，全部科学才有不动摇的基础。从各方面，现在都来了倾颓的威胁。这种最深沉普遍的思想，和一切经验范

1　本文原标题为：《书评——HEGEL—LEXIKON》（By Hermann Glockner, Stuttgart, 1935），原载《清华大学学报》（自然科学版），1936 年第 3 期。——编者注

围渊博知识的联合，现在完全没有了；现在还剩下的只是单独的知识，这一些单独的知识必定要去寻求更高的关系，却很不容易寻求着。大家都感觉着，就是连反对的人都感觉着黑格尔死去，失掉了什么。"[1]

法哈根并没有欺骗我们，黑格尔的哲学在当时确乎有这样大的势力。柏林大学每个学院中间，都有他的信徒，里边尽有著名的学者。马海克（Marheineke）说他是"思想国的帝王"。[2] 这一个帝王的国土，越来越广，简直包括了人类精神活动的全部，就好像罗哈克（Rothacker）说的一样，黑格尔的哲学已经变成一种"伟大的教育力量"了。[3]

但是黑格尔哲学极盛的时候，也就是它开始衰落的时候。自从1831 年黑格尔逝世，第二年歌德也相继与世长辞以后，德国的思想界起了一种激烈的变化。德国的理想主义，变成了物质主义，一般的人都相信，物质的条件是决定人类一切命运的基本。德国的天才，通通运用到物质探讨、物质建设方面，至于德国以前光荣灿烂的理想主义，都抛弃不谈。19 世纪自从黑格尔死后，德国一般人醉心物质建设，无条件相信物质条件的力量，因此鄙视哲学，除了当时德国科学贡献比中国大而外，同中国现在思想界实在是没有什么分别。当时哲学界，也没有像康德、费希忒、薛陵、黑格尔那样的天才，能够综合一切科学知识，形成系统，撷出其精要所在，使大家明白认识哲学的功用。至于黑格尔的弟子，分成数派，互相攻击，更减少哲学的力量。所以自从黑格尔死后，他的哲学很快地衰落，后来简直没有人谈，就算谈到，也不过是拿来开开玩笑。

这一种情形，一直到 19 世纪的末叶都还没有转变。但是 19 世纪末、20 世纪初的时候，德国的思想界态度改变了。这种改变，起初很

1　G. W. Fr, Hegels Leben beschrieben durch Rosenbranze, Supplement zu Hegels Werken, Berlin 1844, S. 426 f.

2　A. a. O. S. 563.

3　Erich Rothacker, Einloitung in die Geisteswissenschaften, Tübringen 1930 S. 12.

慢，到后来逐渐地迅速，逐渐地鲜明，逐渐地坚决。对于黑格尔哲学重新估定价值功劳最大，开始最早的，要算狄尔泰（Wilhetm Dilthey）他从他历史哲学的研究推原到黑格尔。1905 年，他作了一篇论文：《黑格尔的少年历史》，把一直到那时大家都还完全不注意的黑格尔少年著作作为研究的对象，从里边精密地分析研究少年黑格尔的经验，从这些经验，逐渐形成他后来哲学的系统。这篇论文引起德国哲学界对于黑格尔重新深刻探讨的兴趣，努力去恢复以前德国思想界对于黑格尔已经失掉了的了解。1910 年，文德班（Windelband）[1] 有一篇演讲：《黑格尔主义的更新》，[2] 出来以后，黑格尔的哲学又重新射出旧有的光芒。直到近几年，黑格尔的哲学，不但在德国，就在其他的国家——英国、法国、荷兰、意大利、美国、中国、日本——多少都有影响，黑格尔复兴的口号，也到处听见了。[3]

在德国本国，凡是第一流的哲学家，同黑格尔都要发生关系，换言之，就是都要研究黑格尔，但是以研究黑格尔哲学著名的，最重要的有两个人，一个是克洛那（Richard Kroner），一个就是我要介绍这一部书的作者——格罗克勒（Hermann Glockner）。克洛那是克尔大学的教授，他起初从新康德学派大师雷克蒂（H.Rickert）[4] 习康德哲学，后来他从研究康德哲学发现德国思想，从康德到黑格尔有一种很自然又系统的演进，他的第一本名著《从康德到黑格尔》把这种演进剖析讲明。格罗克勒本来是海岱山大学[5] 的教授，现在做基省大学教授，他的名著《黑格尔》是研究黑格尔入门最清楚最有条理的专著。克洛那同

---

1 现通译为：文德尔班。——编者注

2 现已重印 Die Erneuerung des Hegelianismus, Praludien, Bd. I. S. 273.

3 参校 Heinrich Levy: Die Hegelrenaissance in der deutschen Philosophie, Charlottenburg, 1927(Philos. Vortr ge der Kant Gesellschaft, Heft 30). Hermann Glockner, Hegelrenaissance und Neuhegelianismus, Eine S kular, betrachtung (Hegelheft des "Logos" 1931).

4 现通译为：李凯尔特。——编者注

5 现通译为：海德堡大学。——编者注

格罗克勒两人对于黑格尔哲学的解释，有不少出入的地方，但是两人都是研究黑格尔最有成绩的学者。

自从 19 世纪以来，大家鄙弃黑格尔，他的著作又艰深难读，所以连出版的机会都没有了。最近，因为黑格尔哲学的复兴，大家才又重新整理出版他的著作。关于校勘的工作，做得最详尽的，要算纳森（Georg Lasson）[1]，他出版的《黑格尔全集》也是毕生心力的表现，但是因为太详尽，有时反失之芜杂。如黑格尔《美学》一书，纳森把几种版本来掺杂印行，结果使读者毫无头绪。

所以纳森的版本，虽然也是研究黑格尔专家所不可少的工具，却不适宜于做普通的读本，比较起来，最适用的还是格罗克勒教授出版的《黑格尔全集》。

经过了多年的辛苦，《黑格尔全集》现在已经先后出齐了。格罗克勒教授这一个版本，对于黑格尔哲学的研究，已经算是一种伟大的贡献，但是，他还有更大的野心，就是想把黑格尔全部哲学编成一部辞典。这是谈何容易的事情！这是多么艰深的工作！但是如果成功，这又是多么伟大的贡献！在 1933 年冬天，我因为克洛那先生的介绍，到海岱山大学去拜访德国哲学界的老前辈雷克蒂教授。雷克蒂教授是新康德派的大师，他还是要坚守康德的二元论，要把知识和信仰分家，对于现代德国哲学后起之秀所提倡的生存哲学、新黑格尔哲学，都不同意。我当时同他谈到黑格尔哲学的将来，他说："黑格尔太难懂了，要一般人了解，真不容易。"他又说："克洛那同格罗克勒，两人都专门研究黑格尔，但是两人的解释完全不同，不知道谁对。"但是到后来他说："现在格罗克勒教授，正在编一本《黑格尔辞典》，这一本书出来以后，黑格尔的哲学一定容易了解得多，可以更普及。"

我当时听见这一位七十岁的老翁，讲到格罗克勒教授预备编写这

1　现通译为：拉松。——编者注

一部艰深重要的专著，不由我也热心地希望这项工作能够早日完成。现在好了，格罗克勒教授的《黑格尔辞典》居然出版了！

要明了格罗克勒教授这一部辞典的难得和重要，我们先要比较德国其他有名的哲学辞典。[1]

一提起德国哲学辞典，最容易令我们联想到的，当然是克朗慈（Walther Kranz）和狄尔斯（Hermann Diels）共同编写的，苏格拉底以前哲学家的辞典，和亚师特（Georg Anton Friedrich Ast）编写的《柏拉图辞典》。这两种辞典，都是研究希腊哲学的人最不可少的工具。此外还有波立慈（Hermann Bonitz）替《亚里士多德全集》（伯克尔版本）编的索引，也成了研究亚里士多德哲学的人不能不具备的读物。这一些辞典和索引，严格说起来，都是"字典"。编者只消把要研究的哲学家所用的一切字眼，拿来一个个地排列，加以正确地解释，就算达到目的了。这一种工作当然也不是容易的事情，但是，这一种工作所需要者从事主要不是哲学家，而是语言学家。字义的正确的解释比哲学条理的阐明还更重要。像亚师特的辞典中间，比较起来，哲学的成分稍为多一点，但是这一种成分的增加，往往使他字义科学正确性因之减少。因为上古的哲学同近代哲学根本不同。上古的哲学，文字同概念还没有严格地分别，往往文字就是概念，概念就是文字，哲学的本体，大家还没有努力去分析融会。近代的哲学，却往往超过文字，去单独寻求概念。哲学的本体，不是哲学的名词，而是哲学所最需要探讨的问题。所以，字典式的辞典，在研究上古哲学家是最好的工具，研究近代的哲学家，却不是完全满意的工具了。

这样说来，把黑格尔的哲学名词，拿来排列解释，编成一部像研究上古哲学家那样一部字典式的辞典，有没有意义呢？

要解答这一个问题，我们不能不仔细地考察。编这样一部黑格尔

1　以下参阅：Hermann Glockner, Einleitung zum Hegel Lexikon。

字典式的辞典，一方面，也可以说是有意义，但是，另外一方面，却还远不能令我们满意。为什么有意义呢？因为我们大家都知道，黑格尔讲哲学的时候，喜欢用他的自己特别的语言，这种语言，他往往用语言学家的严格标准来运用。我们如果不了解他特别的语言，不明了他每一个名词特别的意义，他的哲学，我们当然不能了解。黑格尔并不像上古同中世纪哲学家那样容易领会。单是明了他用的每一个名词的意义，已经要耗费我们不知道多少功夫。要编《黑格尔辞典》，当然不能不研究他用的每一个字的意义，所以，编一部字典式的《黑格尔辞典》，也是有意义的。但是，单是讲黑格尔的字义，对于研究黑格尔哲学的人，仍然不能有多大的帮助，因为黑格尔的哲学顶重要的，还不在文字，而在概念。黑格尔自己已经明白指出概念和文字的区别。所以一部《黑格尔辞典》，固然是少不了字义，但是，最重要的，还更是少不了概念。《黑格尔辞典》，应该不仅是一部字义辞典，而且也是一部概念辞典。所以德国最有名的几部哲学辞典的编纂方法，在这里都不能应用了。

也许这几部哲学辞典是研究上古哲学的，所以不能取镜，我们再找几部研究近代哲学的德国辞典，也许可以做参考。说到这里，我们不免联想到瓦格勒（C. F. Wagner）替叔本华、阿伊勒（Richard Oehler）替尼采著作做的详细记录。这一种详细的记录的目的功用，瓦格勒在他的序言里边已经讲得清楚了。它的目的，是因为叔本华曾经这样预言：一定有一天，如果一个人不知道叔本华对于某件事情发表了什么意见，他就要被大家认为没有知识的人；所以这两部关于叔本华和尼采的记录，是拿来帮助大家可以很迅速地找出叔本华和尼采对于各种事情，发表过些什么议论。所以这两部书，不是字典，乃是索引。

这一种索引，在崇拜叔本华尼采的信徒，或者对于叔本华尼采的意见和教训产生兴趣的人当然非常有用，也许简直少不了这样一本索引。就是对于研究哲学史的人，这样一本索引也有它不可磨灭的价值，就算哲学史家把原文引来，仍然不明了叔本华和尼采的命意，至少他总还可以说，叔本华和尼采本人曾经这样讲。

这样一部辞典，对于黑格尔有没有用呢？

我们的答复是：相当有用，但是不能够完全有用。为什么相当有用呢？因为黑格尔对于许多事物的意见，如对文学、美术、世界历史中各种特别的事项，还有他对人物事实的影响及评论的态度，虽然有时不能够同他的哲学直接发生关系，但是我们也可以借此间接窥探他哲学的立场。但是、黑格尔的哲学是一个整体的、丰富的、有系统的，单是一些零碎发表意见的收集，还不能从根本上帮助我们了解他哲学的精神。一部《黑格尔辞典》，要对了解黑格尔的哲学真正有所贡献，一定要从他哲学方面有正确的阐明。

说到这里，我们到了编《黑格尔辞典》的第三道难关，就是《黑格尔辞典》，不仅是字义的辞典，不仅是索引的辞典，还要是哲学的、概念的辞典。这才是要编《黑格尔辞典》的主要目的，但是要怎样才能够达到呢？

叔本华和尼采的索引，与上古哲学家的字典，在这里都不能起作用了。但是，德国著名哲学辞典中，还有不少关于德国伟大哲学家康德的。康德的哲学自成系统，精深博大，同黑格尔有许多相似的地方，那么，《康德辞典》，岂不是编《黑格尔辞典》最好的模范吗？

《康德辞典》中最有名的是艾斯勒（Rudolf Eisler）的《康德辞典》，亚特克（Heinrich Ratke）《康德纯理批评辞典》和麦林（C.S.A. Mellin）《康德主要著作附注记录辞典》。

艾斯勒在他的序言里解释他编《康德辞典》的用意："康德辞典不但要供专家，同时还要供广义知识阶级范围的需用。对前一种人，它使他注意许多因为散见在康德许多著作里而容易忽略过去的事情；对后一种人，它减少他读康德著作的困难，一个地方的困难可以靠另外一个地方来解释明白，这样，思想的过程可以有更清楚的轮廓，许多人不知道的好些地方，都可以知道。"遇着每一个要紧的字，就指明其他相关的字，并且表明这些相关的字的相互关系。这样，每一个概念同它第二个概念和同整个的关系都可以明白清楚。虽然我们努力的最要紧的目标，是要指出康德从最初到最后的时期，对于他哲学工作的许多问题怎么思考，但是在可能范围里，我们还要注意，不仅只是征引一些康德支离破碎的定义，同时还要找出他对于一切重要题目内部关系思考的过程。""康德到处自己讲话。""但是这好像也很有用的……在较大的题目下边用简单明了的导言，指明相互的关系。"

亚特克编《康德纯理批评辞典》，比艾斯勒的还更带教训式的意味。他要"给初学一些有把握的知识，使他们好自修《纯理批评》[1]，好替哲学班作报告，好自己写文章"。并且他这一本辞典，还可以作为"温习"康德哲学的工具。因为要达到这一种目的，所以他每一条下面，都作一篇论文式的解释，每一个要点下面，都指出相关的地方。

当然艾斯勒和亚特克所做的工作，对于《黑格尔辞典》也有许多可采取的地方。但是一个专门研究黑格尔哲学的人，说到要用这样方法来编一部辞典，立刻就要感觉许多困难。这一些困难，简直使编写一部《黑格尔辞典》也不能成功。因为康德同黑格尔思想方式不同，在研究康德可以适用，在研究黑格尔，则根本不能适用。

从一方面来说，编《黑格尔辞典》似乎比编《康德辞典》容易些，因为黑格尔的著作，比较起来，没有康德那样多。但是，要详细讲述黑格尔思想的演进也不是容易的事情。第一，因为黑格尔少年的著作大部分没有公开，一直到最近才印出一部分。著作既不完全，思想过程一时也不能完全讲出。第二，黑格尔的思想是有严密系统的思想，互相关联，互相贯串。一部真正的《黑格尔辞典》，应该要能够本着黑格尔主义的精神，全部应该是一个互相关联贯串、有系统的组织。从

1　现通译为：《纯粹理性批判》。——编者注

一个题目，不仅是到其他与之相关的题目，还必须要从一个题目，能够到一切的题目，无论什么地方，每一部分都能表现全体，这才是黑格尔的精神。就像黑格尔《哲学辞典》第十五条所说的那样："哲学每一部分，都是一个哲学的全体，一个自己包括自己在自己里边的圈子，但是哲学的观念在里边，是一个特别限制的成分。每一个圈子都要破裂，因为它自己就是全体，同时它的成分的界限，也要破裂，建筑一个更远的范围；因此，全体表示自己像一个许多圈子的圈子，每一个圈子都需要，然后它们特别成分的系统造成全体的观念，同时这一个全体的观念，在每一个个体中也要表现出来。"

这里我们看出康德同黑格尔根本不同的地方：康德"分析地思想"，所以他"排列"；黑格尔"整个地理会"，所以他"组织"。一个人如果彻底明了康德黑格尔的分别，也许会怀疑编一部黑格尔哲学辞典的可能性。因为在一部哲学辞典里，只是单独一条一条甚至依着字母排列的哲学题目，但是，实际上这一些题目只能在全部精神关系中间才有哲学的生命。只有材料方面，才能够依着字母来排列，但是黑格尔主义的形式——辩证法——很可能经过剖析分割成许多题目以后，就会破裂消失了。黑格尔并不研究一个个题目，他只从全体出发：去冥想一切，他根本上只有一个题目：绝对在系统里自己理会自己。因此他的著作最不适宜于替哲学班作通常研究旁的哲学家那样的报告。如果一个人想为初学方便起见，把黑格尔"生动领会"的过程用明白的语句解释出来，那么他就很容易陷入把黑格尔哲学精神来死板合理化的危险。这种考虑当然很有理由，但是格罗克勒教授却认为黑格尔哲学辞典，不但是可能，而且还是很需要的工作。这一种工作很可以成功，如果我们能够把黑格尔思想的过程，同时放进《黑格尔辞典》里面去。

拿这一个标准来说，艾斯勒和亚特克，都不能作为模范。但是在另外一方面，麦林的康德主要著作"附注"辞典所用的方法，对于我们，却有值得注意的价值。麦林不仅是把康德的哲学按字母排列记录，同时这位与康德同时代的康德专家，还一页一页地追踪康德思想的过程。他并没给长篇的论说，但是他给我们边缘的注解，他把读了的书一页一页地用简短的文字提炼出来。麦林所研究的是康德，康德的思想过程是一种分析的过程。黑格尔却不是这样思想过程。但是把黑格尔的辩证概念的进展，也用缘边注解来写成简短提要，也并不是不可能的事情。格罗克勒教授亲自尝试，他出版的《黑格尔全集》费了许多辛苦和极大的忍耐力，居然完全做完。麦林往往把康德一部整个著作继续不断地用边缘"附注"来写简单提要，格罗克勒却把黑格尔著作的简短提要分列在各项题目的下边，但是同时无论什么地方都这样互相关联贯串地组织，不但指出从某一个思想到某一个思想，而且实际上还要把黑格尔哲学系统的逻辑构造，从这一个思想到那一个思想继续表现出来。黑格尔有好些短文章，编者都把它们缩写来附在各项下面，如《谁抽象地想呢?》放在"抽象"下边。但是许多特别哲学的概念却不能这么样办。如"精神现象""法律哲学""美学"等，就不能用"附注"的方法，一定要分成许多大小的概念关系，但是，这些概念关系却不能分离独立，必须要成许多"圈子的系统"互相关联，互相贯串。每一个这样的概念关系都放在哲学重要名词里，如"时间""风俗"之类的下面。这样，读者在这一个名词下面，不单是能够找着全集中相关的地方，同时，他还能够找出主要的关系，或者几个主要的关系。如一个名词往往不仅在精神现象方面有主要的关系，同时在逻辑或者在系统方面也有主要的关系。这一些关系通通用"附注"的方法提要记录下来。一个黑格尔专家，不能讲分析排列，因为黑格尔根本就不分析排列，他只是融会组织。所以在这一本辞典里，黑格尔全部的著作都依照他辩证法的进展，融会组织。读者在每一个题目下面，不单是找出"地方"和"题目"的关系，同时还找出"概念"的关系。

举一个例子来说，我们想知道黑格尔对于"目的"这个概念的思想。我们首先可以在《黑格尔全集》第三卷和第六卷中间，找出重要的语句，但是黑格尔对于"目的"的思想，在这两卷中间，比较独立。如果我们是专门研究黑格尔哲学的人，它主要的关系，我们立刻就会知道，在《法律哲学》里边，这就是说，要参考全集第七卷。在"目的与幸福"这一个题目下边，《法律哲学》中间第119到128项，都用"附注"的方法用提要的形式来记录。这一段参考资料当然是"目的"这个概念主要的思想。但是这一个概念的关系，形成了一个概念的圈子，同时也隶属于另外一个概念的圈子，也只有领会这另外一个概念的圈子然后才能够领会这一个概念的圈子。这一个对于"目的"概念，而另外的一个圈子就是"道德"。我们再翻开"道德"这个词，我们又发现许多参考材料，再回到"目的"这个概念。但是"道德"这一个观念圈以外，黑格尔在他的《哲学辞典》全集第十册里边，还说有许多关于"目的"的话，同时我们也不能不把这一些概念来同《法律哲学》一同贯通融会。这样一来，我们对于黑格尔关于"目的"这一个概念的思想，不但参考资料通通应有尽有地摆在面前，同时我们对于这一个概念同其他概念以及在全部哲学中的关系都能够融会贯通了。

这一种研究黑格尔哲学的方法，凡是黑格尔专家，就是没有这一部辞典，自然早已经运用。如上面举这一个例，就是大概知道黑格尔的人，也晓得"目的"这一个概念，要在《法律哲学》里边去寻找，实际上《法律哲学》的目录上已经有了。但并不是每一个地方，关系都是这样的清楚。有许多地方的关系，非经过多年细心的研究而不能找出。编《黑格尔辞典》的困难，不但是要有充分的勤勉，还要对于黑格尔全部哲学系统有彻底的了解。格罗克勒教授这一项工作，能够做到现在这种地步，真不能不令人惊异了。

全书共计五千条，中间当然也有许多讲解字义的，也有许多是预备索引的，但是全书哲学的价值，还是在"附注"和组织。从这一点来观察，这一部辞典表现了黑格尔哲学系统的一个新的形式。为什么呢？

黑格尔自己并没有把他自己的哲学系统，统一地编辑整理。他自1830年写的《哲学辞典》，不过是为演讲时应用的方便。《逻辑》同《法律哲学》，独立地自成全部系统的部分；《历史哲学》《哲学史》《美学》和《宗教哲学》，也都是一样地独立，没有全部经过编辑整理。这一些概念的圈子，当然在《哲学辞典》里有相当的位置，但是还缺少一个统一的全部组织。尤其是《精神现象》同《哲学辞典》应该在黑格尔哲学系统中间，一块儿经过重新编辑组织。

格罗克勒教授编这一部《黑格尔辞典》，确有这样的野心，想把黑格尔的全部哲学系统拿来重新统一组织。到底格罗克勒教授这一个目的是否已经达到，以后世界黑格尔的专家当然有他们确切的批评。我们现在敢确切说的，就是格罗克勒教授这一番苦心工作，把《黑格尔全集》二十卷作品中所有的哲学概念拿来联络贯串，确乎增加了我们对于黑格尔哲学不少的了解。

还有一个问题，就是在格罗克勒教授这一部《黑格尔辞典》中，黑格尔哲学成长变化的过程，完全没有努力想法去表明。为什么格罗克勒教授抛弃了这一番努力呢？如果能够把这一方面也研究出来，这一部辞典岂不更完美吗？

这中间也有不得已的原因，使格罗克勒不能不抛弃这一番努力，并且抛弃以后，还可以得着许多好处。

黑格尔思想过程有成长变化，这当然不成问题。关于他少年时代的思想，因为材料不完全，我们不能够详细知道，但是由狄尔泰的研究，我们已经稍为知道一点。就算格罗克勒教授编的《黑格尔全集》，中间第一、二、三卷比较起来说，也代表黑格尔比较早期的思想。《哲学辞典》第一版同第二版中间，也曾经有个人思想方面的成长变化。《法律哲学》的立场和卢因柏时候写的《逻辑》立场也不相同。如果把这些同异变化的过程通通拿来明白地放进《黑格尔辞典》里边去，那么编者不能不宣布某一些概念是完成了的、最后的，某一些概念是预备的、未完成的，这样一来，编者就会被强迫地把他个人对于黑格尔哲学的精要和变化的意见，加进辞典里边去，这当然不是很好的事情，也许因此陷入武断错误的弊病。并且把每一条的范围扩大一倍，使了解大意的困难增加，至于哲学的整个组织，也许甚至于因此不可能。

这些都是格罗克勒教授编这一部辞典，不能不抛弃黑格尔思想变化过程的理由。但是在另外一方面来说，黑格尔思想成长变化的过程，在这一部辞典里边，也可以看出许多消息。格罗克勒教授编这一部辞典所根据的书，是他自己校对印行的《黑格尔全集》，这一部全集的次序是依照时间的次序排列的。辞典中间每条征引的次序，也照着全集的次序。所以应用辞典的人，看见卷数的次序，大概已经知道某一段大概是黑格尔在某一时期的思想。至于时间的先后和思想先后的关系，也可以一目了然，不过在这里，编者不告诉你他个人的意见罢了。[1]

至于黑格尔 1801 年以前少年思想成长的过程，和他在耶拿大学做讲师时候的变化，这一部辞典里边完全没有讲到。因为黑格尔少年时代的思想，我们没有参考的资料，至于他在耶拿大学当讲师的时期的思想，我们也只能从他遗留下来的一些大纲和演讲稿子里，稍为知道一点。如果把这些还没有成正式著作也引用进去，这中间又要引起许多不方便的地方，格罗克勒教授在编《黑格尔全集》的时候，已经决定不采纳进去了。这一种抛弃，在许多研究黑格尔哲学的人眼里，也许要惋惜，但是格罗克勒教授始终认为，他印行的二十卷《黑格尔全集》是黑格尔哲学的本体，没有一个研究黑格尔哲学的人能够否认，这二十卷黑格尔著作，虽然先后在 1801 年到 1831 年之间逐渐写成，

---

1 关于黑格尔思想变化的历史，请参阅格罗克勒教授所著 *Hegel Monographie* Bd. II. (Jubliäumsausgabe Bd. 22) 这一本书中所讲的，格罗克勒教授相信，很能合历史的真实，但是讲到解释的工作，谁也不敢说他所解释的一定是客观，一定是真理，所以始终还是一种解释，但是《黑格尔辞典》，格罗克勒教授却声称，他没有参加自己任何意见，完全客观地表现黑格尔，让黑格尔自己讲话。

实际上是一个完整的东西。在这个完整的东西里边，才包含真正的黑格尔主义，至于由罗尔（Nohl）出版的《黑格尔关于神学的少年著作》和最近霍夫迈斯特（Hoffmeister）印行的《黑格尔耶纳时期的草稿》，同这二十卷《黑格尔全集》似乎分别独立，不相融洽。这没有什么奇怪的，因为这二十卷全集，是黑格尔亲自发表的，是成熟了的黑格尔在讲堂上宣布出来的，他自己承认公开的，至于他留下的草稿和大纲，完全是有不公开的性质的，只是凑巧才遗留下来了。我们当然很高兴有这个凑巧的机会，得着这些新材料，愿意研究整理它们，但是我们不能够把这些材料算作黑格尔哲学的本体，因为黑格尔哲学的本体，真正能够代表黑格尔哲学系统的，只是这二十卷《黑格尔全集》。

总之，无论你从哪一方面看，格罗克勒教授这一部《黑格尔辞典》，对于黑格尔哲学研究是一种极有价值的贡献，这一种贡献，是勤勉的结果，是毅力的结晶，是科学的精神的宣言，是德国民族性的表现。

关于黑格尔[1]

北京大学教授贺麟先生，最近翻译有两种关于黑格尔的书，一种为鲁一士[2]所著《黑格尔学述》（定价七角），一种为开尔德[3]所著的《黑格尔》（定价八角五分），二书均由商务印书馆出版。前一本书注重黑格尔哲学思想，后一本书注重黑格尔人格发展，所以这两本书，虽然作者不同，却很可以互相发挥，互相补充。

黑格尔为德国自康德以来集大成的哲学家，为马克思所倡所谓辩证

---

1 原载《出版周刊》第 231 号。

2 即：J. Rayce。——编者注

3 即：E. Caird。——编者注

215

法的始祖，他的哲学无论在德国在欧洲都要占极重要的位置。康德是欧洲近代哲学开创新纪元的人，因为欧洲的哲学，从希腊一直到现代，都站在一种宇宙观的立场上发展，这一种宇宙观认为，世界是存在的，人类是可以知道世界的。康德是第一个怀疑到人类到底有多大的力量来知道世界的人。结果他发现人类的知识，只能够知道"物的现象"，而不能知道"物的本身"。所以有康德，人类才知道自己反省自己，自己衡量自己有多大的力量。这样一来，从前欧洲哲学界许多认为不成问题的事物，现在通通成了问题，从前许多认为极明白清楚的事物，现在通通不能模糊过去，康德的哲学，因此在欧洲哲学开辟了一个新天地。

康德哲学虽然推翻了欧洲以前的哲学，重新建设了一个近代哲学的基础，但是这一个新基础的建设中却还有许多困难，阻碍它不能十分稳固。第一个困难就是康德把物分成"本身"和"现象"，使我们过着一个永远打不破的二元论。因为如果人类永远不能知道物的本身，那么他的知识，始终不能达到最高的境界，但是知识不能达到最高的境界，人类的意志就没有满足的一天。特别是关于宗教方面，康德把"上帝"与"人类"，"知识"和"信仰"造成判然不同互相对峙的形势。人类的知识不能知道上帝，只有人类的信仰才可以感觉上帝。但是近代的人总喜欢想把他的信仰建筑在他的知识上面，尤其是自然科学愈发达，这一种要求也愈激烈，康德的二元论，始终不能满足我们。

因为大家对于康德的哲学，感到这一种缺憾，所以康德以后，德国理想主义的大师，如费希忒、薛陵都极力想办法去弥补康德哲学这一个缺点。黑格尔是第一个人，把康德发端的理想主义重新有系统地组织，并给康德还留下来的艰深问题一个正当的解决。他的解决，我们也许赞成，也许反对，但是由于他思想的过程，欧洲的哲学显然到了一种以前没有达到的高度。现在要研究欧洲哲学的人，无论你赞成或反对黑格尔，你都不能不研究他，了解他，同他发生最密切的关系。也许中国还有一些杜威实用主义的信徒，会糊里糊涂的摇旗呐喊，反对黑格尔，然而，他们却完全忘记，杜威等人的思想，都曾经受过黑格尔哲学的洗礼。

以上是讲黑格尔在欧洲哲学史上"继往"的功绩，就是集康德以来哲学的大成，至于讲到黑格尔在欧洲哲学史上"开来"的影响，那更是明显的事实。

谁都知道，现在世界上支配人类最有力量的思想，就是马克思所提倡的唯物史观，这一种思想，虽然有许多无可弥补的缺憾，但是它抓住了现代社会最要紧的经济问题，所以它的影响有无穷的伟大。看现代世界政治社会、经济潮流的趋势，差不多全世界国家人民都会分成马克思主义和与马克思针锋相对的民族主义两个大本营，至于平民政治反而进退失据，不关痛痒，谁也不十分理会它，它虽然还在那儿勉强地挣扎，恐怕也只能苟延残喘。

马克思唯物史观的力量虽然在现代社会有着极大的力量，然而马克思思想的来源，却是从黑格尔的哲学脱化而来。他的辩证法，不用说，是从黑格尔得来；他的阶级斗争，也是黑格尔历史进化论的变种。没有黑格尔，我们差不多不能想象马克思。我们知道马克思全部思想的来源，我们更知道，黑格尔对于他的哲学，产生了多么深刻的影响。

所以黑格尔的哲学，在欧洲哲学史上，无论继往和开来，都有最重大的意义。我们要明了过去思想的形成和将来哲学的开展，都不能不研究黑格尔。

但是一谈到黑格尔，有一种最困难的问题，就是黑格尔的著作艰深难读，不是一般人或初学所能了解的。贺麟教授所译的这两本书，都是出于英美新黑格尔学派的领袖之手，在欧美最流行的书籍，用流利的文字，融会贯通的态度，来解释说明黑格尔哲学思想的要旨。我们不能说读了这两本书，就可以对黑格尔的整个系统完全了解，因为这非得有多年对于黑氏的原著的钻研不可。但是我们明确地说，读了这两本书，普通的人对于黑氏的主要见解或识度可以得一个大概，在初学的人可以得一个入门，这一个功劳，已经就不小了。

译者很喜欢用中国的旧有的名词来翻译西洋哲学的术语，这于融汇中西思想，使西洋哲学中国化，使中国哲学从生硬的日本名词中解放出来，委实不无功劳。但从某种意义说来，也许这一些旧有的名词，会引起许多无谓的纠纷、不可逃避的误解和减少清楚的轮廓。但是为一般读者和初学者着想，的确能够减少他们了解的困难，也有见解独到的地方，如 Dialektik 一个词，日本人译成"辩证法"，中国学术界也跟着译成辩证法，其实是不很妥当的名词。本书译者把它译成"矛盾法"，并附有详细解释，确乎比"辩证法"高明得多。因为黑格尔最善于观察人生或意识生活中的矛盾之处，而用以子之矛攻子之盾的方法去求矛盾、分析矛盾，更进一步破除矛盾、调解矛盾，以达到对立的统一。故提出"矛盾"二字，确实能够抓着黑格尔全部哲学的精要之点。我希望中国著述界以后能够采纳他这个译名，必足以增进对于黑格尔思想的了解。

评司腾泽尔的《狄尔泰与德国现代哲学》[1]

此书为德国哈勒大学教授司腾泽尔在康德学会的演讲。司腾泽尔专精柏拉图哲学，为欧洲极少数能了解柏拉图哲学的一个学者。他本来是克尔大学的教授，政变[2]以后，因为他的太太有犹太血统的关系，所以被迫停职，但是后来还是因为做学问太好，又没有参与政治活动，所以又把他调往哈勒大学。他年龄五十岁左右，应该是一个很有希望

1　本文原题为《书评：DILTHEY UND DIE DEUTSCHE PHILOSOPHIE DER GEGENWART》(Von Julius Stenzel, Berlin, 1934)。原载《清华大学学报》(自然科学版)，1937 年第 1 期。——编者注

2　指纳粹上台。——编者注

的学者，但是很可惜在今年上半年，他忽然患了急症，与世长辞了。死亡使他不能继续工作，这当然是哲学界很不幸的事情。这一本书要算他最后的著作了。

我在克尔大学求学的时候，关于哲学方面，我所从游的主要是克洛那（Richard Kroner）和司腾泽尔两人。我从克洛那学习康德和尼采，从司腾泽尔学习莱布尼茨及语言哲学，本来克洛那是黑格尔专家，司腾泽尔是柏拉图专家，但是我因为忙于研究德国文学，不能尽量利用我难得的机会，现在想起来还非常地懊悔。无论在教室里，还是在平常谈话中，克洛那是最能讲话的人，议论横生，头头是道；司腾泽尔却讷讷不能出口，同克洛那恰好成一反观。但是他下笔为文，精深博大，条理也比较清楚。我们只消看这一本书，在短短的篇幅里，他却能够把狄尔泰和德国现代哲学，提要钩元，条分缕析，作者精透的见解，渊博的学识，在此已经可见一斑了。

19世纪的后叶，德国有两个气魄最大、影响最深的哲学家，一个是尼采，一个是狄尔泰。尼采同狄尔泰两人的哲学虽然出发点不同，但是他们有一个共同的路线，这条路线，就是一方面反对19世纪的物质主义，反对把人类物质化、机械化；一方面继续康德以来德国理想主义的趋势，提高人类的尊严，把人类作为世界的中心，真理的本原。尼采的超人主义，狄尔泰的人生哲学、精神历史学、写实心理学，都是走这一条路线自然的结果。

我们讲尼采、狄尔泰气魄最大，影响最深，为什么要用"深"字，是很有斟酌的，因为两人的哲学，在他们在世的时候，除少数人以外，都没有得着广泛的宣传，倒是他们死后，他们的哲学才渐渐得着多数人的崇拜。一直到现在，对我们的影响还在继长增长。好像他们在世的时候，影响的范围虽然很小，但是已经深深地种下了根基，所以到现在才发扬光大起来。

狄尔泰一共活了七十八岁，埋头苦干了五六十年，但是，他除了少数的朋友和学生以外，并没有得着多少人的崇拜。在 1911 年他去世的时候，连他著作中最重要的《精神科学导言》，也早已经一部分绝版，一部分散布在不容易得到的杂志，一部分简直没有法子印行。只有一本书《生活与文学》，才受一般读者的赏识。还是在他死了以后，他的入门弟子把他的著作收集起来，重新印行，一般人才知道狄尔泰哲学的意义，对于现在德国哲学，才开始发生伟大的影响。

狄尔泰做学问的方法，也同尼采一样，不断地进步，不断地改变。尼采起初相信艺术，后来相信科学，最后达到他的超人主义。狄尔泰的思想也经过无数的变迁。但是狄尔泰的态度，同尼采有一个根本不同的地方，就是尼采自信力强，无论在哪一个时期，他都相信他自己所求得的是绝对的真理，狄尔泰却时时刻刻都不敢相信他自己对于真理有绝对的把握。他写的文章，题目都带一种尝试的虚心、不敢自信的色彩。他虽然做了那样多年的学问，但是他从来没有一天，感觉到自己有什么成功。他从来也不埋怨别人误解了他的哲学，他自己就是自己最严厉的批评家，他常常对自己的学问不满意。1858 年，他写信给他父母，他说："一半的生命，在不几年中间，转瞬就过去了，但是学问方面，所得的不过开始，开始就结束了！[1]"1895 年，他向学校告假，他的理由是："这种艰难的工作的实行，把我满箱子的预备草稿，整理就绪，一年一年地更加困难，我自己内心里感觉到我不能失掉一生辛苦努力的工作，不加整理。只有以后的时间，最深沉的安静，才能够使我这一个目的成功。[2]"在他满七十岁那一年，他说："我看见我的目的了。假如我还在半路上，我希望我的年少同路的伴侣、我的门生，能够走完这条路。[3]"

这一种谦逊的态度，当然有许多可以引人攻击的地方。第一，就

---

1 Der junge Dilthey S. 51.

2 Werke V. C. XVI.

3 Werke V 9.

是他老不敢用肯定的名词，因此他的思想总不容易有明白清楚的轮廓，往往使研究信仰他的哲学的人，失掉了最后的耐心。第二，就是他一个思想还没有想完，往往又转了方向，我们所得到的差不多尽是些零碎片段的研究，而不是整个的系统。但是真理是不容易追求的，狄尔泰矜持的态度，虽然给我们研究带来许多的困难，但是他片段的研究，却往往比许多完成的哲学系统还更能启发我们哲学的思想。并且狄尔泰原本就告诉我们，他的工作并没有完成，他希望后来的人替他完成。他看清楚了近代哲学上最重要的问题，他做了许多开场的努力，但是他自己虽然不能解决这个最重要的问题，他却给我们指明了解决这个问题的途径。狄尔泰哲学的意义在这个地方，他对于现在哲学的影响也在这个地方。

在 1861 年，狄尔泰才二十六岁，他已经定下了两个计划，这两个计划，包含德国哲学里边两个最重要的问题，同时也奠定了狄尔泰以后努力的方向。他说："我要用我所有的力量，来实行、鼓动我思想的两个计划：一部基督教宇宙观的历史，一个从历史的（心理的）了解系统和分类发生的哲学同宗教（文学）精神的批评研究。"这里最值得我们注意的，就是狄尔泰把"宗教"和"文学""历史"和"心理"同时并举，看成一样。在这儿已经种下了狄尔泰全部哲学的根基。狄尔泰继续说："拿我有限的力量，来有价值地驾驭这个强有力的对象，似乎是不可能的事情——因为这一个研究的对象，会成为一个建筑在我们历史和哲学的宇宙观上面的纯理批判。但是至少这个目标，我要明白地摆在我的眼前。"[1] 在狄尔泰七十八岁的时候，回顾他一生的工作，他又说："如果一个人相信，经过长时间的生命，才达到更成熟的主张，他初次发现的快乐，他少年生命的情况，仍然预先包含了未来的基础，也许，甚至于包含一种真理，以后因为没有那样清楚看见，反

1　Der junge Dilthey S. 120.

而失掉了。"[1] 实际上，狄尔泰在 1861 年写的那几句话中间，已经把他毕生工作的方向确定了。

狄尔泰哲学的起源是历史的，到后来，历史简直成了他哲学的中心。他起初学神学，他本来是一个牧师的儿子，但是这位神学家渐渐变成了历史家，而且以后他一切的思想，都同历史发生最密切的关系。他发现在历史上一切大小人物中间，有一种支配时代的精神，这一种精神，就是形而上学最后的真理，在这一个真理的后边，没有更进一步可以抓住的东西。这就是狄尔泰对于哲学创造的新概念，我们必须要就这一点来衡量他和他的思想。狄尔泰认为，它自己所处的时代的精神，就是"对真实激烈的努力"。狄尔泰发现了他处的时代，对于真实有一种新的自觉，这一种新的自觉，起源于 19 世纪初叶自然科学的研究，渐渐侵入了历史的范围。精神科学和历史训练的起源，历史家和语言学家如郎克、利布尔和格锐蒙兄弟，他们的成绩，决定了狄尔泰哲学的真实概念。他看见了德国理想主义宇宙观的倾颓；他看见了第二时代哲学自然的创造；他看见了自然科学对于空疏思想观念的胜利，因为理想主义错误地想把这些空疏思想观念应用到自然科学上面去，当然不能成功；但是，他同时又看见自然科学的观念和自然科学的看法应用到全部真实研究的危险。形而上学的思考固然是空疏的，但是狭隘的实验主义也是一样错误。所以狄尔泰说："我的哲学的基本思想就是，一直到现在，哲学还没有建筑在整个的、完全的、不割裂的经验上面，因此也还没有整个的、完全的真理。"[2]

一直到现在，真实的一面，哲学完全没有注意到的就是历史，狄尔泰认为，历史的研究与真实的寻求有极密切的关系。在狄尔泰当时，德国在精神科学各方面，都出了好些伟大的历史学家，如利布尔对于罗马的研究，把罗马本来的面目，呈现给我们，狄尔泰从这里产生了

---

1 Werke V 3.
2 Werke VIII 175.

一种新的思想，他觉得他自己也是历史学家了。他说："有两种做哲学研究的人：一种同时对于数学、物理学的进步很活跃；另外一种，同时对于历史、政治的研究很活跃。"[1]

狄尔泰又发现哲学离不开历史，任何科学的研究也离不开哲学。他说："艺术、宗教、法律、政治，分别独立，各有各的哲学的时代已经过去了。无论在什么地方，只要根本原则变简单了，各种科学互相关联了，研究方法阐明演进了，立刻就少不了哲学的精神。"[2]

从上面的分析研究，我们知道，狄尔泰哲学的目的是要求全部的真理，他认为，各科离不了哲学，哲学离不了历史，所以，历史是狄尔泰全部哲学的中心。但是狄尔泰历史的研究，是从历史上哲学、宗教的伟大人物下手。狄尔泰认为，他所处的时代精神是"对真实激烈的努力"，他自己对于真实激烈努力的方向，就是历史，就是历史上伟大的人物，这一些伟大人物精神的发展演进，就是狄尔泰认为真实存在的地方。但是这一些伟大人物少年时代精神的成长变化，比老年时代还重要，因为少年的时候，他们的个性还没有坚定下来，人格还可以变化。所以狄尔泰对于历史上哲学、宗教伟大人物的少年历史，特别留心，如黑格尔、希莱马黑尔的少年历史，狄尔泰都曾经下过特别功夫，后来狄尔泰一派的思想，也把这一点奉为要紧的家法。

伟大人物的成长变化，包含一种历史性（Geschichtlichkeit），人类一切精神的活动，都有一种历史性，这一种历史性，就是真实的源泉。德国以前的理想主义，专用空疏的思考去求真实，往往不能成功，因为真实是实在的，有内容的，不是虚无的，空疏的。19世纪的自然科学家，想把自然科学的规律，应用到全部求真实的路径上去，也不能

1　Aus einem unver ffentlichten Plan zu einer Einleitung in das wissenschaftliche Studium des Menchen, der Gesellschaft und Geschichte, zitert von MIsch. Werke V, XIV.

2　Werke VIII 271.

成功，因为自然现象的真实是固定的，人类的精神现象的真实是活动的，如果仍然用自然科学的规律去寻求，一定会谬误百出。狄尔泰看出这一点，所以他从历史出发，替德国哲学开拓出一条新路来。

伟大人物的成长变化，在个人方面，固然有他的特性，但是在时代方面，也有他的特点。狄尔泰以为每一个时代有一个时代的精神，这种时代的精神，却又靠伟大人物个人精神在各方面的表现。由他们精神的活动创造了客观的真实，如宗教、哲学、文学、音乐、法律、经济等，都是时代精神，凭借伟大人物个人精神的活动，创造出来的真实。同时这一些个人精神的活动，当然又反转过来影响时代精神。但是到底还是伟大的个人精神创造历史，还是个人上面还有一种最高的力量在支配一切，使时代转变，思想成熟，这两种看法，显然都各有一部分的真理，狄尔泰并不只赞成任何一方面，因为这不是狄尔泰思想中主要的问题，狄尔泰主要的问题就是：历史是人类对于时代与时代中包含将来时代精神的一种强烈的欲望，牺牲的皈依，怎么样可能，怎么可以了解？

如果我们把康德可能性的观念来同狄尔泰比较研究，我们可以很显明地看出狄尔泰同康德的关系来。

狄尔泰同康德的关系，可以从两方面来说：一方面是正的，一方面是反的。正的方面，狄尔泰同康德相同；反的方面，狄尔泰同康德相异。相同的包括四点：第一，每一个认识都是一种活动，每一种活动都一定先有一种认识，要靠这一种认识，人物或者事物的对象才能够形成。真实在永远没有完成的时候，它一定要常常活动，常常有表现。第二，就是康德哲学回复到"人类"的转变。我们都知道，康德晚年把一切主要的问题，归拢起来做成一个问题，就是"人类是什么"，狄尔泰说："这个问题的答复，人类所能够知道的，就是历史。但是反转来说，我们用来衡量一个精神活动的过程的统一性，又只能在人类中去寻找。一切经验的、了解的事物……我们都在人类中去寻找。"[1]第三，狄尔泰也同康德一样，极力反对合理主义的形而上学。第四，狄尔泰也同康德一样，努力去建筑另外一个形而上学，我们人类在有限的世界中的知识能力能够建筑的形而上学。

以上这四点，是狄尔泰的哲学同康德的哲学相同的地方，也就是我们现在对于康德哲学还产生兴趣的地方。至于反的方面，狄尔泰同康德根本不相同就在这一点：康德相信除个人的自觉（Individuelles Bewusstsein）以外，还有一种普遍的自觉（Allgemeines Bewusstsein），因为只是个人的自觉，人类就不能有共同的经验、共同的标准，所以在个人的自觉以外，一定有一种普遍的自觉，这样，一切的科学知识才可以成立。狄尔泰从历史及历史性出发，认为只有个人才有真实，个人的自觉才是真实的自觉，离开了个人，离开了有历史性的个人，就不会有真实。所以，普遍的自觉不过是康德的幻想，根本就没有这一回事情。照狄尔泰的看法，没有另外一个主体，没有另外一个"我"，没有另外一个自觉，只有真正有血有肉的人类同他所有精神的力量、感情、想象、努力。狄尔泰认为，现代对于真实有一种新的自觉，现代哲学家的使命，就是要把这一种新的自觉指示出来。狄尔泰对于对象的思想出发点，只是一个有形的"我"才成问题。康德哲学的基础和他对于自觉的主张，不是从人类和他的历史性得来的，乃是从数学、物理的思想得来。虽然康德在《判断力量的批评》[2]里，把"我"和人类的观念进一步研究，但是对于历史的看法，康德始终没有进一步的见解。[3]所以狄尔泰对于康德的历史观念，有必要进行批评和改正。

康德在自然科学的对象和认识这些对象的自觉两件事物中间，用

1　Werke VII 278.

2　现通译为：《判断力批判》。——编者注

3　In der Idee zu einer allgemlinen Geschichte weltbürgercher Absicht bleibt Kant bei der rationalistischen Fortschrittsidee durchausstehen. Vgl. P. Menzer, Kants Lehre v. d. Entwichlung in Natur u. Geschichte, bes. Kap. IV.

先天的知识来联络贯串。但是，历史的对象，认识的主体和被认识的对象的一样，始终是一个难解的问题；在这儿，认识的主体，一定要把自己当成一个历史的对象来认识，才可以了解它的对象，因为它的对象同时又是另外一个历史的主体。在这一种行为与经验中间，常常受社会束缚的历史生存之下，康德先天知识的规律没有存在的余地。因为任何同历史对象发生关系并努力了解它的主体，自己本身就受历史生命过程全力的支配。并且历史对象的变化，完全看研究历史的人精神人格的大小，虽然历史的影响好像已经死亡，研究的人一定要有重新生活历史的本事，这一种本事，凡是同历史发生关系的人，都不能不有。历史的对象，既然经过研究历史的人的重新生活，它也就变成一种新鲜活动的生命，这种生命，染遍了研究历史的人自身新鲜活动的生命的色彩。所以对于历史的对象的自觉，根本就不能有一种所有历史学家共同的自觉，也不能应用任何所有历史家共同超经验的先天知识，它只有这一位当时此地的历史家个人的自觉，至于超经验的先天知识，他根本就没有应用的机会了。

以上略讲狄尔泰同康德的关系，来做一个介绍司狄泽尔教授研究狄尔泰和德国哲学的例子。至于他还讲狄尔泰和现代德国哲学家，如胡塞尔、海德格尔、亚斯柏尔斯的关系，我们一方面因为篇幅的冗长，另一方面因为中国文字没有准备，介绍德国哲学的困难，一时也不及细论了。

附录二：译文

哲学与人生 [1]

本文为德国克洛那先生（Richard Kroner）所著，他是德国现代最有名的哲学家之一。原为克尔大学哲学教授，现为佛兰克佛大学哲学教授。曾任国际黑格尔联合会会长、康德学会会长及德国有名哲学杂志 *Logos* 总编辑。克洛为西南学派巨子雷克第（Heinrih Rickert）[2] 的得意门生，精研康德哲学。但由研究康德发现从康德到黑格尔，德国哲学有一定线索可寻。在那时，对黑格尔哲学了解的人尚少，大家都知道它重要，但是都害怕读它困难。所以，克洛那巨著《从康德到黑格尔》一书出版后，即享有国际盛名，其后又写《精神自身的实现》，亦为德国哲学界名著。克氏天资极高，头脑清晰，为现代世界上少数了解黑格尔哲学的人之一。因先世为犹太人，故德国政变后受种种压迫，郁郁不得志。上年至罗马讲学，意大利政府欲聘为教授，德国政府又不允许，回国后，又不许其任教。此篇文章承其寄示，在德国尚未发表者，译之以供研究德国哲学者的参考，译者识。

1

"人生"这个词和概念近代总被哲学家推进成为思想观察的中心。

1　原载《文哲月刊》第 1 卷第 3 期，第 19 页以下。——编者注
2　现通译为：李凯尔特。——编者注

古代太忙着研究宇宙了，中世纪太忙着研究上帝了，大家不能够给"人生"那样一种重要的意义，像现代哲学，特别是所谓"人生哲学"，那样给它。固然，古代也认识人生在全宇宙中间所占重要的位置，中世纪也知道人生是上帝的辅辞，但是还是近代才能够发现人生的特别秘密，把它做成哲学的中心问题。因为人生的秘密就在它是主观的最中心的元素——我们都知道，古代和中世纪都没有把主观拿来同客观作基本的相反，所以大体上主观的特点，他们全没有懂得。

头一位近代的思想家注意到，没有客观的思想形式，没有客观的概念能够了解主观的生动，并因此了解人类精神的中心，这位近代思想家，据我所知，只有蒙腾[1]。如果任何思想家敢要求照近代意义来说可以算第一个"人生哲学家"的头衔，那么只有这一位是近代哲学作家中最主观、最生动的哲学家了——尼采常常讲到他，并且常常请求他的灵魂，这不是偶然的事情。他的散文就像人生本身那样没有系统，那样任性，那样自由，蒙腾自己知道选择这一种思想的形式，因为他要了解人生的本身。

最重要的步骤把这个问题领到更深的概念，还是在其他问题做同样步骤的康德的工作，因为他把超现实的主观作为思想的要点。这样他奠下了基础，他后来的费希忒，亚可必和浪漫主义者，都在这个基础上面建筑。费希忒把"人生哲学"这个词介绍进德国的语言（1799）。尼采、柏格森，其他的哲学家在最近有最大的贡献，把人生哲学这个思想来保持着，去探讨人生的秘密。

但是他们都没有达到引动康德和他后来的人的思想那种深度，并且他们没有把哲学和人生对峙的问题鲜明地指出，所以他们也没有找出必要的方法来驾驭这一个问题。

头一位把哲学和人生有意义地表示出来的哲学家，仍然是费希忒：

1　现通译为：蒙田。——编者注

"人生完全特别是不哲想，哲想完全特别是不人生，我不知道两个概念更好的限制了。"我们定要很奇怪，哲学这样迟才注意到它的对头，因为两种力量的相反，好像努力呈现于直接观察之前，我们很可以相信，直接观察，不会忽略的。费希忒好像把这种关系，说得这样确切可靠，使任何对他议论正确的怀疑，都好像可以节省了。"人生完全特别是不哲想"——因为在人生里统治的是冲动、本能、感情与兴趣、动机，等等。"哲想完全特别是不人生"——因为谁要哲想一定先要摆脱他所有精神的力量，自己走进超个人的境界，在那里边只有理智统治一切。哲学在它自身包藏真理的范围里是客观的，人生却是无论何时何地都是主观的。并且哲学一定要努力向系统和逻辑关系方面走，人生却老是没有系统，没有逻辑；偶然的，没有颜料的，没有想到的事实，常要影响支配它。因为这个关系，凡是要想努力把人生提高到哲学的宝座的思想家，都极力避免有系统的形式。尼采说："我不相信一切系统的思想家，我走出他的道路。"哲学是抽象的，它一定要造成离人生远的抽象观念，这些观念的联络又是同样抽象；人生却是无论何时何地都是具体的，它嘲笑一切的抽象观念，它破坏一切抽象的结构锁链，它汹涌、沸腾、热烈——"灰色是一切理论的好朋友，但是绿色乃是人生的金树！""当某一个人生的形状已经变老的时候，哲学才在灰色中画它的灰色，用灰色在灰色中间，哲学不能让自己再变年轻。"这是最努力想消除哲学与人生的差异的思想家——黑格尔讲的话。

实际上，谁起初注意到，哲学在人生中间有它的对头，一定要惊异地想把这个对头用哲学方法来收服而且想把活动的人生监禁在抽象的系统里边的勇气。不管你天地间一切都可以了解——人生好像一定永远不可理解，因为它和一切理解正相反——因为它正是不可理解的东西！我们怎样可以理解一个东西，如果这个东西不断地变化，同时又没有任何的规则，没有任何的法律来管理这一种变化呢？没有任何理论能够决定或者讲出，我们为什么生活，我们怎样生活；没有任何理论能够保存生

229

活的内容，这种内容好像能够贡献我们对于事物本质的了解，因为生活的本质就是逃避的、图画的、注意感情的、个性的，在那一方面，哲学观念好像恰好同它相反。如果一个哲学家要表现这个生活的内容，他一定要停止当哲学家，他一定要像尼采那样变成先知和诗人。

但是，哲学与人生，不能因此只处在这一种对峙的形势，因为它们在确切的意义里站在一个水平线上，因为它们是同等的对头。如果我们说人生不可理解，这并不是因为它像康德的"物的本身"那个样子，是一个超出理解的对象，人生不是可以理解的事物的对头，乃是理解本身的对头；这里包含着它处的地位同理解本身一样。人生不是一个对象那样不可理解，乃是一种主观的行动，一种活动，一种主体的活动。这一种主体也是理解的主体。在人类自身是主体，是自觉，在思想的生物的范围里，人生是人类生存的形式。所以不是我们叫作的人生，不可以理解，乃是一个不理解，一个"不哲想"，像费希忒所说的，不可以理解。但就是在这儿，哲学同人生的争斗，就说出来了。费希忒把哲学和人生的对峙，弄得这样鲜明，正因为他明白，哲学就在人生中间有它的阐明的伴侣，在广义方面说，人生中间甚至于包含真正的哲学；就是这一个人生中间包含的或者行动的哲学，他叫作"人生哲学"，他在这一个新造的名词下边，意思不是像现在的人所指的，一种人生的哲学，这就是说，一种把人生作为理解对象的哲学，他的意思是：如果从人生本身去哲想，或者任何一种哲学，人生本身是它的创造和说明者，那么人生正是哲学的对头。

人生不可以理解的地方，就在它奇怪的双重的本质，它自己不理解，但是，同时它又不是理解的对象，或者可以确定地说出来；它同哲学处在同样的地位但又不是哲学。这里才起初露出这一个因为人生同哲学对峙发生出来问题的深沉。这一种深沉立刻就要失掉，如果我们把人生只认为是哲学的对象，而不认为哲学的对头，现在的哲学大都如此。它隐藏了这个问题，因为它把人生用客观科学尤其是生物学的规律来思考。一切只是活动论的哲学，都受了这条基本错误的影响的影响；人生是哲学的对头，并不是活动，并不是那依照生物学、心理学规律活动，我们叫作生物过程的现象，它不是这个客观的、在世界发生的事情，这一个属于自然界的变化。人生，我们所了解的，乃属于主观。那种主观，康德叫作"超世界"的主观，来同属于世界一切的主观分别。人类是超世界的主体，同世界对峙，或者先世界存在，只有这样，他才是一个"我"，他才能够讲自己是"我"，并且拿"我"来同一切不是"我"的东西分别。但是我们这里讲到的人生，是"我"的人生：他是我们自己的人生。

就是在近代人生哲学家中间，明白努力去指示人生不能拿一切客观的科学知识来研究哲学家，就是柏格森，最后也受了诱惑，用一个生物心理的普遍科学，一个生物的形而上学的形式，去树立一个人生哲学，把活动的生命同人生弄成一样。在他早年天才的著作《时间与自由意志》中，他极力想进人生问题的哲学深处，特别是他分别自然事件的客观时间和主观的生活时间，但是他后来的著作《创造的进化》[1]，又降到平常的自然主义了。

要免去这种危险同诱惑，只有把人生同只是有机的生命过程，严格地分别，只有把人生作为思想生物的生命，像亚里士多德有理由地拿这点来做人兽的区别。因为思想实际上是人类的最中心，在这里人类不只是自然的产物，不只是自然知识的对象，自己却成了主体。一切人类的生命都是人类，只要它是思想主体的生命，因为人类的感觉、想象、欲望也同禽兽的情形、态度不一样，因为在人类的里边有思想的活动，就是因为这种活动，它才成为主体的动作。因此人类生活的生命，不仅是活动的，一种生活的，同时它还是一个经验的生命——一个生命，它的主人是一个思想的自觉，是一个思想的精神。在这个

---

1 现通译为：《创造进化论》。——编者注

意义里，"人生"这个词包含一切人类的经验生活和经验生活的表示，它表明康德所说超世界自觉的具体性，康德只是抽象地讲到，所以康德没有进一步达到人生哲学。

这一种人生同超世界自觉的关系，最好由它自己的普遍性、它本身包含的深沉性和由它指出地平的辽远性来了解。因为它这种普遍性，人生同哲学是同等的。哲学要在概念里包含一切能够经验的，但是要能够这样了解人生，必定先经历人生。所以经验成了理解的前提：这就是经验主义的真理，当然经验主义自己永远都不能指出来，因为他缺少了超世界自觉的概念。经验与哲学同样了解人生的全体、自然和道德的次序，平常的和秘密的，感官的和超感官的，个人的和超个人的，命运和上帝。但是这一种了解两次都是一个"它"，上面已经表明，是一个对峙的东西。经验的具体性、圆满性和直接性，在理解中已经失掉了，因此才有次序、逻辑的联络，事实上的关系，在哲学理解上不管凌乱的多数和经验里无规律的先后，处处只讲到一个最后的统一。到底有没有一个决定，两种中哪一种理解更合于理解的人、更接近真理呢？或者这一个问题问错了吗？经验同哲学的关系到底怎样才可以理解呢？

2

一直到现在，我们把哲学与人生作为对峙的两样东西分析研究，它们固然在同一平面上，能够互相对峙，但是它们在其他方面又互相杜绝，甚至于互相争执。我们的眼光现在必须移转到另外一方面，这两种力量还有另外的一种关系，我们必定要明白，哲学实际上是人生中一部分的现象，这一部分的现象，实际上同人生的全体是一样的。

哲学毫无疑义地是一种人生的表现，是那一种我们常叫它作"历史的"人生的表现。哲学依照历史的次序发展；它不是从天上掉下来的完美的礼物，也不是靠一个思想家或者一个时代的工作可以完成的，但是它时常增加，一代一代地改造，它是一个生动的实物。因此哲学内容和方法的系统，靠着它附属的从那里产生的时代民族的精神；它还靠着历史上生动的同历史上决定的人格——哲学家。我们看一看哲学史，就可以证明这种人格元素的意义；苏格拉底的形状，表明人物元素决定哲想的种类到多么高的程度。这一位特别天才的人，他用他的问题使他本国的人失掉了安静，他在日常生活里对人生加上哲学问题，想靠对话来辩明、解决它，这一位顶特别的苏格拉底，给了欧洲哲学全部进展的方向。他的大弟子柏拉图也极力保持这种生动哲想的形式，他把对话做成思想的艺术形式。多少柏拉图的特点表现在对话里边，他用的思想方法是多么特别，多么不可效仿。它同直接生活多么接近！要从它那里或者靠它去获得一个抽象的原理是多么的困难，或者简直是不可能！

先世、性格、性情、精神的本质、命运，简单来说，哲想的人的全部生动的特别存在，对哲学都有决定的力量。费希忒说："一个人选择哪一种哲学，完全看他是哪一种人。"就在哲学表现顶客观的形式中间，也显露出哲学家个性的元素；并且不但在形式，甚至于在哲学本身的内容，也是如此。斯宾诺莎的《伦理学》，康德的《论衡》，费希忒的《科学原理》，黑格尔的《逻辑》，在不妨害他们客观的真理要求真理内容之外，创造者个人和顶个性的元素还是不可移易地表现出来。一个思想家的形状越是伟大，他的个性在他的作品中也越是鲜明，同时他的个性包含一个超个人的意义。在数学和自然科学中间，研究家的人格在他著作里逐渐消灭，它教授的，可以教授的内容，能够消灭原来的形式，可以一点儿不损害科学的价值，在哲学方面却不是这样。罗马系统的文字要表明这种的地方，只叫那种确切的狭义的科学作"科学"（Science, scienza）。

还有从另外一方面，哲学表现它同人生的影响关系，就是思想家的历史在这里边，哲学自信的变迁逐渐显明，不是由于事实或者逻辑的结论，乃是由于整个人格内心的演变，在好些伟大哲学家如柏拉图同薛陵的历史中，一生都是如此在创造哲学的人，哲学并不是那灰色的理论，同生命的绿树相对；它乃是这株树的一个果子，在他心里成熟，从他那里得到力量。一切哲学系统都发源于创造者生活的地面，成长于伟大的经验，这些经验在深处决定生命的感觉；它们是理想的生命感觉，它们是特别的，因此也是不能转移的……不能转移，因为每个精神的活动，每个精神的表现，每个新的生命，每个新生命的表现，都从那里出来。一种哲学并不仅是把抽象观念来照逻辑组合，它同时也是一种生动实物，它同它的创造者有不可分割的关系。

但是最后的考虑，远可以给我们一个新的看法。如果一种哲学从创造者生命的感觉产生，也就是这一种感觉概念的形式表现，那么一直到现在关于哲学与人生的意见还不够，它们还没有达到全部的真理。从里面简直更应该推断，每一种哲学都是人生哲学，费希忒简直要把人生哲学来同本来的哲学相对。哲学不仅是人生的一部分，也不仅是人生的许多表现中的一种，它乃是自己反省自己、自己了解自己的全部人生的本身。明白了这一点，然后才算达到了这一个问题的最高点。如果起初只是研究出哲学与人生的对峙，那么现在一定要用同样的力量，把两种相同的地方也说个明白。人生与哲学不仅是站在同样的水平线上，深邃地研究起来，它们乃是同一的秘密，在人生直接表现，在哲学靠自己本身来表现。只有这样，它们两方面的竞争，才可以了解。哲学不是别的，乃是自己思考自己的人生，乃是自己思考自己可能经验的总和。如果人类生命常常根本上是思想的经验，那么哲学不是别的，乃是人生本身的最高点，乃是人生全部最生动的表现。在经验中，人生自己并不是完整的统一的，它是分离的、破裂的。在哲学中间，人生才回复到自己，它自己才明白地思考到自己；这样，它自己本身才是完整的、统一的，两样是一样的。每一个人类的经验都是一个思想，但是一个哲学的思想不仅只是一个经验，它是一个自己思考自己的经验。

哲学与人生不但是相对的，同时它们也是相同的，就是这个原因，经验才是哲想的先决条件，哲想就是它的先决条件的继续演进。人生是还没有揭开的哲学，哲学是揭开了的人生；但是就在我们拿来同哲学相对叫作人生的中间，已经开始揭开，开始哲想——就是费希忒所讲的人生哲学——并且在我们叫作哲学的中间，遗留下一个没有揭开的、不能揭开的东西——不但是人生，就是哲学也是秘密，在里边、世界、灵魂、上帝一切的秘密都隐藏着，并且决定自己揭开自己。哲学的理解，是一种指示的思想，是一种思想的指示，我们直接经历的事情。因此可以说，每一个人，不管他知道不知道，不管哲想不哲想，都生活一种哲学（每一个人，用他自己的方法来哲想。）人生是不自觉的哲学，它给每一个人类的生命以适当深邃的内容。每一个生活了的哲学，也许变迁，也许本身不统一、不完全，但是，它常常包含着对人生基本问题最后的答复，因为没有这点，在人生冲突的时候不能有最后的决定——最后的决定，每一个人一定要有的，不管他还站在人生不清楚的地位没有。

在这种意义里，每一个人都是哲学家，都生活于一种哲学。在所说的哲学里边，这个生活了的哲学，达到了自己明白自己的某种程度。但是，自己想明白自己，属于人生秘密本身根本特点；无论在宗教、艺术或者哲学的形式，它都努力去明白自己。因为哲学不是别的，乃是自己明白自己的人生，自己解释自己，自己辩护自己的人生，因此我们对真正的哲学家，要求他不仅是学者和教师，不仅是研究者和文人，并且同时是一个哲学的人，他要在人生中间证明他是哲学家，他不仅站在讲台上，或者坐在写字台旁边讲他的哲学，但是他还要生活他的哲学，而且在人生里边去证实它，去证明它，他的哲学同他的生活是一致的，是互相阐明，互相确定。因此有时我们觉得一个完全没有学问、没有科学训练的人，比一个哲学教授还要哲学一点，一个生活过的哲学，比一个在书上写的、用许多学问装点出来的哲学，还更动人，更光明磊落。这里边就埋藏着苏格拉底的秘密了。

因为哲学不是别的，乃是自己指示自己，用观念来表出的人生，所以有许多种类的哲学，各式各样的哲学方法，哲学表现，就像人生有各式各样的语言表示一样。从对话与自语，从箴言与格言一直到完成了的哲学系统，从抒情的、史诗的、戏剧的，一直到中古学派的、数理的、批评的形式，哲学经过了各种表示的阶级……但是在里边人生常常努力去变成思想，思想常常努力去变成人生，只有在那儿，它们成功地融洽，两样变成一样，才产生伟大哲学，从这种伟大哲学里边又产生新的思想，新的人生。

哲学与人生是相峙的，因为它们超世界的主观性是对头，但是同时它们根本上是一样的，所以只有绝对的相峙。因为绝对的相峙只能够在本身内相峙，或者在本身内异样的相同，这样的相峙，我们常叫它作辩证的，思想就是这样相对的辩证。所以只有辩证的思想，在里边，对话讨论、理由争执成了有规则的方法，才能够用思想来驾驭无处辩证的人生。因为哲学不是别的，乃是自己思考自己的人生，所以它根本上是辩证的。辩证不是别的，乃是思想同思想关系变成的人生本身；在辩证的思想里，跳动人生的血脉，在里边，逻辑的矛盾包含它原有的意义，反驳分析对方生动的矛盾。从说话同反驳发生对话，在里边真理越来越清楚，越来越完全，越来越准确肯定。哲学的真理，就是人生的真理，发生于对话。欧洲哲学史，根本上就是精选的伟大精神，就是人生态度的领袖们光荣的谈话。

人生与哲学是相峙的：因为人生本身分离成相峙，所以它也能够从这种分离又回复到统一，调和相反，自身与自身融洽。人生能够变成哲学，只因为它自己在本身分离，自己变成相峙。所以在哲学史里边相峙占了很重要的位置。从伊利亚特哲学家起，他们第一次把"有"与"爱"，"有"与"无"，"真实"与"现象"设立起来，在一切哲学系统里，相峙成了思想的方式，一直到最后，哲学发现了自己本身与人生是相峙的，这一种相峙表示真正哲学与其他哲学，或者哲学的系统与历史上最深刻的意义。头一次讲到哲学与人生相峙的时候，没有顾到哲学系统的多数与不同；后来讲到哲学与人生相同的时候，又没有顾到真正的哲学，只是注意到历史实际的哲学系统。最厉害的相峙，就是真正的哲学同其他的哲学，实际上有许多哲学已经对哲学的观念产生了矛盾。在这一种矛盾里，哲学与人生的冲突又继续存在。每一个真正的哲学不是旁的，乃是这种矛盾生动的停止；只有在这种停止中间，哲学的观念才能够实现。所以如果我们只注重抽象的观念方面或者只注重真实方面，对于哲学都是反叛，因为观念的真理是在实现，如果只在哲学方面，或者只在人生方面去求解决，对于哲学也是一样地反叛。每一个哲学都是两方面的统一，因为在每一个哲学里，分离了的人生又合拢来。

人生是"相反的相成"，如古桑陆（Nicolaus Cnsanns）所说的一样。他并且说这一种相反的相成是上帝的本性统一，同时还是多数相同，同时还是相反、完整，同时又在空间、时间里分离，这个我们叫作人生。只因为人生根本上是思想的人生，所以它能够变成哲学。变成哲学，它才能够再得着它的统一和相同人生与哲学的相峙，真正的哲学与其他的哲学的相峙，仍然存在，但它存在在一个同样人生中间，就像统一与多数、抽象与具体、全体与部分、观念与实质，还有其他许多相峙的事物，它们固然互相反对，但是同时也互相阐明。

黑格尔哲学对于现代的意义 [1]

1931 年 11 月 14 日黑格尔逝世百年纪念

1　原载《大公报·文学副刊》第 201 期，1931 年 11 月 23 日。——编者注

德国克洛那教授撰

　　雷加德·克洛那（Richard Kroner）为现代德国哲学界最有名的学者之一。曾任佛来堡大学哲学教授，现任克尔大学（Kiel）哲学系主任教授，国际黑格尔联合会会长及德国最重要哲学杂志 *Logos* 主笔。其最重要著作如《从康德到黑格尔》（*Von Kant bis Hegel*）为研究德国康德而后唯心派哲学所绝不可少之巨著。其他如《精神自身的实现》（*Die Selbstwirklichung des Zeistes*）、《康德：宇宙论》（*Kants Weltanschanung*）、《生物学的目的和规律》（*Zweck und Zesetz in der Biologie*）均属德国哲学界知名之作。此篇原为日本"理想社今年4月黑格尔逝世百年纪念号"而作。曾经译成日文，登该纪念号册首。兹从克洛那教授处索得德文原稿，特为译出，以供中国研究黑格尔哲学者之参考。翻译时其中有数处，克洛那教授曾经亲为解释，谨吐致谢。

　　按：中国对德国哲学研究甚少。此文虽力求普通，然其中论黑格尔哲学与德国现代哲学家异同之处，亦非易解。但此文至少可给读者一大体的观念。二十年来，中国思想界肤浅贫弱，众皆昧于急近之功利主义，处处欲用能立即兑现之支票，如康德、黑格尔之哲学，其深沉为世界冠，其艰难亦为世界冠，其不为我国人所注意研究，自不足怪。然而学问之事无坦途，真正有求真精神之人，对于哲学上根本问题绝不能以"不了了之"之态度而满足。中国哲学界，不必言对于世界哲学界有贡献，只欲副哲学界三字之名，大学中犹有人演讲哲学，则于康德、黑格尔终不能置之不闻不问也。1931年9月25日，译者识于柏林。

关于黑格尔对于现代思想的使命，我们很想普通概括地讲，而不管各个民族精神不同的地方。拿欧洲来说，这一种使命在意大利与在法国全然不同，同时在德国又全然不一样。在意大利自从费拉（Angusto Vera）同司巴文达（Bertrando Spaventa）以来，黑格尔主义的传授从来没有间断过，这一种传授在现代意大利重要思想家如克洛齐（Benedetto Croce）同根蒂勤（Giovanni Gentile）还继续繁荣滋长下去，所以我们可以说，现代意大利的哲学精神，现在意大利的头等的思想家，完全是受黑格尔的影响和支配。在德国方面情形却正相反，自从19世纪的中叶以后，黑格尔即不占重要位置，甚至于对他的哲学的了解也渐次消微，顶好的证明，就是费歇尔（Kuno Fischer）关于黑格尔的著作。费氏刚好属于黑格尔下一代，他的著作本想重新为黑格尔哲学开辟一条新路，然而根本说起来，他的著作与黑格尔哲学相去极远，不能领导任何人去认识黑格尔的本来面目。德国在那个时候，黑格尔思想的中兴还没有到成熟的时期。

以自然与历史为研究对象的经验科学在当时声浪极高，哲学差不多找不着听信的人，因为哲学虽然也离不开经验的思想，而其全部热情却建筑在由纯理的思考去建设它并使之发扬光大。还是差不多二十年以前，在德国，大家才又重新有明透的了解来谈黑格尔，差不多十年以前，才有这一种声浪，不但对黑格尔的著作绝对应该有一种彻底的研究，而且希望利用这一种研究来解决我们目前的哲学问题。于是大家又动手谈黑格尔的中兴；就是那一些仍然不愿意知道黑格尔哲学中兴的哲学家，对于这一种日渐增加的潜势力也没有办法逃掉。正好像从前费歇尔的时代，大家都正在反对纯理思考，而他一人却孤立地去做黑格尔的朋友同辩护师，现在反对黑格尔的人却逢着纯理思考时代的挨近了。

这一种引起思想界变化的原因是多方面的。一部分当然是要在康德思想重要演进方面去寻求，这一种演进的自身已经发展出这一种趋势，而其自身又不能不随这一种趋势向外发展，所以在历史的行动中，它已经把德国由康德到黑格尔途程中的思想界向前推进了。这期间，当然毫无疑义地有德国精神上自身经验的关系，我们不能不从普通德国运命历史上去了解它。康德的思想大部分适合于一种稳静自持、相信理性的公民时代，正好像黑格尔的思想适合于现在这一个时代一般。正如从前德国的精神到法国革命的结果，与相关而来的拿破仑战争，深深地受震撼打击，它全部生存的基本成了问题，现在，德国的精神又由欧战结果与相关而来的国民革命，将全部德国公民生活的基础推翻。所以这并不是很奇怪的事情：哲学的问题一天天地去要求打破值得疑问的世界生存的谜团；一天天地摆脱自然科学及公民生活秩序以为很稳固的前定假设；一天天地超出这类前定假设，去寻求根本的解答。

这种普通世界形势的动摇，与那些一般世界观的疑问，是完全由于一种反抗的力量，把研究的理智同道德的理性与反抗理智、理性的东西相形地放在一块儿，所以发生出这种结果呢，还是这种动摇与疑问大部分由于理智与理性本身中就埋藏的一种反抗的力量呢？还是由于一种外界的对象呢？或者由于精神的中心，常常就能够引起破坏与革命呢？或者也许是精神的本身根本上就包括二元，所以它自身这两种互相冲突的成分，在它们所造成的实际，常常一定又要重新去毁坏呢？换一句话来说：是不是精神的本身根本上必须永远重新地支配了它的运命呢？这个精神的"运命问题"，就是现在打击德国灵魂的问题，就是现在哲学要赶快能答复的问题，就好像黑格尔的哲学发端于精神的疑难，就好像康德的哲学，它的责任就在从根本上重新建设理智、理性的规律。

但是如果我们完全不管形成德国精神的实际经验，我们一样可以看见德国现代精神好像又倾向于根本问题（人类的欲望和行动）的研究。好像是一种危机已经踏进我们生命之关，我们对一切从前有效的价值的信仰都变成深的怀疑。也许是五十年前的寂寞孤立的隐士尼采所教训的"重新估定一切价值"，当时大家都掩起耳朵不听，现在我们的思想才重新发现它的诚恳重要了。这种表示一天天地加多，不但把德国，简直把全欧洲都卷入运动的旋涡，犹如五百年前大家认为新时代的开端发生过的情形一样。人类又重新在彷徨歧路中，不知道他究竟能不能够完全从他自身去建设一个有意义的文化世界，或者人类生存的降下和失望，如影随形地跟着新时代的合理主义而来，还能不能够再长久地忍受。他重新渴望着，像尼采从前一般地渴望着一种新文化的升起，一种新神话的出现，能够给他一切的行动思想一个最后的意义。在这一种深沉打击全欧洲的危机中，黑格尔的哲学至少可以成为一个很好的引导。虽然它自身也是对近代合理主义的一种伟大神秘精神的反动，然而它仍然能悉心寻求基督教中遗传的超过一切理智、理性规律的真义，而且正利用理智、理性的帮助，追随理智、理性的途程去图最后的成功。如果这个全欧洲所渴望的新神话的升起，能够大体还能从欧洲宗教遗传里去发现，那么黑格尔的哲学在决定将来的途程中，一定有无限的重要性。因为欧洲的精神如果能够满足这一种渴望，一定离不了利用理智、理性的帮助，去寻求超乎理智、理性力量的真理和需要。

这就是黑格尔的哲学能够在德国与在其他情形相同的国家中兴的最大原因，也就是他的哲学对于现代的意义。因为这种哲学的特点，就是理智能够存在它的本身，利用它的本身，还能超出它的本身。康德哲学中所铸成的"纯理批判"在黑格尔的哲学里经过了一种激烈的进步。如果理智能够自己批判自己，这就是说，它自己能分析自己，即一种理智既能够自己批评，又能够自己被批评。如果这一点是人类理智奇妙的地方，同时也是人类自身在某种界限里能够看见的地方，并且就是因为理智本身还能够在界限里，自己看见它自己同时站在界限的那一边，同时超越界限而前进，那么理智的本身就不仅是理智，他还像黑格尔所说的一种"奇妙的力量"。他又说："分离的活动是理智最奇妙、最大的或者绝对势力的力量和工作。"（《精神现象论》[1]序言）

---

1 现通译为：《精神现象学》。——编者注

理智最高的胜利，就是能够自己限定自己，也就是因为他能够自己限定自己，所以它能够战胜他的界限；因为只是当界限不是为它自己时，它才受限制，但是一旦界限是为它自己，它就已经超出界限了。

反对黑格尔哲学的人自然最喜欢非难他这一种论据，说纯理批判不能够给理智所需要的积极解释，但是这种论调的出发点完全基于一个错误的前提，就是积极的解释对人类的精神可以一部分从外面去解释。这完全是一种浮动出来的肤浅的启示观念。合理主义对于一切的启示知识，相距甚远，所以它对于容纳同产生内部连贯的关系，对于启示同创造，简直有点莫名其妙。所以他只以为启示是一种与理智相反、从神出发的行动，同时他又以为神是一种与理智毫无关系的力量。其实，实际上的情形却正相反，宗教精神所表现的指示一种启示的顷刻，在每种精神创造活动中，在思想的理智的过程中，也是用一种顷刻来表示；反过来说，这一种创造的顷刻，也不能不有启示。

黑格尔哲学深刻的地方，就是曾经看见人同神的分离，如果思想方面一经固定，就会变空幻而不真实。黑格尔哲学深刻的地方；就是曾经看出基督教把人神相对的观念，转而表明出人神一致的观念，灵与肉有不能分离的地方。

在近代的德国，哲学界有一种趋势，很愿意采取黑格尔的辩证学而想抛弃他的形而上学。这一种趋势叫作"批评的辩证学"，而以马尔克（Siegfried Marck）所作一篇文章《现代哲学中的辩证学》为最引人注意的代表。在这篇文章里，作者极力表明，现在德国所有的康德派哲学家，不管他们是从"西南德国派"来的，如雷克第（Heinrich Rickert）、葛因（Jonas Cohn）[1]、鲍义（Bruno Bauch），或从"马堡派"来的，如卡塞尔（Ernst Cassirer）[2]、哈特曼（Nikolai Hartmann），或从"柏林派"来的，如霍林斯瓦尔特（Richard Hönnigswald），都一个

1　现通译为：科恩。——编者注

2　现通译为：卡西尔。——编者注

个地向这种批评的辩证学方面努力，并且即使是现象主义派，如海德格尔（Martin Heidegger）或者李特（Theodor Litt），也都受这一种趋势的影响。作者再进一步去追求这一种努力的是非，与一种思考辩证学的重新的比较，就好像我在我的书《精神自身的实现》一样彻底地论战。他固然见到，这样的批评主义，拿目前问题的情形来说，不能避免认识精神本身矛盾的性质，但是他仍然坚持，这种矛盾的性质仅属于我们的自身，仅属于我们有尽头并有限制的精神，而不属于绝对的规律。老实说，德国现在哲学界形势表明马尔克这篇文章很成功的。不过问题就是，这个批评辩证学的立足点是否能够站得住？把辩证完全规定在人类精神里边是否有意义？

难道人类的精神超过辩证不正是因为他是人类同时又高于人类的性质吗？难道这一种说法——人类精神只在人类方面才有辩证，根本说起来，不是一种不辩证的说法——想把人类思想弄到自相矛盾，而同时想把人与神、有尽的精神同绝对的精神相反的地方从辩证泥坑里拖出来吗？

德国现在有些人正从各方面努力想在人类学上面去建设一种哲学，这就是说，先建设一种哲学的人类学，与经验的人类学正相反的人类学，想先从生存方面去了解人类的"本质"，再从这一种了解去研究一般的生存，最后才想去了解绝对的生存。站在这种努力中心的就是从胡塞尔（Husserl）的现象学所导引出来的海德格尔（Martin Heidegger）的"根本生存学"（Fundamentalontologie）[1]。如果黑格尔伦理学能够重新在德国有一个将来，那么它的工作就会同这派生存学发生关系。同时关于有尽同绝对精神的辩证学也一定占有重要位置，因为海德格尔的哲学人类学的特点，就是想解决赞成人类和有尽精神的辩证学的问题。我们现在可以把黑格尔同海德格尔对形而上学不同的

1　现通译为：基础存在论。——编者注

态度做这样的结论：黑格尔是在自身团聚的无尽中去发现最高善的观念，在那一方面，海德格尔却极力去辩护一个最高的有尽的观念，其实这一个有尽自身中间就包含着无尽。海德格尔想用这个方法，去避免我们人类存在从有时间去超越无时间，他想叫无时间的性质自己管自己，同时他再把无尽的时间，用由生物的立足点限定出来的，包含着永生的形式的时间范围来充满。

海德格尔自己并不明白，他对有尽物的观念本身就包含有辩证综合的性质，他并不明白他自己是从时间有尽的限制同无限的无尽相反的地方，再由两种相反的地方联合起来，这样生发出来的。或者这一种从有限与无限、有尽与无尽的综合出来的形式，应该当成有尽或者无尽去了解表示，或者换一句话来说，难点在这个形式是一个肯定的，与其他相类物不同的，或者还是在，这个形式是一个自身封固，封固自身的这一种判断，至少不能完全不管，不过它最后还是逃不脱辩证学的范围，他不能不讲有尽的精神，同时自己也就是绝对的精神，这样，它又不能不用与黑格尔根本相同的形而上学去解决一切了。

这一段讨论，也许可以对一般读者关于德国问题情形，作一简单介绍，并且使他明了这种情形的内容，现在及将来对于黑格尔哲学的意义。

精神与世界 [1]

此文乃德国克尔大学教授、国际黑格尔联合会会长与德国康德学会会长克洛那先生（Richard Kronner）所著。克氏

---

1 原载《人生评论》第 2 期。——编者注

为学界少数最著名黑格尔专家之一。我在文哲月刊里曾经介绍他的生平学说的大概，并且翻译他的《哲学与人生》一文。这一篇文章，讲精神与世界的关系，由此说明爱与死、艺术与宗教，都是哲学上最基本的问题；没有《哲学与人生》一文那样明白清楚、容易了解，但是比《哲学与人生》一文，尤为重要。世界上凡是深沉的东西，多半都是晦暗的东西，一目了然的文章，中间所含的哲理，往往因此也不很高明。希望读者能够用一点忍耐力，细心看下去，一定有相当回报。

精神的问题，在它对世界两方面的关系：精神是世界的一部分，同时，它又是世界的产生者——它是个别，同时又是普遍；它是个人精神，同时又是世界精神。"精神的生命"，就在融合两方面。精神常常都冒危险，或者为了个别而牺牲了普遍：只成了世界的一部分；或者为了普遍而牺牲了个别：只成了理智。精神一方面对这种自残倾向的双重危险奋斗，其他方面它也为它本身的存在，为它生动的统一奋斗。在这一场斗争中，它得到两方面的胜利，就看是它处个人精神的地位来就世界精神，或者处世界精神的地位来保存它的个性。在下文，我们要表明这两条自己调和的路径。

1 日常，爱与死

日常变化的精神，就是那只为它自身存在、自身发展而活动的精神，因此对于这一种精神，世界只是工具或者原料，只是自己使用、自己享受的东西。仅仅单独变化的精神，停止把世界包含在本身，它处在使用者和欣赏者的地位，在世界中消灭；它变成世界。这样，精神与世界同时失掉了自己，两方面的对峙无形消灭，两方面的紧张也立刻停止。到最后精神对自己只是自己使用自己享受的东西。自己在使用里边享受、在享受里边使用的东西；它自己变成日常，就像世界对它变成了日常一样。这一种"日常"就是精神和世界没有真正的精神和真正的世界的名词。哈德林说："使用每天都要求我们的精神。"

日常的世界，不是真正的世界，因为它分裂成纯粹的片断，纯粹的时日，没有一个在"内心集合"的中心。它没有内心，因为它没有精神。精神都耗尽了，它自身分裂成许多纯粹的小小的观念、冲动、感情。世界唯一的大观念，世界唯一的大冲动，可以把世界都包含在里边的观念冲动，却死在许多小小的观念冲动感情的紊乱状况里边去了。如果这个精神只是精神，因为它能够在本身内、在本身外造成世界，如果它的个别只是它自己的，因为它在本身里藏着这个世界的内容，那么它就变成日常紊乱，就像世界那样紊乱一般。希腊将人类叫作"小宇宙"，因为他们感觉到人类的精神是宇宙的；但是日常的精神却不是小宇宙，乃是一个 [用迦昵斯基（Christian Janentzky）造的名词]"小紊乱"。日常的精神，每日里失掉它的精神世界，因此简直失掉了它一切的精神；从每一个新的享受，它带了一个新的伤痕，它自己一天天地变得薄弱，变得虚无，一直到最后，它顺着它自残的倾向，牺牲了它自己。

因为精神在真理和真实方面，不是这个薄弱的、日常的、耗用自己和事物的世界内心的东西，因为它不管它的个别，它对于世界的隶属，乃是世界精神，既然是世界精神，所以它不能只是变成日常的东西；它绝对不能停止，超过日常，超过使用的世界，去活动它的世界精神和世界创造，在这种活动里去感觉。它努力走出日常世界黑暗的旋涡。"那里可爱的阳光悲惨地从门窗里透进来。""这个才是你的世界：这个才叫作世界！"痛苦的浮士德这样叫着。他在他所有使用的物件中间，在他祖先遗留下来的家具中间，找不出"什么把世界在内心里集合拢来。"

从精神的精神本性方面来观察，我们不能理解，世界可以对精神，精神能够对世界，这些怎样会变成日常；从日常方面来观察，也同样地不能理解，为什么世界能够变成精神的世界，精神会变成世界的精神，但是两者分开，只有分开才能理解自己。因为只有因为精神，依照它的本质，是世界精神，它是世界的支持者、移动者、创造者，所以它能够自己，所以世界能够对它变成日常；并且只有因为它能够变成日常，精神才能够从日常里边超脱出来，为自己变成世界精神。世界精神和日常互相限制。这一种互相限制，乃是从精神根本上必须分裂出来。

只有造成世界的精神才能够日常生活，而且必须日常生活；因为日常的本质，只能够在反对精神创造世界的使命分立中生活，在这里"灰色的日常"那几个字表明了这个意义。就是顶日常的，完全沉浸在日常中间，好像死在里边的精神，都感觉到这个灰色，这个死亡，就算它没有力量来鼓动它创造的力量，来满足它对自由的秘密想望；它感觉到它精神只是个别，因此不能多于个别的生命的压迫，狭小、恐惧和不快乐，就算它依赖在这个生命中的享受，也没有办法。禽兽不知道日常，因为它们不知道超过日常，因为它们没有精神，没有世界精神，或者更准确一点：它们不是精神，不是世界精神。固然它们也知道观念、冲动、感情，它们也"有"一个精神生活，但是这种生活，就像世界"中间一个随意的事情，不能包括世界本身"。只有人类，他的灵魂有超过日常的限定，能够忍受只是日常生活的痛苦；只有他能够感觉到的他世界精神光明的损失。

反过来说，世界创造的力量，或者人类精神产生世界的本事，也就全靠它能够日常生活的条件。因为精神的世界精神不是安静存在的状况，乃是它的活泼、它的行动、它的战争的原案。只有在反对日常，反对只是享受使用物件的分立中，人类才能够经历超过自己，不仅是使用者和享受者，只有从反对要束缚他的世界的战争，他才能够升起到他世界地位的最高点。

日常，和世界精神的限制，是精神的秘密。但是这个秘密，不是别的，乃是我们人生完全整个的真实，我们人生简单的事实。因此一切在这个人生中大体上真实事实的事物，都同这个秘密有连带关系，而且从它那里产生出来：没有任何事物，就是最日常的事物，看起来最没有秘密的事物，大家最熟习，由使用享受知道的事物，看起来同这个秘密好像没有关系，也必须隶属于这个精神的秘密。只有日常生活的精神，才觉得它忘记了的世界精神是秘密，就是说不习惯，不知道——但是完全整个的精神在那里边生活，就像在自己里边生活一样；对它来说，日常是生疏的、不真实的、不生动的、没有精神的，世界却是接近的、真实的、真正生动的、有精神的。

但是哪一种生活才能够堕落在日常中，或者堕落的精神从哪里边拉出来呢？精神怎样才能够成功地反对日常恫吓它的自残来斗争呢？它怎么样能够以个人精神同时像世界精神那样感觉，它怎么样能够保存它的个别又不失掉它的普遍呢？有两种经验，在个人精神为它的世界精神本质战争中占一个很重要的位置，并且领导它到胜利、到分裂的调和就是：个人"爱"的经验和个人"死"的经验。

个人"人世"间男对女、女对男的爱，帮助精神跳出紊乱日常世界中的支离破碎，它在精神中间产生世界创造的力量，它用人生碎块来建筑一个整个完全的世界。"它牵着世界的线，拉它到自己。"类匹麦图斯（Epinetheng）回想到他爱的潘多那[1]（Pandora）这样高兴地说。"我睡卧在你手中的全世界，如果它放了我，我，一个无，要跌在无里边，"胡黑（Ricarda Hueh）在自己的一首情诗里边这样讲。被爱人捐弃了的人，同时也失掉了他的世界和他自己的精神："对我那是全体，我对我自己失掉了。"歌德在他不能不永远离开他的爱人以后在一首悲歌中里面悲叹。安德生（Anderson）在他美丽的神话中的柳树下边，

1　现通译为：潘多拉。——编者注

看见那爱情失望了的克鲁德："这对他，好像世界的一块断绝了。"一切的爱情诗都产生在这种世界的经验里。

在爱情里边，精神与世界、个人精神与世界精神的争斗，无形解除。精神与世界，互相贯注，它们变成"一个"；精神用世界来贯满自己，它感觉到全体，世界充满了精神，它变成精神的回声。在这种胜利的确实上面，安息了情人的幸福；"上帝的和平，它在此世比理智降福你们很多——我们续到这里……我拿它来比现在爱人快乐的和平……"

另一种超越世界的精神胜利，怎样可以令人理解呢？人世爱情观念的思想，怎么样能够解脱由世界与个人精神分立产生出来的矛盾呢？爱情破坏了精神的个人精神，融化两个精神而成为一个精神：因此它弄出这样的奇迹，把精神分离了的、个别不同的世界联合起来，在精神中，把唯一的超越个人的世界弄得生动，可以感觉，同时还不夺去了它个别的性格；因为两个精神配合，产生了一个共同的、由两个爱人个性决定的、从他们产生的精神，一个个别者的精神，它的世界现在带了同样的个别色彩。两个精神在经验他们两个世界时的共鸣，两个精神两个世界的交流，从他们爱情的怀里，产生出一个精神，一个世界——这一种经验就是快乐的哲学根据，恋爱的人享受它，超过日常其他经验。

爱情不但走进情人的精神，也走进这个精神的世界，它不但走进他们的个别，还要走进他们的普遍，因为它走进情人精神没有分裂的统一中间。在这儿男女精神互相帮助，是很重要的，因为把它们分开，它们不过是精神的一半。但是，最重要的就是两个情人精神中间个人精神与世界精神相对时的停止，由自己经验与采取对方自己对世界精神有了把握；因为恋爱者老是爱对方个人与世界不分裂的精神——由他的爱，他医好了被爱者精神的分裂，但是由回答的爱，他经验这一个自己医治的"快乐和平"。

两个精神和它们的世界变成一个，情人经验像人间又是天上的、个人又是宇宙的快乐。在这一种经验中，日常就降下去了，但是它并没有牺牲，爱情并没把它弄得抽象。结果恰好相反：爱情对精神能够施展它的魔术，它的力量，只有它自己是完全整个的人生，只有世界活泼的真实，精神真实的活泼由爱情保守、提高，或者只有每一个精神经历的那个精神，同时是个别也是普遍，是属于世界，也产生世界。情人对情人同时在世界里边，也在世界外边。情人共同生活的世界，同时也是在他们心中生活的世界。

世界产生在被爱者的精神里，好像一种光辉，这一种光辉射照着日常世界的灰色，被爱者在另一方面也隶属于日常世界。有情的人们才知道这个秘密，因为这个秘密的经验内容，只有对他们公开，但是对其他的精神却是隐藏着的。这一种隐藏，好像一张保护的屏障，展开来围绕情人们的精神，装饰他们日常世界的内容。如果日常世界是坟墓，精神活埋在里边，那么人世的爱情就是从坟墓里复活——一个人间天上的复活，人间爱情的生活，就是人间天上的生活。

爱情是人生的最高点，是精神为统一而战争的胜利筵席。但是因为人生是战争，所以这一个最高点不能够充满全人生，它必定要在一点停留，它不能展开在平，而自己却不成平面。固然从这一点里也可以发出一种柔弱的光辉到人生的全部，但是爱情筵席的快乐不能够支持长久。在预先感觉到这种必须的痛苦，情人们都渴望着死——因为要想逃脱爱的死，他们都渴望他们精神的死。在一切爱情里都有这种死的预感，都确切知道生命在爱情快乐里，要减少甚至消灭。爱与死是解散不开的。

精神的死是精神第二个从日常里得来的经验。无论如何，外表才是矛盾的。如果爱情能够去做奇妙的事情，在日常中把世界弄得圆满，超过日常，把个人精神提高成为世界精神，那么死是经验的、最后的行动，为了要只属于世界，为了精神在人世间向内；在死亡中，精神似乎证明自己是一个可消灭的东西，世界对它有绝对的胜利；死亡好像在嘲笑鄙弃世界精神的使命，认为是个人精神空虚的自大，因此赞成日常的人生观。

进一步来看，这一种外表却散开了；它表明，它只是蒙蔽了已经变成了日常的精神，它自己还不能完全欺骗它。因为顶日常的精神也还退缩恐惧地感觉到死亡，它还感觉到精神在世界的本质和它消灭的可能性的分别是一个可怕的谜团，这个谜团，死亡向它推进；因此它经验死亡，好像一种不适合日常世界的东西，乃是提醒它更高使命的东西。死亡把日常很远地赶出精神以外：在日常里边，它宣布日常的界限。只要精神一天还是活的，死亡就要一天站在日常的立场，对它指示一件不可捉摸的很可怕的东西；因为它忽然中断了事物的使用享受，而且使精神回忆起来，它不仅以存在来为事物的使用享受，白日结束后黑夜立刻又要继续出来，日常的世界不能够算是真正的世界。

死的经验和死的确定，又有什么可怕的地方呢？这里边死不单是恐吓个人精神，同时它也恐吓世界精神；这里边死的思想把两种精神的分裂提到顶高，好像两方面要完全互相分裂的样子；这里边精神因为死的关系，不能够胜利地完结它的战争。精神一定要反对它战争这样的结果。死的经验把已经变成日常的精神从坟墓里边唤醒过来，促进它形而上学战争的勇气。如果精神死，那么不仅是个人精神死，世界精神也要死，因为两种是分不开的：但是世界精神怎么能够死？精神的世界怎么能够消灭？它不仅是这一个个人精神的世界，同时也是唯一的世界，所有灵魂共同的世界。为什么同日常生活没有关系的，不能消灭的世界，也会拉到死里边去？这就是死的经验所不能明了的事情，尤其是不能明了的，就是情人的精神，也受死的威恃，也要跟着死。

死亡鲜明地解释精神的秘密，这一种秘密藏在精神分裂的本性和它内心与外物的对峙。如果爱情从这种分裂中间走出来，那么死的思想就会永久保存它的分裂，它证明这一种对峙是永远不能够调和的，因的死的时间对精神是顶不快乐的，顶悲哀的。但是死的思想不仅是痛苦悲哀，而且是不能终了的。它是一个自相矛盾，自相消灭的思想，精神不消灭自己，不能想穿它。因此死，作为精神的死亡，永远也不能被精神经验思想。

这一种不可能，拿死亡来恐吓精神，叫它走上真正生存的战线。精神以精神的资格，一定要同死亡战争。这一种战争并不是生物为保全生命的战争，反对死亡的生存战争。生存还在同死亡作战，人类还在世界里边，只有在世界里边，他的生命才只是一个内心的过程；生存战争是日常精神为生命产业的使用享受的战争，生命的本身因此也成了一种产业。在它一方面，精神反对死亡的战争，或者简直可以说，反对死亡的思想的战争，却是精神为自己、为自己的统一与完全的战争，这种战争充满了精神。真实的生命，充满了思想真实的生命。

精神要反对死亡的思想战争，因为这一种思想是一种自相矛盾的思想。精神一发现了这种思想的矛盾，它已经战胜了它。在死亡的思想里边，精神个别自残的倾向，走来反对自己，消灭自己：但是精神因此也提高自己，超越日常。在日常世界的界限那里，开辟个人世界精神真正统一的国土。死亡的思想，是一个界限的思想，它把日常世界同真正精神世界、日常的坟墓同精神永久的生命分开。精神走过界限的时候，它就想到死亡；一想到死亡，它就走出日常，走进永久的生命。死亡的思想，是在日常中死了精神的回转与停留之点，如爱的观念是个人在世上复活之点一样。死亡的思想把死变成生，只有靠这一种变化，它才能够仍然是一个活动精神的思想；精神才能够把这种思想作为一种活动的思想保存起来。

这一种变化怎样可能呢？它有什么意义呢？死怎么能够变生呢？精神关于死亡的方面怎么能够自己表示自己呢？它怎么能够从它自己失败的记录里边去再得着胜利的思想呢？它从这一类思想里边得着希

望，就是日常在死里边完结了；日常的终结在它变成了世界时日的开始与上升，世界的时日，就是精神的时日。只有日常的精神，才会在死亡里边被征服；只有为它死亡，才同时是精神的死亡，就是变成了日常精神的死亡。但是实际上变成了日常精神的死亡，不是一般精神的死亡，因为世界精神不会死的，因此个人精神也不会死的。世界精神战胜了死亡，因为它战胜了日常生存的欲望，战胜了使用享受事物的冲动——战胜了死亡的恐惧。

只有靠这个战胜，精神才可以变成人生的主人，变成日常的主人。精神在日常中承认死亡，日常精神、日常世界也就死了，并不要它的单个和它的世界同时死。其实就是这一种个性，鄙弃死亡的恐惧，克服对于日常生活快乐的重视，它才是个人精神的世界精神，在战胜死亡的恐惧中间，感觉到它的生动——一种死不能恐惧的生动，因为它像世界一样，是不死的。这一种个人精神同时也是世界精神，不怕死的生动的感觉，把为完全为统一而战争的精神，鼓励到最高点，它把提高成英雄的勇气。

这种不怕死的英雄的精神，在死亡方面，正是自身的调和得到了自己的统一与完整。英雄气概是那明知道死亡，而且正因为死亡提高了的、胜利的、精神为本身的战争。因此在英雄气概中，就如在爱情中一样，个人精神同世界精神，精神与世界，最密切地联合。在英雄气概中间，精神成了世界的主人，死亡要抢去它的世界，它却把死亡引为反对日常的同志。所以死亡成了它战胜日常的标记。

一个不怕死的人生在日常里绝不会消灭的。英雄觉得他自己准备死，所以他也就不会死，想到死亡，他感觉到他的不死，他自己是个别的世界精神，他不会被消灭；死亡的思想，给他精神这一种不死。英雄的精神，把精神死亡的思想——这一个未深思的思想——变成真正的、不死的思想。

爱的经验和死亡的经验，彼此不同，因为重心不同，它们有精神相反的两方面。在爱的经验里，是个人精神，离开日常，就走到世界精神；在死亡的经验里，是世界精神，从日常里醒转来，把个人精神收归到自己。因为变成了日常的精神，就是有个别自残倾向危险的精神，所以爱的经验，精神的个别是主动的时候，它就从日常里依直线走出；死亡的经验，在其中精神的普遍是主动的时候，它就不一定是一根"直线"，乃是一根"断线"。爱的经验，让日常生活的使用享受，毫无损伤，只是努力从那里边直接升起到爱的快乐；死亡的经验，在经验里边要加入日常生活的消灭，感觉毁坏的痛苦，然后从那里得着英雄气概的经验。爱，解释日常；死，反证日常。爱保存精神的个别生命，同时它同世界精神结合；英雄气概从否定个别生命起，一直到它同世界精神的结合。在爱之中，精神不费力也同样胜利；在英雄气概里，精神没有牺牲是不容易胜利的。

因为爱对精神同日常一样，所以它常有降到日常，变成使用享受，因而死亡的危险；在它一方面，英雄气概绝对不会变成日常，因为精神反对日常，保持它同日常相反的地位。但是英雄气概也有一种危险：它同日常相反，可以提高到一种地步，精神缺少了个人精神的成分，变得冷静、生硬、"理智化"。这一种危险，引导我们的思想到一个问题：精神怎么样才能遇到普遍的自残倾向呢？

2 理智的世界，艺术与宗教

爱和英雄气概，表示精神反对仅仅变成个别战争的胜利，仅仅变成个别，精神就世界化了，事物化了，世界就不成世界了，就零碎破坏了。但是精神还有第二仗要打，就是反对仅仅变成普遍，仅仅变成普遍，精神和世界的真实与生动也被抢去了，仅仅变成超越个人或者普遍的精神，就像那变成日常的精神一样，再也不成其为精神了：一个离开了个人精神的世界精神，也就不是世界精神，只是一个理智；

用理智来包含的世界，根本就不是世界，乃是一个没有精神的一部分的，只是理智的，只是思想出来的联络——一种只是材料，或者只是理智统治的方法。理论仅仅代替了全部生命的位置，它同日常也是一样地"灰色"。

就像事物的使用享受，只要精神自己不沉溺在里边，不失掉它的精神本质，它对精神就是必须而且没有损害，理智的活动；如果它不要求，也是一样地必须而且没有损害。如果理智的使命是应用在世界精神上，如果它只拿来应用到自己，并且因为要保持世界的超越个别，压迫精神的个别，认为它是错误的根源，想把它赶出世界认识之外，把它当成随意的和偶然的地位，那么理智就变成精神的仇敌了。理智的客观性，对于科学的，特别的自然科学的认识是最高的、唯一的标准。但是这种认识，不是世界的认识，只是世界中生存的和发生事件的认识。

如果理智站在科学客观的立场，来说个人精神没有价值，那么它对个人精神就不对了；它把个人精神错当成日常精神，事物的使用享受决定充满了的精神，它鄙弃了个人精神中的世界精神。如果世界为着日常精神，降落分散为多少可使用享受的产业，那么理智也会把整个分裂成多少用计算方法可以驾驭的、合规则的关系，它们只是存在于理智想出来的关系中间。日常精神只知道一个真实作为围绕着它的世界，一个直接经验的没有世界的真实；理智简直不知道一个真实作为个人精神围绕着它自己的世界；它只知道一个直接完全不能经验的积或者积的关系的世界。日常世界是紊乱的，因为它从个人日常精神没有精神的偶然事物那里，去采取"度量"和标准；积的世界，从计算的理智的没有精神的必然性那里，去采取它的度量和标准。

两种幻象的世界，互相对峙，互相阐明，但是它们不能够共同去建筑完整和圆满的世界。完整和圆满的世界，不能够在这一个或者在那一个里边；它觉得自己因为在两个里边，分裂成两半，不能联合。

假如它在日常中分裂成许多小感觉，冲动感情的紊乱，那么理智的积的世界就不能给它任何统一，只是尽量采取它每一个感觉冲动感情，把它交给一个冷淡、空虚、普遍把它鞍裂的规则性。积是世界的积，是数的积，在那一方面，精神看起来好像完全空虚渺小，因为精神的积，同伙的积，是完全不一致的。如果日常用它的狭小把精神分裂，那么积的世界，不能解放它这种灾难，因为积的关系，不能给精神以积；它不能使精神明白观察世界的积，因为这一种积，实际上既不能数，又不能量，它根本就是精神的。

积的理智世界，不是真正的世界，因为它只建筑在必须上面，因为这个世界不能容许精神的创造和自由，只会把它束缚毁坏。假如日常世界不是真正的世界，因为它是一个紊乱，那么理智世界也不是一个真正的世界，因为它是一个机械，一个世界机器。如果日常精神是一个"小紊乱"，那么理智也不是"小宇宙"，因为它也是一样地没有多少宇宙的成分。并且理智，如果它还只是为自己的东西，它不过是机械的必须的元素，简直是规则的元素。它自己不是真的，因为它不是个别的，它只是"认识的感觉""纯洁的理智""空虚的形式"。

因此精神在理智世界里边，也同在日常世界里边一样，没有多少地位。假如理智还把它当成个人精神，当成属于世界的对象来研究，它一定会把精神弄得没有精神，因为它一定要把精神弄成机械，弄成世界机械的一部分，如斯宾诺莎那样。因此属于自然科学的心理学，是一个没有精神的心理学。如果理智老是经验地进行，老是靠经验和试验，那么它永远也不会发现精神；无论精神是个人精神或者世界精神，对于它都没有路径。它不能给生动精神的知识，它顶多只能给"心理现象"的知识。所以就像日常世界在精神的死亡那里发现它的界限，理智世界也在精神的生那里发现它的界限。这一个界限，限定了理智的世界图画，实际上并不算图画，只是一个图案，但是世界，不让自己按进任何理智的图案，因为它，就像精神一样，是生动的，因为它，既然是世界，只有在生动的精神中生活。

理智世界的界限证明，这个世界不是世界，它只是一个理智的图案，在世界里边可以比较计算，可以权衡度量的东西的理智图案。但是世界就像精神一样，不能比较，不能衡量，没有图案可以形容它，没有数目可以数尽它，没有空间、时间可以包括它。世界和精神是不理智的，固然它们互相关联，精神有世界，世界有精神，理智只是精神的一个断片，积与积的关系只是世界的一个断片。只有精神才能够衡量自己，只有世界才能够衡量自己；精神是世界真正的标准，世界是精神真正的标准。

日常世界和理智世界，是确切的同等图画，因为两个都是没有精神的，简直是精神仇敌的世界，或者是幻象的世界。因此它们虽然不能够阐明全体，解释世界，它们还是站在一直到现在还没有揭穿的精神解释的关系里边。它们就是那一些日常精神拿来使用享受的事物，理智知道怎么样去计算、度量、权衡它们。理智一旦认识了积的世界中间发生事情管理的规律，它就能够借给日常精神一种能力，更会利用事物来达到自己使用享受的目的。理智给日常精神手里一种方法，把它知道的应用物件的积的世界，做成一种工具，来满足它日常的需要，把"世界机器"来供人类驱使。理智知识实际的应用、技术，把只是理智的关系的理智世界，变成为使用目的事物的日常世界，这里它把两个现象世界都遮掩起来，给不能在这两个世界里生、不能在这两个世界里死的精神，一种表面和自己的一致。技术领导精神同世界的战争，到一种貌似的精神胜利，到一种靠理智力量建筑的表面统治世界的权柄，到一种精神和世界虚假的和平。

灰色的日常同灰色的理论在技术里边联盟，这种联盟的稳固，把精神挟制在可怕的铁钳里面。因为技术的貌似的精神胜利，把它弄得同日常越分不开，技术的表面的世界控制，只把它的世界精神，更残酷地加上锁链，由工艺得来虚假的和平，只更确切地抢去了它对自己真正的和平。这就是精神因为使用和理智的联盟，要处着的可怕地位，如果这个联盟夸耀真正调和了自身分裂的精神，如果它相信，它能够靠一种技术的宇宙观生活。世界机器成了机械的日常世界。精神的幻象世界，与精神同时堕落牺牲在它们两种自残倾向里。这就是理智的世界同日常精神两个联盟的结果。

如果爱与英雄气概，把精神从日常的纠葛里边解放出来，那么它还需要另外的经验，另外的影响，来炸破这个理智世界的监狱。爱与英雄气概是单独精神生活的最高点，是它同世界精神重新联合认识的最高点；在这个重新联合精神两种相反的行动来的不同重量，对着事实就消灭了，因为两次都是个人精神，胜利地反对单独自残的倾向。但是现在我们要明白，受普遍自残倾向威胁的，在它精神里受了侵害的世界精神，只变成理智的危险，它或者像理智一样，能够同个人精神重新联合，它仍然变成个别不失掉它的普遍。理智的知识，是自己否认自己，自己为普遍而消灭自己的个别精神的工作。精神的单独，怎么能够在理智活动、理智生活的范围里，在客观与普遍有效的范围里仍然保存，同时又不因为单独的任性与偶然妨害理智的工作，不牺牲理智的必须，不引起日常精神的小紊乱呢？

这一个同理智作战的精神，一定要解除自己一面对世界客观普遍而另一面又主观个别的矛盾；它一定要让没有个别的理智吸收它个别的精神；它一定要让自己产生一个超个别的世界，就像积的世界的幻象世界，同时又是个别生物，有精神，像情人英雄的世界一样；它一定要成世界的创造者和产生者，这个世界的精神，就是它自己，但是这一个世界又要离开它单独的精神，为自己而存在，其他一切的单独精神也要能够把它认定为它们自己的世界、唯一的世界。这一种争回精神，提高自己的理智，已经不纯然是理智，它简直是创造的精神；这一个精神创造的世界，就是艺术和宗教的世界。

艺术与宗教，是世界精神从单纯理智那里解放自己的路径，它自己以创造精神的资格来建筑一个超个别而又单独的世界。只有艺术与宗教才能够胜任这个工作，把世界一方面当成世界精神的世界，同时另一方面又把它当成个人精神的世界，解释清楚，做成经验，因此艺术、宗教能够联合许多精神，同时每一个个人精神对着这个由艺术宗教造成的世界，仍然不为普通理智来牺牲它的个性。只有艺术家和先知的创造行动，才演出停止分裂精神的矛盾的奇迹，因为它是世界精神，同时也是个人精神。伟大的、世界的、天才的或者神圣的个人精神，能够把它自己的个别，作为一切个人精神个别的标准，它能够让它精神形成的个别，像世界精神一样，在一切个人精神里面明白指示，因此赠给大家一个新的，高一点的精神个性。它能够调和由它形成的世界与一切个别的世界，因此由天才的工作，或者神圣个别的启示，可以使个人精神对于共同精神保持兴趣。伟大的希望展示给经验，也展示给思想——这种希望，我们在这里还要简单地指示。

艺术和宗教比理智活动的优点，也同爱与英雄气概比日常经验的优点一样地伟大。因此如果精神把艺术、宗教弄在日常中破坏，或者如果理智敢大胆把它们放在它的"世界"里边去，要愿用理智去了解它们，那么精神对它自己的最高产业，就算是叛逆了。就像人世的爱如果妄用来作为使用享受的对象，是一定要死的；艺术如果被使用为享受污秽，也一定要死的。宗教同英雄气概一样，少冒这种危险，但是要它冒失掉了精神个别的、充满和变成教训式的、麻木的、只是超个人的和专制的理智的危险。大体在爱与艺术、英雄气概与宗教中间有深沉的关系，这里我们还要略为讨论。

在人世的爱里边，这个男同这个女，就像大家说的一样，变成了一个心、一个精神，但是在观察艺术作品的时候，一群的精神也能够变成一个精神。艺术家的个性和他创造的世界，越是大越是重要，也越是世界化，那么依附他的群众，想把他的世界来作为他们世界的也越是多。英雄在他的英雄气概里边，却是很寂寞的；他依着"断线"

从日常升起到世界精神的时候，就断绝了他同他的同类的关系：死的寂寞停留了一点在它的精神里边。但是宗教能够升高成为神圣的精神，把神圣精神的死造成不死的象征，因此联合一切随从这个象征的精神；在对上帝的爱里边，也只有在对上帝的爱里边，一个民族能够，全人类能够并且应当变成一个——只有靠这个共同的爱，只有靠这个的共同英雄气概，一个民族才能够成为一个民族，人类才能够成为人类。

就像在每一个人世的爱里边，才含有一点艺术的想象，就像爱把每个精神变成艺术家，在每一个宗教里边，都生存着精神的英雄气概。因此艺术和宗教搭了一道桥，就像理智与精神一样，又像日常与精神，因为它精神化了人世的爱和人世的死。但是宗教最后也能够调和在艺术宗教里边分裂了的精神；在它把艺术的世界，采进神圣的，但同时又是人类单独的世界精神的精神里边，自己充满了这种精神超人世的爱，它不仅英勇地战胜了人世的死，同时也很好地解释了它，因此它使一切单独精神对超人世的、永久的生命有热烈的感情，而且把这种生命赠给与它。

萨亚屠师贾的序言 [1]

德国近代哲学家里边，没有一个人的气魄有尼采那样大，没有一个人的才气有尼采那样高，没有一个人的情感有尼采那样激烈，然而，也没有一个人的生活有尼采那样悲惨。从欧洲哲学史的过程来说，尼采代表康德而后哲学上注重人的趋势的最高点。希腊的哲学以宇宙为中心，对于宇宙的存在与真实，

1　原载《政治评论》第 120 号，1934 年，第 600 页以下。——编者注

同人类的理智有知道宇宙的真实的能力，从来不会产生任何问题。中世纪的哲学以神为中心，对于上帝的存在同人类信从上帝才能得救，也从来不会产生疑问。康德是欧洲第一个人，质疑宇宙上帝到底存不存在，人类到底有多大本事，他们究竟是否能够真正知道宇宙上帝的本来面目？结果，他发现人类的理智是有限的，我们所知道的宇宙不过是宇宙的现象而不是宇宙的本身，至于上帝的存在，靠人类的理智无论如何不能证明。这样，康德叫人类自己批评自己，人类既然能够自己批评自己，无形中他提高了他自己的尊严，把他自己的运命，从宇宙上帝那儿，拿回来放在自己手里。尼采把这种注重人的趋势演到极端，结果成就了他的超人主义。从另一方面来说，19世纪，工业发达，科学进步，物质主义嚣张一时，人类成了猴子的后人、没有灵魂的动物、工厂机械的奴才、社会群众的一分子，人类的尊严差不多完全失掉。尼采看不惯这种情形，恨极了这种只有物质、没有精神、丑恶无聊的文化，想出来唤醒大家创造一种新文化、新宗教、新人生观。但是尼采用的方法，不是干枯艰深、毫无生气的逻辑，乃是充满了诗意，充满了情感，充满了神秘性的教训。他不愿意做哲学家，他愿意做宗教家；他不要说服人，他要命令人。所以，我们研究尼采的哲学——如果我们还可说他的教训是哲学的话——同研究旁的哲学家不同。在这儿，我们没有清楚的条理，没有逐步的证明，完全要在字里行间去心领神会。但是尼采的文章，艰难在这个地方，美丽也在这个地方。尼采不单是第一流的思想家，同时又是第一流的诗人。他的文章在世界文学史上也要占很高的位置。在中国理智主义高涨的时代，大家都鄙弃中国哲人的《论语》语录，总想方设法东拉西凑，勉强编成一个系统来，我们现在忽然来读尼采不要系统的文章，也许可以一新耳目。至于尼采所说的："没有牧人，没有羊群！每人都要平等，每人都是平等。谁有另外见解，只有自己愿意进疯人院。"对于今日一盘散沙、幽默讽刺的中国，更有极沉痛的意义。《萨亚屠师贾这样说》为尼采最成熟、最伟大的作品，此为全书序言，尼采主张，此处已可以略窥全豹。

1

萨亚屠师贾到三十岁的时候，他离开了他的家庭同他故乡的湖泽，走到山里去。在那儿他享受他的精神同他的寂寞，十年都不疲倦。但是最后他的心变了——一天早上，他同朝晕一块儿起来，走到太阳面前，向他这样说：

"你伟大的星！如果你没有你照临的东西，你的幸福又是什么呢！

"十年中你来到我的洞口：没有我，没有我的鹰同我的蛇，你的光明同这条路径一定太富余了吧。

"但是，我们每天早上等着你，取你的富余，因此祝福你。

"你看！我的智慧现在也太富余了，好像蜜蜂一样，吸收了太多的蜂蜜，我需要一双自己伸展的手。

"我喜欢赠送分配，一直到人类之中聪明的人再为他们的愚蠢高兴，贫穷的人再为他们的富豪高兴。

"因此我一定要降到深处去，好像你晚间走过海的那一边，还给下以光明一样，啊，你过于富足的星！

"我一定要像你一样'走下去'，人类这样叫你，我现在要到他们下边去。

"所以请你祝福我，你安静的眼睛，你就没有嫉妒也能够看见极大的幸福！

"请你祝福那要流水的杯子，水要金光灿烂地从他那里边流出，无

262

论什么地方都负有你快乐的光辉!

"你看! 这个杯子又要空了, 萨亚屠师贾要到人间去了。"

2

萨亚屠师贾独自走下山去, 没有人遇见他。但是当他走进树林的时候, 忽然一个老人站在他面前, 这位老人离开了他神圣的茅舍, 在树林中寻草根。于是老人对萨亚屠师贾这样说:

"这个游走的人同我并不面生: 在几年以前, 他曾经从这儿经过。他名叫萨亚屠师贾, 但是他变了。

"那个时候你把灰炉带到山上, 你今天要把火带到谷里去吗? 你不怕受放火的惩罚吗?

"是呀, 我认识萨亚屠师贾呀。他的眼睛是清洁的, 他的口齿是不令人讨厌的。他不是走路像一个跳舞的人吗?

"萨亚屠师贾变了, 他变成小孩子了, 他是一个醒悟者了: 现在你要到睡梦的人那里去做什么?

"从前你在寂寞中生活, 好像在海洋里边一样, 真可惜, 难道你想上岸去吗? 真可惜, 难道你想自己拖自己的身子吗?"

萨亚屠师贾答道: "我爱人类。"

隐士说: "为什么我却走进深林荒野呢? 不是正因为我太爱人类吗?

"现在我爱上帝: 人类我不爱了。我觉得人类是一个太不完全的东西。对人类的爱会把我弄死。"

萨亚屠师贾答道: "我说什么爱呵! 我替人类带一件礼物去。"

隐士说: "不要给他们什么东西。最好拿他们一点什么东西带回来——这样一定能够令你最适意; 如果令你只是适意就算了!

"如果你定要给他们什么东西, 那么顶多只给他们一次赈济, 让他们因此还要再去讨!"

萨亚屠师贾答道："不，我不给他们任何赈济。我还不够富来做这类事情。"

隐士笑萨亚屠师贾这样说："你看他们会不会接受你的宝贝，他们对隐士们常产生疑心，他们不相信我们会来送礼物。

"我们的脚步过街的时候，他们听起来太寂寞了。正好像他们晚间，太阳还早，没有出来以前，在床上听见人走，他们要问：这个小偷儿要到哪里去？

"我劝你不要到人类那里去，留居在树林里！宁肯到禽兽那里去还好一点！为什么你不像我一样当熊里面的一头熊，鸟里面的一只鸟呢？"

萨亚屠师贾问道："隐士在树林里做什么？"

隐士答道："我作歌唱歌，我作歌的时候，我笑，我哭，我哼：这样我赞美上帝。

"我用我的歌、笑、哭、哼、来赞美上帝，赞美我的上帝。但是你带有什么礼物来送我们呢？"

萨亚屠师贾听见这句话的时候，他向隐士敬礼，说道："我带有什么礼物来送你呢？最好让我赶快走开，免得我拿你什么东西！"——于是他们就分手了，老人同他都笑，好像两个小孩子笑一样。

萨亚屠师贾到独自一人的时候，自己思忖道：这是可能的事情吗？这位老年的隐士，在他们树林里一点没有听见，"上帝"已经"死"了！

3

萨亚屠师贾走到林边最邻近的一个市镇，看见许多民众集合在市场上！因为听说可以观看走索桥。于是萨亚屠师贾这样对民众说："我教你们做超人。人类是一种应该克服的东西，你们做了什么去克服他呢？

"一切的物件，到现在都创造了一点超过自己的成绩；你们还是愿意做一次洪水的潮流呢？或者还是会肯回到禽兽，不愿意克服人类呢？

　　"猴子在人类的眼光里是什么呢？一种笑话或者一种可痛的耻辱。同样，人类在超人的眼光里也是一种笑话，或者一种痛心的耻辱。

　　"你们已经把从虫子到人类的路做成功了，但是你们自身里边还有许多虫子的成分。你们曾经做过一次猴子，现在人类还是比一些猴子还像猴子些。

　　"在你们中间最聪明的人，也不过是植物同鬼怪的分歧和混合。但我是叫你们变鬼呢，还是变植物呢？

　　"看啊，我教你们做超人。

　　"超人是地球的意义。你们的意志说：超人'是'地球的意义！

　　"我向你宣誓，我的弟兄们，'对地球忠心'，不要信讲超地球的希望一类的话的人。他们是服毒药的人，连他们自己还不知道。

　　"等死的人，服毒的人，都是人生的厌弃者，地球已经对他们疲倦了，愿他们早去了吧！

　　"从前对上帝犯罪是极大的罪过，但是上帝死了，这种罪过也跟着他一块死了。现在对地球犯罪，对于不可解释的东西，比地球的意义还尊敬，却是极大的罪过！

　　"从前灵魂厌弃肉体：在那个时候，厌弃是最高尚的——灵魂想把身体弄得枯瘦、丑恶、饥饿。他想逃脱地球同身体。

　　"啊，这个灵魂自身却仍然枯瘦、丑恶、饥饿：他唯一的快活就是残酷！

　　"但是我的兄弟们，你们仍然对我说：你的身体还能讲什么灵魂？你的灵魂难道不是贫穷污脏同一种可怜的快活吗？

　　"不错，人类本是一条脏河。除非变了海，不能够容纳脏河的同时不污脏了自己。

　　"看啊，我教你们做超人：超人就是海，你们一切'大厌弃'都可以全装进去。

"什么是你们生活最伟大的呢？就是你们'大厌弃'的时候。在那个时候，你们厌弃幸福，同样地厌弃理性，厌弃德操。

　　"在那个时候，你们说：'我的幸福有什么！它只是贫穷、污脏同可怜的快活。但是我的幸福，要生存本身证明合理！'

　　"在那个时候，你们说：'我的理性有什么！它不是想知识，好像狮子想食物一样吗？它只是贫穷、污脏同可怜的快活！'

　　"在那个时候，你们说：'我德操有什么！它还没有把我弄得冒火。我对于善恶是多么地疲倦了呀！一切都是贫穷、污脏同可怜的快活！'

　　"在那个时候你们说：'我的公理又有什么！不见得我就是炭火，但是讲公理的人却是炭火！'

　　"在那个时候你们说：'我的同情又有什么！难道同情不是爱人类的人被钉在十字架上的吗？但是我的同情不是钉十字架。'

　　"你们已经这样讲了吗？你们已经这样叫了吗？哎，我要真已经见你们这样叫就好了！

　　"不是你们罪过——你们的满足叫喊了上天，你们罪过中的贪婪叫喊了上天！

　　"用舌头舐你们的电光在哪儿？你们身上生根了的疯狂在哪儿？

　　"看啊，我教你们做超人：超人就是电光，就是疯狂！"

　　萨亚屠师贾说完的时候，民众里边有一个人叫道："我们已经听够走索桥的人了；现在让我们看一看他！"大家都笑萨亚屠师贾。但是走索桥的人以为在说他，立刻就准备动手工作。

4

　　但是萨亚屠师贾看着民众心里奇怪。后来他这样说：人类是一根接连着禽兽和超人的绳子——一根牵过悬崖的绳子。

　　一个危险的超过，一个危险的上路，一个危险的回顾，一个危险的惊恐同站立。

人类伟大的地方，就是，他是一座桥，不是目的；人类可爱的地方，就是，他是一条"过渡"的路，一条"堕落的路"。

我爱那不知道怎样生活的人，他们是降下的人，因为他们是过渡的人。

我爱那最能厌弃的人，因为你们是最能崇拜的人，他们渴望隔岸的箭。

我爱的不是在星球后边去找地方然后总下去牺牲的人，我爱的是为地球牺牲，使地球有朝一日变成超人地球的人。

我爱那从生活去认识，从愿意认识去使超人有朝一日生存的人。这样他愿意他的堕落。

我爱那工作发明好为超人造房子，替超人预备地土、禽兽、植物的人：因为这样他愿意他的堕落。

我爱那爱德操的人：因为德操是肯降下的志愿，是想望的箭。

我爱那一点精神不保守，把全部的精神用在德操上的人：这样他才能够像精神一样地走过桥。

我爱那从德操里边找出他的倾向和依附的人；这样他才能够为德操而生，为德操而死。

我爱那不愿意有太多德操的人。一个德操比两个德操还多，因它多有几个依附的结子。

我爱那耗用灵魂、不受感谢、不要收回的人：因为他常常赠送，不肯保存。

我爱那幸福的骰子掷着他，他却羞惭的人，他要问：难道我是一个作假赌钱的人吗？因为他愿意灭亡。

我爱那先说大话而又能常常行过于言的人：因为他愿意他的堕落。

我爱那证实将来、解放过去的人：因为他愿意在现在灭亡。

我爱那因为爱上帝而责罚上帝的人：因为他一定要在上帝盛怒之

下灭亡。

我爱那灵魂容易受重伤，为一件小事情就会灭亡的人：这样他才高兴过桥。

我爱那灵魂充满，一切事物都在自己里边，把自己都忘记了的人：这样一切的事物都变成他的堕落。

我爱那有自由精神、自由心胸的人：这样他的头脑只是他心的肠胃，但是他的心却驱迫着他走上堕落的路。

我爱一切像沉重雨点一般，一个一个地从悬挂空中黑云里掉下来的人：他们报告电光到了的消息，同时以报告消息的人的资格堕落灭亡。

看啊，我就是一个报告电光消息的人，我就是一个从云里掉下沉重的雨点：但是这个电光却名叫"超人"。

5

萨亚屠师贾把一席话说完以后，他再看着民众，不再讲话，他心里想道：

"他们站在那儿，他们笑：他们不了解我，我不是说这种耳朵的嘴唇。

"难道一定要先把他们耳朵打烂，使他们学用眼睛听吗？难道一定要像打锣鼓的传教的那样大声吗？或者难道他们只相信口吃的人吗？

"他们有一种令他们骄傲的东西。这种令他们骄傲的东西，他们叫作什么呢？他们把它叫作教育，这表示他们与牧羊的人不同。

"因此他们不高兴听'厌弃'这个字。所以我要说他们的骄傲。

"所以我要讲最可鄙弃的东西：这却是'最后的人类'。"

于是萨亚屠师贾这样对民众说：

"现在是人类定好目的时候了。现在是人类下最大希望的种子的时候了。

"现在的他的地土还够丰富。但是这片地土有一天也会变得贫乏，没有高树木能够在上面生长。

"可怜呀！有一天人类不会把他们向往的箭朝人类射出去，忘记了怎样拉他们弓上的弦！

"我告诉你们：一个人一定自己心里还有一种混乱，然后才能产生一个跳舞的星。我告诉你们：你们心里现在还有这种混乱。

"可怜呀！有一天人类不能再产生什么星宿。可怜呀！有一天最可厌弃的人类不能自己厌弃自己。

"看啊！我指示你们'最后的人类'。

"'什么是爱情？什么是创造？什么是想望？什么是星？'——最后的人类这样问，这样动眼睛。

"地球变小了，最后的人类在上面跳，把什么东西都弄小。他的种族同虫子一样不能消灭；最后的人类生活得最长。

"'我们已经找着幸福了'——最后的人类这样说，这样动眼睛。

"他们离开艰难生活的环境：因为他们需要温热。他们还爱邻居，自己去同他摩擦：因为他们需要温热。害病和怀疑，他们认为罪过：他们小心的前走。踢着石头踢着人绊了跤，算傻子！

"稍微加一点毒药：可以做舒服的梦；最后用大批的毒药：可以得舒服的死。

"大家还工作，因为工作是一种娱乐。但是大家很留心，不要让这种娱乐发生攻击。

"大家再不变贫穷与富豪；两种都麻烦。谁还统治？谁还服从？两种都麻烦。

"没有牧人，没有羊群！每人都要平等，每人都是平等。谁有另外见解，只有自己愿意进疯人院。

"'从前全世界都疯狂过。'——他们最漂亮的人这样说，这样动眼睛。

"大家都聪明，什么发生的事情都知道：所以没有可以嘲笑的结果。大家还吵架，但大家立刻就和好——不然要坏胃口。

"大家有白天的快活，有晚上的快活：但是大家尊敬健康。

"'我们已经找着幸福了'——最后的人类这样说，这样动眼睛。——"

这儿萨亚屠师贾的话，别人叫作序言，就完了：因为在这个地方，民众的呼喊快乐把他的话截断了。他们叫道："啊，萨亚屠师贾，给我们这个最后的人类，让我们变成这个最后的人类！我们也送给你超人！民众大家都欢叫掇嘴。萨亚屠师贾却变悲哀，心里想道：

"他们不了解我：我不是说这种耳朵的嘴唇。

"我在山里生活得太久了，我听溪流树木听得太多了：现在我对他们讲话，就像牧羊人一样。

"我的灵魂不摇动，像上午山峰一样地光明。但是他们以为我是冷静，我是一个开可怕的玩笑的人。

"现在他们看着我笑：他们在笑我，心里仍然在恨我。他们的笑里边藏得有冰。"

6

但是那儿发生了一件事情，令每人的口卷起舌头，瞪起眼睛。在那个时候走索桥的人已经动手干他的工作了：他从一道小门出来，走过一条牵过两座高塔、经过市场群众的索子。他到半路的时候，小门再开，一个穿花衣服的同伴，像一个丑角，跳出来，用快的脚步去赶第一个。他用可怕的声音叫道："跛子，往前走，懒猪、奸商、青脸，往前走！我只要不用我的脚跟搔你就好了！什么东西把你赶到这两座高塔中间来呢？你应该在塔里边去，你应该拘留在塔里边，你把一个比你好的人的路挡着了！"——他每讲一句话，就走近他一点；但是他走到只差一步在他后边的时候，忽然发生了一件最可怕的事情，把每人都弄得卷起舌头，瞪起眼睛：他像鬼一般地叫了一声，跳过了挡住他路的人。这个人看见他的对手胜过了他，一下失了知觉，滚下绳子，他把他的木棒扔掉，手连脚地比木棒还快地栽下来。市场的民众好像起了风浪的海洋一样：大家都乱七八糟地骚动，特别在掉下来的人的旁边。

萨亚屠师贾却站住不动，绊下来的人就躺在他的旁边，身体打得稀烂，但是还没有死。隔一会儿受伤的人苏醒过来，他看见萨亚屠师贾跪在他身旁，最后他讲道："你在这里做什么？我早就知道鬼会找我。现在他拖我进地狱去，你愿意同他决斗吗？"

萨亚屠师贾答道："我可以老实告诉你，我的朋友，你讲的东西全没有：也没有鬼，也没有地狱。你的灵魂比你的身体还死得快：现在你不必再怕了！"

这个人怀疑地望着他。他说："如果你说的是真理，那么我失掉了生命，并没有失掉什么东西。我同别人用鞭子、用小果点来教跳舞的禽兽，相差本来就有限。"

萨亚屠师贾说："也不尽然。你从危险中做你的职业，这并没有什么可鄙弃。现在你死在你的职业上：因此我要用手来安埋你。"

萨亚屠师贾说完的时候，死者已经不讲话了；但是他动他的手，好像要抓萨亚屠师贾的手来感谢他一样。

7

在这个时候，晚上已经来了，市场沉浸在黑暗里边；民众都走开，因为就是好奇同惊恐也有厌倦的时候。萨亚屠师贾却坐在死者旁边的地上，沉沉地思想：这样他把时间全忘记了。但是最后变成黑夜，冷风吹着寂寞的人。萨亚屠师贾立起身来，对自己的心讲道：

"真的，萨亚屠师贾打了一次好鱼，一个人也没有捉着，只捉了一具死尸。人类的生存真是奇怪，但是仍然没有意义：一个丑角也可以依附着它。

我要教人类他们生存的意义：什么是超人，什么是从黑云里出来的电光的人。

但是现在我隔他们还很远，我的意思没有到他们的意思。在他们的眼光里，我还是一个傻子同一个死尸在一起。

夜是黑的，萨亚屠师贾的前途也是黑的。来吧，你冷硬的同伴！我把你背在一个地方，用手来安埋你。"

萨亚屠师贾对自己的心讲完以后，把死尸背在背上往前走。他还没有走一百步，有一个人偷偷地来在他旁边，对他耳朵悄悄地讲——看啊！讲话的人原来就是高塔上的丑角。他说道："萨亚屠师贾，我劝你离开这个市镇；这里恨你的人太多了。好人同公正的人都恨你，他们说你是他们的仇敌，是厌弃他们的人；真正信仰的信徒也恨你，他们说你是群众的危险分子。你总算有运气，大家都笑你：实在是，你讲话活像一个丑角一样。你总算有运气，陪伴了这只死狗；因为你肯这样作践自己，所以才救了你自己的性命。你最好离开这个市镇吧——不然，我明天要从你身上跳过，一个活人跳过一具死尸。这个人说完，马上就不见了；萨亚屠师贾却穿过黑暗的街巷再往前走。

在城门口，他遇着了挖死坟的人：他们用火把照着他的脸，认得他是萨亚屠师贾，拿他来大开玩笑。"萨亚屠师贾把死狗背去了：妙得很，萨亚屠师贾也变成挖死坟的人了！因为我们的手来管这块肉，未免太干净了。难道萨亚屠师贾想要偷鬼的事物吗？妙极了！唯愿你的胃口好！只希望鬼不是一个比萨亚屠师贾还更厉害的贼就好了！他会两个都偷，他会两个都吃！"他们相与大笑，把头凑在一块儿。

萨亚屠师贾不讲一个字，自己走自己的路。他走了两个钟头，经过树林水坑，他听见许多饿狼的嚎叫，他自己也变饥饿了。所以他停步在一个寂寞的屋子旁边，里边有一盏灯光照耀。

萨亚屠师贾说："饥饿就像强盗一样来攻击我。饥饿在树木水坑旁边来攻击我，又是在深夜。

"我的饥饿有奇怪的脾气。他常常在我餐后才来，今天整天他都不到：他到底曾经到哪儿去了呢？"

这样，萨亚屠师贾去敲门。一个老年人出来，手里拿着灯，问道："谁到我这儿来，谁到我睡不好的时候来呢？"

萨亚屠师贾道："一个活人，一个死人。请你给我一点饮食，因为我白天忘记了。俗话说得好：谁给饥饿的人东西吃，自己的灵魂也得新鲜。"

老人走去，但是立刻转来，给萨亚屠师贾面包和酒。他说："饥饿的人到这一带的地方很倒霉，所以我住在这儿。禽兽同人类都来找我，都来找我隐居的人。但是让你的同伴也饮食一点，他比你还疲倦。"萨亚屠师贾答道："我的同伴已经死了，我很难劝他再食东西。"老人粗暴地说："这同我没有关系，谁敲我门，一定要领受我贡献的东西。请你好好地饱餐一顿！"

萨亚屠师贾吃完后又走了两个钟头，他依着路同星光走：因为他是一个习惯夜行的人，他喜欢看一切睡觉的东西的脸面。但是天发白的时候，萨亚屠师贾发现他自己在一个深林中，四围再也找不见路。他把死人放在头上一株空树里边——因为他想免得豺狼来拖去——自己却睡在地面青苔上。他立刻就睡着了，身体很疲倦，但灵魂一点儿不动摇。

8

萨亚屠师贾睡了很久，不但朝晖就连上午都走过了他的脸面。但是最后他把眼睛睁开，萨亚屠师贾惊异地看见树木同寂静，惊异地看见他自身。然后他赶快起来，好像一个航海的人，忽然看见陆地一样，欢呼高叫：因为他看见了新的真理。于是他这样对他自己的心说：

"我心中升起了一种光明：我需要同伴，活的同伴，不是死的同伴，和我可以随意背在那儿的死尸。

"我需要活的同伴，他们随从我，因为他们自己心甘情愿——我要到哪儿去，他们就随着我到哪儿去。

"我心中升起了一种光明：萨亚屠师贾不是对云讲语，是对同伴讲话！萨亚屠师贾不应当做一个羊群的牧人和狗！

"从羊群里去带走许多羊儿出来——我来就为这个目的。民众同羊群一定要对我生气：萨亚屠师贾要叫牧人做强盗。

"我说他们是牧人，但是他们自称为好人正人。我说他们是牧人，他们自称为真正信仰的教徒。

"你看那好人同正人啊！他们最恨谁呢？就是打碎他们价值牌子的人，打碎的人，犯罪的人——但是他却是创造的人。

"创造的人要找同伴，不找死尸，也不找羊群，不找信徒。创造的人要找共同创造，把新价值写在新牌子上的人。

"创造的人要找同伴，要找共同收获的人：因为现在一切都成熟，可以收获了。但是他还差一百把镰刀，所以他不能不用手采谷子，心里很生气。

"创造的人要找同伴，要找知道磨快镰刀的同伴。别人要叫他破坏鄙弃善恶的人。但是他们却是收获庆祝的人。

"萨亚屠师贾要找同伴，萨亚屠师贾要找共同收获、共同庆祝的人：他同羊群、牧人、死尸一块能够做出什么！

"你，我第一个同伴，珍重吧！我把你好好地埋在空树里边。我把你好好地藏着，不让豺狼看见。

"但是我要同你分别，时间已经到了。在一昼夜里边，我已经发现了新的真理。

"我不应当做牧人，我不应当做挖死坟的人。我一次也不再同群众讲话了：我对死尸算讲过了最后一次的话。

"我要同创造的人、收获的人、庆贺的人，一块儿来往：我要把虹霓通到超人的梯子指示给他们看。

"我要对隐士们唱我的歌；谁还有能听却没有听见过的东西的耳朵，我要用我的幸福把他的心弄沉重。

"我要达到我的目的，我要走我的路；我要跳过徘徊迟滞的人。所以我的路是下降的路！"

9

这一席话，萨亚屠师贾在太阳交正午的时候对他自己的心说：忽然他惊疑地抬头一望——因为他听见上边有鸟声。看啊！一只老鹰在空中绕大圈子，他身上吊得有一条蛇。不像一个俘虏，却像一个女朋友：因为她围绕着他的颈项。

萨亚屠师贾满心欢喜地说道：

"它们是我的禽兽！

"它们是日光下最骄傲的禽兽，它们是日光下最聪明的禽兽——它们出来探听消息。

"它们想探听，看萨亚屠师贾还活着没有。真的，究竟我还活着吗？

"我发现在人类里边比在禽兽里边还危险，萨亚屠师贾走的是危险的路。唯愿我的禽兽引导我就好了！"

萨亚屠师贾说完以后，他想着树林中隐士的话，叹一口气，这样对他自己的心说：

"我希望我聪明一点！我希望我根本上像我的蛇那样聪明！

"但是我请求不可能的事情：我请求我的骄傲常常同我的聪明一块儿走！

"如果有一天我的聪明离开了我——哎，它最喜欢飞走的！希望我的骄傲还能仍然常常同我的愚蠢一块儿飞！"

——这样萨亚屠师贾开始下降。

编者后记

陈铨与战国时代的尼采

　　2007 年 5 月，同济大学百年校庆期间，陈铨先生的女儿和女婿从江苏吴江来，说要把他们已故父亲的外文藏书捐赠给我们人文学院。我当时不免有些诧异：我知道陈铨先生是中华人民共和国成立以前同济大学文学院的教授，且担任外文系主任，按说陈先生的外文藏书应该送给外文系（现在是独立的外语学院）才对呀；再说了，陈铨先生 1952 年自同济大学调入南京大学外文系，直到 1969 年去世都在南大工作，要说捐赠，也应该考虑捐给南大外文系呀。然而，陈先生的女儿和女婿却执意把这批外文藏书献给我们刚刚恢复不到一年的同济大学人文学院。我们自然是乐于接受这些珍贵的外文书的（其中以德文著作居多）。当时我代表人文学院，向陈铨先生的女儿和女婿表达了感激之情，并且表示，将为他们捐赠的陈铨先生外文藏书设一专柜，以示纪念。

　　陈铨先生的这些书，现在陈列在同济大学欧洲思想文化研究院（隶属于人文学院）的图书室里。这些书刚刚上架时，我还专门跑去看望了一回，在书架前伫立了许久，心情是相当复杂的。其实我后来了解到，陈铨先生于 1957 年 6 月 14 日在南京大学被打成右派，被打发到外文系资料室做图书管理员。在当天的《关于右派分子陈铨的结论》中，校方指控"陈在鸣放中利用各种机会污蔑和攻击党的领导及党的各项政策"，共列有 12 项问题。1961 年 9 月 25 日，陈铨被摘掉了右派帽子（可见他的问题不严重呀）。但在"文化大革命"中，已经被摘帽的陈铨仍旧受到了批斗，经历百般摧残，十分凄惨，终于在 1969 年

1月31日在南京大学去世。1979年1月31日，南京大学发文为陈铨平反，"恢复教授职称及政治名誉"，而此时陈铨已经离开人世整整10年了。现在看来，陈铨先生五六十年代的悲惨经历固然不能全怪他当时的所在单位，但家人的切身感受和经历，又岂是我们外人所能完全了解和体会的？在他们的经验和记忆里，"外文系"恐怕已经成了一种创痛的标识，一个伤心之地，可能才有了上面讲的捐书故事。

陈铨先生（1903—1969年）是四川富顺人，1921年考入清华留美预备学校，比贺麟先生低两届；1928—1930年美国奥柏林大学获硕士学位；后赴德国基尔大学攻读博士学位，1933年转学柏林大学，获文学博士学位。当时在德国，除了陈铨先生，还有同期从美国来德国柏林大学的贺麟先生，以及在海德堡大学攻读博士学位的冯至先生。这三位"德国博士"的年龄和才气均不相上下，但三位当中，命运最悲惨的恐怕就要数陈铨先生了。

我们知道，陈铨先生与林同济、雷海宗并列，为"战国策派"三大主将之一，在20世纪40年代初名噪一时。这三位主将都有清华背景，都是留美学人（陈铨先生后又转赴德国留学），抗战时都是西南联大的教授。三位当中，陈铨先生是文学家和哲学家，后来是同济大学教授，中华人民共和国成立后，从同济大学转到南京大学外文系；林同济先生是文学家和翻译家，翻译过莎士比亚的《哈姆雷特》，中华人民共和国成立后，在复旦大学外文系任教；雷海宗先生是史学家，著有《中国文化与中国的兵》等，中华人民共和国成立后，在南开大学历史系任教。而在"战国策派"这三大主将中，命运最不济的竟也是陈铨先生。

在一定程度上，陈铨先生的命运是与尼采相关联的。在"战国策派"主将中，陈铨和林同济是"尼采迷"，雷海宗则主要受到斯宾格勒的影响，因此，也有尼采的间接影响。"战国策派"的基本主张是所谓"文化形态史观"，大体认为欧美目前文化形态类似于中国古代的"战国时代"（所谓"战国时代重演论"），方才有两次世界大战的混乱格局，而中国如果要在这个"战国时代"生存下去，就必须激发起民族的生存意志，必须"尚力"。《战国策》半月刊的发刊词表明了该派人物们的文化主张和"尚力观"："本社同人，鉴于国势危殆，非提倡及研讨战国时代之'大政治'（high politics）无以自存自强。而'大政治'例循'唯实政治'（real politics）及'尚力政治'（power politics）。'大政治'而发生作用，端赖实际政治之阐发，兴乎'力'之组织，'力'之驯服，'力'之运用，本刊……抱定非红非白，非左非右，民族至上，国家至上之主旨，向吾国在世界大政治角逐中取得胜利之途迈进。"战国策派的"尚力政治"（Power politics），其思想背景显然是尼采哲学，特别是尼采的"权力意志"学说。陈铨先生甚至把尼采的意义提高到关乎民族国家生死存亡的高度："中国处在生存竞争的时代，尼采的哲学，对于我们，是否还有意义，这就要看我们愿意做奴隶，还是愿意做主人，愿意做猴子，还是愿意做人类……因为尼采的哲学，根本就不是替奴隶猴子写的。"[1]

因为"尚力"，所以必定也要"尚武"。最典型的是史学家雷海宗先生，他于1935年撰《中国的兵》一文，对中国历史上的"兵"做了大尺度的分析。据他的研究，春秋战国时代实行"征兵制"，上等社会人人当兵，文人也不能例外；汉代则实行"募兵制"，上等社会不服兵役了，流民和贫民们当兵，遂使国势衰落；此后唯有唐代实行半征兵的"府兵制"，方使得国家又强盛了一回。雷海宗这篇著名文章的结论大抵是：两千多年中国社会的发展是畸形的，因为它向来重"文德"而不振"武德"，致使国家积弱；只有发扬"武德"，实行征兵制，人人当兵，才能使中国自立。

在当年救亡压倒一切的特定时代处境中，"战国策派"的"尚力崇

1　陈铨："尼采的思想"，载《战国策》第7期，1940年；后收入陈铨：《从叔本华到尼采》，重庆在创出版社，1944年；上海大东书局，1946年。——编者注

武"思想属于知识界对于民族命运和国家忧患的正常反应。试想国难当头，家破人亡，内地的大学都流亡到了西南边陲（我们听惯的说法是所谓"中国之大竟放不下一张课桌了"，实情确也如此），这时候，还不许学者们来一点儿暴力性的高调主张吗？后来有人批判"战国策派"的国家主义和民族主义的"尚力"立场，甚至斥之为"法西斯主义"，大抵是有点儿上纲上线了，也算是"站着说话不腰疼"之一种了。总体上，我以为，战国策派的基本逻辑并未偏离五四运动以来中国知识分子的核心关切和思想基调。

同样，与五四运动时期相比较，"战国策派"心目中的"尼采形象"也没有太多偏离，并没有发生根本性的变化。尼采差不多是中国新文化运动中不落的思想明星。如果说在五四新文化运动（有人也称之为中国近代的"第一次启蒙运动"）中，中国知识分子们喜欢把尼采树为一个"反传统、扬生命"的生命哲学家形象，那么，在"战国策派"陈铨、林同济等人那里，尼采这个基本形象仍旧保持下来了。只不过，像鲁迅这样的五四学人会突出尼采的个性论—实存论维度，而"战国策派"的学者们则更强调甚至蓄意强化了尼采哲学中的政治色彩，把尼采哲学当作民族精神的"兴奋剂"或"强心剂"，借以发扬民族国家的群力。之所以有这样一种分别，主要还是因为前述的"救亡压倒了启蒙"的缘故。再者，较之对于尼采没有多少义理上的了解、但又要高举尼采旗帜的五四学人，20世纪40年代的"战国策派"学人的"尼采形象"的确立有了较为坚实的学术和理论基础，比如陈铨先生和林同济先生，他们对尼采哲学的理解和探讨是比较深入的，构成了中国尼采研究的最早成果。尤其是陈铨的《从叔本华到尼采》一书，可能是中国第一本尼采专题研究的著作，从而具有开创性的历史意义。

当然这只是比较而言。陈铨先生的主业终究是做文学的，哲学顶多是他的副业，他关于叔本华和尼采的著作还是以传记—文学式介绍的成分居多，理论成分不占多数，在哲学思想的研讨上还不免粗疏。对此我们应当持有"历史的同情"，因为毕竟还在 20 世纪 30 年代后期至 40 年代早期，那时候，国际上的尼采研究恐怕也还没有真正上路呢——我们看到，也正是在这个时期，恰好德国思想家马丁·海德格尔也在战争动乱中研究尼采，通过十年讲座讨论"尼采哲学"，后整理出皇皇巨著《尼采》两卷本，由此才得以真正把尼采确立为"哲学的尼采"。此外就是世界大战带来的暴戾之气，它一方面让我们产生对当时学者和学术的同情的理解；另一方面，也让我们不得不警惕当时一些学术思想中流露出来的狭隘偏向，比如在陈铨及其"战国策派"那里。

本书收录陈铨先生的德国哲学论著 10 篇、哲学书评 4 篇、哲学译文 4 篇，共计 18 篇，是我们目前所能看到的陈铨先生全部的德国哲学方面的文字了——毕竟陈铨先生的学术主业不是哲学。正文部分的 10 篇完全是陈铨先生关于叔本华和尼采哲学的著述。其中《叔本华生平及其学说》《从叔本华到尼采》原是单本著作，分别于 1940 年和 1944 年出版，后者作为单本著作出版时，还收有《尼采的思想》《尼采的政治思想》《尼采心目中的女性》《尼采的道德观念》《尼采的无神论》等文章。所以，本书的主干其实是陈铨先生的上列两本著作。另有一篇《叔本华的贡献》发表在《战国策》第 3 期，但内容即《叔本华生平及其学说》之第一章，故我们不再收入本书中。

在本书的"附录"部分，我们收录了陈铨先生的 4 篇哲学书评（含一篇会议报道）（附录一）和 4 篇哲学译文（附录二）。哲学书评当中，一是关于格罗克勒的《黑格尔辞典》的，二是关于司腾泽尔的《狄尔泰与德国现代哲学》的，三是关于贺麟的黑格尔中译本的；4 篇译文当中，前三篇（《哲学与人生》《黑格尔哲学对于现代的意义》《精神与世界》）都是克尔大学（现通译为基尔大学）理查德·克罗那（Richard Kroner，又译克罗纳、克朗纳、克洛那）教授的作品（克罗那是陈铨的导师），另外一篇则是尼采的《萨亚屠师贾的序言》（现在通常译为《查拉图斯特拉如是说》）。陈铨先生所译的《萨亚屠师贾的序言》序言，大概是他唯一的一篇尼采译文，颇具纪念的意义，故我们也把它收入其中——尽管在陈译之前已有过中译本，而在陈译之后，特别在今天，已经有接近20个中译本了。

感谢我的同事韩潮教授，是他组织了几名研究生把本书的文字录入电脑中；感谢我的研究生李阳同学和戴思羽同学，他们两人为电子稿的校对花了不少功夫。尤其是首篇《叔本华生平及其学说》，原稿（复印件）极为模糊，几乎无法辨认，校对工作难度不小，是李阳同学专门去图书馆复印了一个较清晰的本子，然后逐字校对的。

本书最后仍留下十几处文字上残缺、模糊的地方，承蒙滁州学院的孔刘辉博士帮助解决。孔博士并且为我们提供了《国际黑格尔联合会第二届大会》和《关于黑格尔》两文的复印件，使本书得到进一步完备。在此谨表谢意。

需要特别说明的是，原作距今已近一个世纪，世事巨变，文字也与今天有诸多隔阂，今人读起来难免有几分艰涩。但为了尊重作者，更为了保持原作的风格，我们除了笔误等硬伤，尽量不作文字改动。另外，书中许多外国人名的汉语翻译，陈铨先生或采取当时的通译，或是用自己的译法，许多跟现在的译法有差别。这就给今天读者的阅读带来了困难。要全面改成今译恐怕不是妥当的做法，有违历史文献的真相。我采取的比较折中的办法是：其一，正文中一概保留原译；其二，凡重要人名，若陈铨先生的译法与今日通译不同，则在人名首次出现时加注标识；其三，其他不常见的人名，则不作标注。

无论如何，陈铨先生是我们的前辈，是我们的校友，如今在他曾经工作过的同济大学，他所从事的文学和哲学的事业在中断了近60年后终于得到了恢复，在一些领域里也有了令人高兴的进展。所以我们才决定编辑《陈铨德国哲学文集》和《陈铨德国文学文集》，由我和韩潮博士分别承担——我们愿意认为，这既是对学术传统的一次确认，也是对陈铨先生的一种追思吧。

2014 年 1 月 10 日记于同济

2014 年 11 月 21 日补记于南京